R. U. Sirius

Stoned!
Rockstars auf Drogen

aus dem Englischen von Alan Tepper

R. U. SIRIUS

STONED!

ROCKSTARS AUF DROGEN

aus dem Englischen von Alan Tepper

hannibal

Impressum

Der Autor:
R. U. Sirius alias Ken Goffman ist unter anderem Mitherausgeber der Website 10 Zen Monkeys (www.10zenmonkeys.com) und Gastgeber zweier wöchentlicher Podcasts, The R.U. Sirius Show und Neo-Files with R.U. Sirius. Er arbeitet als Kolumnist für das ArtForum International und den San Francisco Examiner. Neben journalistischen Beiträgen für Time, Esquire, Wired und Boing Boing hat er zahlreiche Bücher verfasst, u.a. Counterculture Through the Ages, How to Mutate And Take Over the World, The CyberPunk Handbook und das mit Timothy Leary zusammen geschriebene Design for Dying. Er lebt in Mill Valley, Kalifornien.

Deutsche Erstausgabe 2010

Published by Arrangement with KENSINGTON PUBLISHING CORP., New York, NY, USA

Titel der Originalausgabe:
"Everybody Must Get Stoned – Rockstars On Drugs"
ISBN: 978-0-8065-3073-4

Dieses Werk wurde vermittelt durch die Literarische Agentur Thomas Schlück GmbH
D-30827 Garbsen.

Druck: CPI Books, Ebner & Spiegel GmbH, Ulm
Coverfoto: Corbis
Coverdesign: www.bw-works.com
Layout und Satz: www.buchsatz.com
Übersetzung: Alan Tepper
Lektorat und Korrektorat: Hollow Skai

Hannibal Verlag, ein Imprint der KOCH International GmbH, A-6604 Höfen
www.hannibal-verlag.de

ISBN: 978-3-85445-308-6

Printed in Germany

Inhalt

Vorwort: Everybody Does Get Stoned ... 7
1 Musiker auf Drogen ... 9
2 Die besten Zitate aller Zeiten ... 22
3 Die fünfziger Jahre ... 28
4 Rockstars auf Acid (LSD) und anderen psychedelischen Drogen ... 35
5 Unglaubliche Dope-Geschichten ... 62
6 Die Beatles und die Drogen ... 68
7 William S. Burroughs ... 89
8 Marihuana und Haschisch ... 100
9 Ich protestiere! Rockstars gegen Drogengesetze ... 117
10 Das Imperium schlägt zurück ... 125
11 Rockstars gegen Drogen ... 137
12 Musiker auf Kokain ... 150
13 Aleister Crowley ... 165
14 Heiße Razzien und dicke Geschäfte ... 174
15 Heroin und andere Opiate ... 191
16 Dope-Pärchen ... 206
17 Die Todesliste ... 211
18 Ecstasy ... 218
19 Timothy Leary ... 226
20 Speed ... 240
21 Musikfilme und Drogen ... 247
22 Von allem etwas ... 254
23 Rap-Stars auf Steroiden ... 258
24 Ab in die Reha! ... 260
Danksagungen ... 267

Vorwort: Everybody Does Get Stoned

Einer Studie zufolge handelt jeder dritte Hit von Alkohol und Drogen

Das Unterfangen, den Zusammenhang zwischen Rockstars und Drogen aufzuzeigen, ähnelt heutzutage dem Versuch, das Verhältnis zwischen dem Mund und der Parodontose zu erklären – alles viel zu offensichtlich, als dass es jemanden kümmert. Aber dennoch macht es Spaß, dunkle und strahlende Winkel der Rock'n'Roll-Psyche zu betrachten, Gerüchte zu verbreiten, Fakten auszutauschen, Schwätzchen zu halten, Kontroversen anzuzetteln und Listen zu erstellen. Wobei ich natürlich auch mit endlosen Streitereien mit weiblichen und männlichen Fans rechne, denen meine Top-Ten-Listen überhaupt nicht in den Kram passen.
Und so bin ich dem Beispiel des sprichwörtlichen, fingerfertigen Mädchens gefolgt, das bis zu den Titten mit X, Vitamin K und Vicodin abgefüllt ist und während eines Gastauftritts in der TV-Serie *Ellen* Gitarre zu spielen versucht. Ich habe mich bemüht, ein riesiges Meer an Rock'n'Roll-Daten einzudämmen und das Ganze dann in Buchform zu präsentieren. Den Leser wird es amüsieren, aufregen, beleidigen und/oder informieren.

Stoned! Rockstars auf Drogen ist der erste Führer in die Geschichte der Rockmusik und der Drogen. Er beginnt bei den frühesten Anfängen, als Bill Haley and the Comets das Zifferblatt der Uhr umrundeten und vom Abend bis zum hellen Tageslicht irgendwie durchhielten. Der Trip führt von „Rock Around The Clock" (Musikhistoriker bezeichnen die Nummer als den ersten Rocksong) bis hin zur aktuellen „Todeswache" über einen nicht besonders schlauen, aber dafür jungen Pete Doherty. Du magst religiös-konservativ sein und nach Beweisen Ausschau halten, dass sich eine Apokalypse des Dreigestirns Popkultur/Drogen/Satanismus dämonisch zusammenbraut, die mit den Beatles begann, als sie den Fuß erstmals auf amerikanischen Boden setzten. Vielleicht bist du auch ein junger Hipster auf einem Trip, der den Freunden beweisen will, dass die Beach Boys so richtig cool waren. Wie auch immer – du hast dir hier eine Schatztruhe des Wissens und der zweischneidigen Meinungsbildung zugelegt.

Allerdings gibt es da einige Dinge, die du über dieses Buch wissen solltest. Zu allererst: Keine Experimente zu Hause! Und falls du darauf nicht gehört hast – schieb mir die Schuld in die Schuhe! Ich kann die kostenlose Werbung gebrauchen.

Aber mal ganz im Ernst. Es liegt nicht in meiner Absicht, mündige Bürger zum Konsum bewusstseinsverändernder Drogen zu ermutigen oder sie davon abzubringen. Während ich Teenager davor warne, den ganzen Scheiß vor ihrer Volljährigkeit auszuprobieren, ist mir doch klar, dass es verdammt viele trotzdem machen. Diese Kids kommen viel leichter an Drogen, als ich selbst … und ich war immerhin mal gut mit Timothy Leary befreundet!

Ich wünsche dir viel Spaß mit dem Buch, aber nicht *zu viel* Spaß, es sei denn, ihr wollt wie der Drogie Paul McCartney enden – als gesunder, vitaler, talentierter Multimillionär, der von der englischen Königin zum Ritter geschlagen wurde. Kids aller Altersgruppen – bleibt sauber und lest weiter.

1 Musiker auf Drogen

Es ist historisch bewiesen, dass Musiker aller Epochen Drogen genommen haben.

Okay, das stimmt nicht. Ich habe gelogen wie ein diebischer Junkie. Wir wissen nicht, ob Musiker zu allen Zeiten Drogen konsumiert haben, wir wissen nur, dass Nero auf seiner Geige fiedelte, als Rom in einem Flammeninferno unterging, aber ich vermute mal, dass der Kerl total breit war. Nero hatte den Ruf eines Libertins, und das alte Rom war berühmt für seine ausschweifenden, trinkwütigen Orgien, die sogar die Stones umgehauen hätten (außer natürlich Keith). Die Kultur der Römer war gekennzeichnet von Hedonismus und Dekadenz, sodass sie bei ihren Partys für gewöhnlich direkt nach dem Essen kotzten! Ja, ich weiß … aber ich meine hier nicht eine Horde verstörter Miezen, die wie Kate Moss aussehen wollen. Diese Römer waren fett und dekadent. Sie erbrachen sich nur, um noch mehr Platz für Essen und Alk zu schaffen. Ich schätze, John Bonham hat ihnen nachgeeifert. Aber von Bonzo mal abgesehen, bezweifle ich, dass dekadente Zeitgenossen (Rockstars) dem Essen-Kotzen-Essen-Zyklus großartig nacheiferten.

Nun mag der eine oder andere meinen, dass allein die Soße Nero benebelte. Professor Carl Ruck zufolge geschahen zu Zeiten der alten

Römer merkwürdige Dinge: „Wein wurde ebenso wie der ‚starke Wein' des Alten Testaments immer mit Kräuterzusätzen intensiviert: Opium, Stechäpfeln, Tollkirschen, Alraunewurzeln und Bilsenkraut. Die allgemein genutzten Räuchermittel wie Myrrhe, Ambra und Weihrauch haben auch eine psychotropische Wirkung. Der leichte Zugang und die lange Tradition des Cannabisgebrauchs lassen mit hoher Wahrscheinlichkeit vermuten, dass die Droge dem Mix hinzugefügt wurde." Nero mag merkwürdige Dinge in dem Feuer gesehen haben. Vielleicht einen entflammten Römer? „Hey", sagte Nero, „lasst uns die Stadt abbrennen, sie in eine Wüste verwandeln und Leute aus der ganzen Gegend einladen. Sie müssen ein paar Dollar blechen und können hier *so richtig ausflippen*."

Aber mal ganz im Ernst: Durch die gesamte Menschheitsgeschichte und auch durch so genannte „primitive" zeitgenössische Kulturen zieht sich ein roter Faden von der Darbietung und dem Genuss von Musik bis zu veränderten Bewusstseinzuständen, die von Pflanzeninhaltsstoffen hervorgerufen wurden.

Die Schamanen

Musik taucht regelmäßig in den psychedelischen Erfahrungen von Schamanen auf. Mystische Heilverfahren werden unter der Leitung und dem Schutz eines spirituellen Magiers zelebriert, wobei psychedelische Pflanzen sowie schamanische Songs und Klänge eine wichtige Rolle spielen. Die am eindeutigsten psychedelisch geprägte, schamanische und sehr alte Kultur findet sich wahrscheinlich bei den Sharnahua-Indianern im Osten Perus. Während der Einweihungszeit, in der von ihnen erwartet wurde, die Fähigkeit des Heilens und des Tötens mit Hilfe der spirituellen Magie zu erwerben, lernten die Sharnahua-Schamanen eine Reihe psychedelischer Rituale, zu denen auch von Ayahuasca verstärkte Heilzeremonien gehören. Ayahuasca ist ein auf Tryptamin basierendes Halluzinogen, das DMT (Dimethyltryptamin) enthält (Deine lieben, kleinen „Pilzchen" gehören auch zur Familie der Tryptamine). Vorhergehende Generationen der peruanischen Schamanen kannten Gesänge für fast jede denkbare Form einer Erkrankung, für Tiere und Elemente ihrer Umwelt. Als die Sharnahua in der Moderne mit technologischen Objekten wie Flugzeugen oder Radios in Berührung kamen, kreierten sie psychedelisch-schamanische Lieder für jedes Einzelne davon. Ein cooles Konzept, das wohl jede Psychedelic-Band auf ihr Banner schreiben möchte, da es eine narrensichere Methode darstellt, inspirierte und befremdliche Musik zu erschaffen und gleichzeitig die Fans zu verstören und zu verwirren.

Wein, Weib und Gesang

Wir verlassen den Schamanimus und widmen uns der vergötterten Trinität der „ungläubigen" Rockstars – „Sex, Drugs und Rock'n'Roll". Ist dieser Slogan nicht gleichbedeutend mit „Wein, Weib und Gesang"? Na ja, unseren Freunden bei Wikipedia zufolge, wurzelt dieser Spruch in einer Anzahl uralter Kulturen.

Die Wikipedisten listen eine Anzahl von Analogien auf. In der Bengali/Hindu/Sanskrit-Tradition lautete die Bezeichnung „Sur, Sura, Sundari", was so viel wie „Musik, Wein und Weiber" bedeutet. Die Tschechen haben „Víno, ženy, a zpěv" – „Wein, Weiber und Gesang" – seit Jahrhunderten angepriesen, wie auch diese den Spaß liebenden Europäer, die Deutschen. Falls du mal nach Berlin kommst und nicht von der leicht verfügbaren, unglaublichen Fülle an chemischen Stimulanzien schnuckeln möchtest, wird die gute, alte Schule wieder aktuell – frag einfach nach „Wein, Weib und Gesang".

Ein Blick auf die Skandinavier enthüllt, dass die Schweden auch schon seit Jahrhunderten in ihrem „Vin, kvinnor, och sång"-Groove sind. Das Gleiche trifft auf die Norweger zu, bei denen allerdings die Frauen zuerst kommen (wenn sie überhaupt kommen): „Kvinner, vin, og sang" – „Weiber, Wein und Gesang". Sorry, meine Damen, aber leider ist mir keine nicht-patriarchalische Gesellschaft bekannt, die „Wein, Mann und Gesang" betont, doch es ist ja nie zu spät, eine coole, feministische Rock-Subkultur zu starten!

Weiter in der Geschichte. Es waren die gemeinen, ungezogenen und manchmal auch netten Dänen, die eine Stufe weitergingen. Wie auch viele andere hatten sie ihr „Vin, kvinder og sang" – „Wein, Weiber und

Gesang", aber mit dem populären „Øl, fisse, og horn music" („Bier, Fotzen und Blasmusik") setzten sie eindeutig einen drauf. Bei Wikipedia wird auch der alte dänische Spruch „Tjald og lal og lir" erwähnt, der übertragen bedeutet: „Cannabis, rummachen und sexuell erregt sein". Was? Keine Musik?

Unerklärlicherweise führt der Internet-Eintrag auch das türkische Motto „At, Avrat, Silah" auf, das mit „Pferd, Weiber und Waffen" übersetzt wird. Nun möchte ich keine internationale Krise heraufbeschwören, indem ich die Behauptung aufstelle, die Türken hätten Probleme mit der sexuellen Orientierung gehabt. Deshalb überlasse ich es eurer eigenen Phantasie, euch ausgefallene Szenarien vorzustellen.

Während die griechische Demokratie des vierten bis dritten Jahrhunderts vor Christus scheinbar keinen „Wein, Weib und Gesang"-Slogan propagierte, wissen wir doch, dass die Burschen ein verdammt hartes Partyleben führten – in den öffentlichen Gymnasien und den privaten Symposien. Bei den nächtlichen Festivitäten floss der Wein in Hülle und Fülle. Neben Essen und dem Alkohol drehten sich diese Feste auch um öffentliche Diskussionen und Debatten – ohne dabei auf Musik, Tänzerinnen und Comedy zu verzichten. Männliche Bürger, egal ob verheiratet oder nicht, hatten das Recht, sich fast bei der ganzen sexuellen Palette zu bedienen, darunter fielen unverheiratete Frauen, Prostituierte und – in den häufigsten Fällen – männliche Bekannte und Freunde. Um es anders auszudrücken: die alten Griechen genossen „Wein, Männer und Gesang" – und natürlich die gelegentliche Mieze. Stell dir einfach Elton John in den Siebzigern vor, aber ohne das Kokain, den Glitzer und die Riesenbrillen.

Die Ur-Jazzer

Im Kontext der populären amerikanischen Musikkultur entwickelte sich die wechselseitige, eng verknüpfte Beziehung zwischen Musik und Drogen unter Jazz-Musikern. Es begann in New Orleans, dem heißesten Ort des Landes, wo der Swing regierte und Sünde wie auch Sittenlosigkeit zur Normalität gehörten. Harry Shapiro beschreibt die Stadt zu Beginn des zwanzigsten Jahrhunderts in seinem faszinierenden Buch

Sky High – Drogenkultur im Musikbusiness: „Schon von den ersten Tagen an war New Orleans eine Stadt der zwielichtigen Gestalten, des Diebstahls, Spielens und der Prostitution. Mit Gleichgültigkeit wurden kleine Gelegenheitsverbrecher und das große Verbrechen toleriert. Sich selbst bedienende Bürgermeister und Fünfzig-Cent-Huren standen auf der Tagesordnung. In einer Stadt der Korruption und des leichten Geldes gehörten Bordelle, Spielhallen, Saloons, Kabaretts und Varietees zu den florierenden Unternehmen. Musik war ein Seitenarm des Glücksspielgeschäfts: Betrüger, Glücksritter und Leute, die auf Pferde wetteten, waren oft hart arbeitende Musiker. Sie konsumierten Drogen im großen Stil. Man konnte irgendwie alles irgendwo bekommen."

Mitte der Zwanziger wurden Marihuana und Jazz praktisch als synonym angesehen. Mezz Mezzrow, ein weißer Ur-Jazzer eher durchschnittlichen Talents, entwickelte einen legendären Ruf als Musiker und Dealer, der stets das beste Gras auf Vorrat hatte. In Jazzkreisen war sein Stoff allgegenwärtig, was dazu führte, dass Gras auch „Mezz" genannt wurde. 1936 glorifizierten Stuff Smith and the Onyx Club Boys die Droge in dem bekannten Song „You're A Viper", der die Textzeile enthielt: „Dreamt about a reefer/five feet long" („Träumte von einem Joint, anderthalb Meter lang"). Victoria Spivey hatte einen kleinen Hit mit dem „Dope Head Blues", in dem sie die revitalisierenden Wunder des Kokains verherrlichte und versprach, nach „nur noch einem Schnupfer" einen Bullen am Seil hinter sich herzuziehen.

Damals gab es tatsächlich Dutzende bekannter Jazz-Songs, die den „mächtigen Joint" erwähnten, aber die Musiker kamen meist ungeschoren davon. Warum? Kaum jemand hatte nur die geringste Idee, über was da eigentlich gesungen wurde! Zum Beispiel: Würde ein Songtitel wie „Who Put The Benzedrine In Mrs. Murphys Ovaltine?" („Wer warf das Benzedrin in Ms. Murphys' Milch?") von Harry the Hipster Gibson heute noch in die Hitparade kommen, wie es in den Dreißigern der Fall war? (Die dringendste Angelegenheit 2007 war: Wer panschte das Ketamin in Ms. Spears' Ritalin?).

Der kreative Schmelztiegel aus Musik, Dope, den verschiedenen Rassen, Jazz und Hipness erreichte einen zweifelhaften Höhepunkt, als Heroin immer stärker ins Licht rückte. Charlie Parker, der Vater des Bebop – damals eine radikale, avantgardistische Spielart des Jazz, die ambitionierte Musiker von den „Freizeitkriegern" unterschied – entwickelte sich in den vierziger Jahren zum Star, zur Legende und zum Helden des Cool Jazz. Was seinen kulturellen Einfluss betrifft, kann er als der erste Keith Richards bezeichnet werden. Er hatte die Angewohnheit, Unmengen an Alkohol zu kippen, war ein Heroin-Junkie, aber auch allen Sorten von Pillen und Gras nicht abgeneigt. Wenn der Heroin-Nachschub verebbte, betrank er sich oft bis zur Besinnungslosigkeit. Wie bei Richards und seiner Rock'n'Roll-Gefolgschaft, interpretierten viel zu viele Jazzer die inspirierten Arbeiten, die Parker unter Drogeneinfluss produzierte, als einen kreativen Hinweis, und folgten dem von ihm vorgegebenen Heroin-Pfad. Im Gegensatz zu Richards brannte die Sucht Parker aus, er verpasste Auftritte, vermasselte Aufnahme-Sessions und ließ sich sogar für sechs Monate in die Psychiatrie einweisen. Er starb im Alter von 34 Jahren auf Grund einer Lungenentzündung und aufgebrochener Magengeschwüre, die auf seinen Drogenkonsum zurückzuführen waren.

Im großen Zeitalter des Jazz wurden Musiker auf Drogen von Politikern aufs Korn genommen und als soziale Außenseiter behandelt. Harry J. Anslinger, der bei der US-Regierung eine Karriere als Kreuzritter gegen toxische Stoffe hinlegte, erhielt den Posten des Vorsitzenden des neu gegründeten, landesweit operierenden Drogendezernats der USA, dem Federal Bureau of Narcotics (FBN). Anslinger führte Akten über Jazz-Musiker. In ihnen vermerkte er trivialste Schnipsel an Informationen, was so weit ging, dass sogar ein kaum bekannter Musiker aufgeführt wurde, der sich ein kleines Tütchen Gras in Kansas City gekauft hatte – und vergaß dabei nie zu erwähnen, dass sie zum großen Teil „Neger" waren. Die damalige Presse verhielt sich ähnlich den heutigen Blättchen und verbreitete die Neuigkeiten in Windeseile. Sogar der altehrwürdige *Melody Maker* in Großbritannien sprang 1936 auf den Zug auf und schrieb in einem Editorial: „Der Drogenverkauf und -konsum nimmt in diesem Land zu. Es kann nicht länger ignoriert werden, das sich Jazz-Clubs zu den bevorzugten Treffpunkten von Drogenhändlern entwickelt haben. Wir sind fest entschlossen, alles mit Schärfe zu bekämpfen, was einer gesunden Entwicklung der Musik entgegensteht. Dazu zählen auch diejenigen, die Jazz-Clubs zu einem Umschlagsplatz von Dope machen wollen." 1943 begegnete das bedeutende Jazz-Magazin *Down Beat* der

Aufregung über das Marihuana-Rauchen bei Jazz-Musikern mit einem Editorial, das nicht so sehr auf das High-Werden abzielte, sondern die Jazzer vor den rechtlichen Konsequenzen warnte, die ihnen drohten, wenn sie nicht den Drogen abschwören würden. „Uns ist bewusst, dass es Musiker gibt, die Marihuana rauchen. Wir wissen, dass eine ausgewählte Clique, die es raucht, schon seit Jahren in Top-Bands gearbeitet hat, und dass sie bald einen drüber kriegt, wenn sie sich nicht in Acht nimmt. Wir können nur jedem Konsumenten den Ratschlag geben: HÖR SOFORT AUF, BEVOR DU DIR UND DEINEN FREUNDEN EINEN POT(T) VOLLER ERNSTHAFTER SCHWIERIGKEITEN AUFHALST!“ (Die Großschreibweise wurde aus dem Artikel übernommen.)

Das zugedröhnte Gehirn – eine Quelle verdammt guter Musik!

Warum scheinen Drogen und Musik so häufig im Zusammenhang aufzutauchen, sowohl bei Hörern, als auch bei Musikern? Auf eine Art kann die Frage leicht beantwortet werden. Musikhören ist eine Freizeitaktivität, eine spielerische Beschäftigung, die mit einer angenehmen Zeit assoziiert wird. In den zergliederten, segmentierten Leben der westlichen Bevölkerung dieses Planeten stellt sie einen starken Kontrast zu den Aktivitäten dar, die eine sehr aufmerksame, rationale Konzentration erfordern. Die achthundertneunzigste Punk-Version von „I'm Not Your Stepping Stone“ aus der Gitarre herauszuprügeln oder eine Steuererklärung auszufüllen – einen krasseren Gegensatz könnte es wohl kaum geben.

Eine weiterhin leicht erklärbare und offensichtliche Beziehung zwischen Drogen und dem Genuss von Musik liegt darin begründet, dass Drogen beim Entspannen helfen. In den sechziger Jahren meinte der legendäre Psychedeliker Timothy Leary: „Du musst dein Bewusstsein verlassen, um zur Vernunft zu kommen.“ Europäische Musik richtet sich in erster Linie an das Gehör, wohingegen Musik, die auf afrikanischen Rhythmen basiert, auf den ganzen Körper abzielt. In beiden Fällen möchte der Rezipient die Dominanz des rationalen Bewusstseins ein wenig abschwächen, um sich von den Klängen und Rhythmen davontragen zu lassen.

Auf Musiker, und insbesondere Komponisten, trifft das auch zu. Viele Musiker erzählen das Gleiche über den Kompositionsprozess. Sie planen nicht, einen Song zu schreiben. Er scheint ihnen zuzufallen, wenn sie überhaupt nicht daran denken. Keith Richards in einem Interview der Zeitschrift *High Times* 1977: „Du gehst nach draußen und rauchst einen Joint. Die kleine Antenne stellt sich auf und schon hast du deinen Song." (Unglücklicherweise scheint Keith in den letzten Jahrzehnten immer wieder blasse Variationen des selben Titels aufzuschnappen).

Natürlich führen nicht alle Drogen zur Entspannung. Stimulanzien wie Kokain und Speed (Methamphetamin) wirken stark anregend und erzeugen einen angespannten Wachzustand. Zusätzlich entsteht ein erhabenes, Gott-ähnliches Gefühl, das schon am gleichen Tag abklingt und psychotischen wie auch depressiven Stimmungen Raum gibt. Die geschilderten Bewusstseinzustände, also die Entspannung und die Erregung, können manchmal dem Spielen und/oder der Komposition exaltierter, bombastischer, irritierter, paranoider, manischer und morbider Musik dienen – und das ist eine angemessene Beschreibung einiger der besten Augenblicke der Post-Velvet-Underground/Post-Punk-Rockmusik!

Die Diskussion um Drogen beinhaltet gleichzeitig die Auswirkungen auf das Gehirn. In den letzten ein oder zwei Jahrzehnten fand ein Quantensprung im Verständnis und der Erforschung der Gehirnaktivitäten statt. Man würde sich wünschen (besonders als Autor dieses Buchs), dass irgendwo ein Neurologe die Verknüpfungen zwischen Drogen, Musik und dem Gehirn erforscht hätte. Regt Musik die gleichen Gehirnregionen an wie bestimmte Drogen? Werden durch den Genuss (oder Schmerz) bestimmter Arten von Musik ähnliche Botenstoffe freigesetzt wie bei bewusstseinserweiternden Substanzen?

Ich habe den ganzen Globus nach einem Wissenschaftler abgesucht, der diese Frage näher untersucht hat, und bin dabei wochenlang wie ein Geist durch die altehrwürdigen Hallen des neurologischen Instituts der Universität von Pennsylvania geschlichen, nur um vereinzelten dickbrilligen Typen zu begegnen. Ich habe die Sahara auf einem Esel durchquert, zusammen mit einem frechen, aber einmaligen Führer, einem Krug Wasser und einem sechs Gramm schweren Klumpen marokkanischen Haschischs – alles nur, um die Lösung dieser Fragen zu finden.

Okay, das stimmt nicht. Aber ich *habe* lange und mühsam das Internet und die lokale Bibliothek durchforstet und sogar der Neurologenlegende Candace Pert eine E-Mail geschickt, die leider nicht beantwortet wurde. Das Ergebnis war ernüchternd, denn wie ich herausgefunden habe, hat sich noch niemand mit dieser Fragestellung auseinandergesetzt. Dennoch ist kürzlich ein wunderbares Buch erschienen, das Menschen mit anormalen Gehirnfunktionen beschreibt, ihr Erleben von Musik und manchmal auch ihre außergewöhnliche Fähigkeit zur Komposition und zum Spiel. Das Buch *Der einarmige Pianist: Über Musik und das Gehirn* von Oliver Sacks hinterlässt beim Leser den deutlichen Eindruck, dass ein eingeschränktes und behindertes Gehirn der Pfad zu unglaublichen musikalischen Erfahrungen und Fähigkeiten sein kann.

Der klassische Komponist Shostakovich kann als ein gutes Beispiel für diese Theorie herhalten. Er hatte eine Gehirnverletzung, verursacht durch einen Granatsplitter, der in dem Teil des Gehirns steckte, der das Hören reguliert. Sacks beschreibt den Musiker: „Shostakovich zögerte, als ihm das Metallstück entfernt werden sollte, und das war auch kein Wunder. Seitdem das Fragment in seinem Kopf steckte, musste er, nach eigenen Aussagen, nur den Kopf zur Seite legen, um Musik zu hören. Sein Kopf war voller Melodien – jedes Mal wenn er komponierte, hörte er unterschiedliche Tonfolgen. Wenn er den Kopf dann wieder aufrichtete, hörte die Musik ruckartig auf." Ob Shostakovich sein Talent oder die Inspiration nach der Operation verlor, geht aus Sacks' Aufzeichnungen nicht hervor. Dennoch würde ich keinem angehenden, frustrierten Rockstar den Tipp geben, sich schweres Metall direkt in das Gehörzentrum des Gehirns zu rammen.

Beispiele musikalischer Menschen, deren Leben durch eine geistige Behinderung oder Autismus eingeschränkt ist, sind ein weiteres neurologisches Phänomen. Musiker, die Drogen konsumieren, würden sich bestimmt eine intensivere Forschungsarbeit von Wissenschaftlern zu diesem Thema erhoffen. Denn musikalische Menschen mit geistigen Einschränkungen, die ohne vorhergehende Erfahrung oder Ausbildung, welche ihre Fähigkeit erklären könnte, in der Lage sind, Musik zu spielen oder zu komponieren, sind nicht selten anzutreffen.

Die beiden Spezialisten auf diesem Gebiet, Allan Snyder und D.J. Mitchell, haben die Theorie aufgestellt, dass jeder in der frühen Kindheit solche Talente besitzt, diese aber beim persönlichen Reifeprozess verschwinden, da sie sonst andere Gehirnfunktionen einschränken würden.

Vielleicht erleben Stoner-Rocker dieses Phänomen ansatzweise, wenn sie sich ihre bevorzugten Substanzen reinziehen und dadurch zugleich Reife und Hemmungen ablegen?

Der vielleicht faszinierendste Aspekt, den Sacks beschreibt, ist die Erforschung musikalischer Erfahrungen von Personen, deren Gehirnaktivität die so genannte Synästhesie ermöglicht. Synästhetiker können Farben hören, Klänge sehen oder Geschmack mit Farben und Klängen assoziieren.

Sacks schreibt: „Während die Synästhesie meist sehr früh im Leben auftritt, kann sie auch vorübergehend auftauchen, unter dem Einfluss von Halluzinogenen."

Sacks kann keinen Nachweis für seinen Ansatz finden, dass Synästhesie bei Musikern häufiger auftritt als bei anderen Menschen, doch präsentiert er viele Fälle, bei denen Musiker durch die Synästhesie beeinflusst und inspiriert wurden und das Phänomen als besonders wichtig für ihre kreative Arbeit erachteten. Die meisten synästhetischen Musiker, mit denen Dr. Sacks arbeitete, führten trotz dieser Andersartigkeit ein glückliches Leben. Ein Synästhetiker stellte sich ein Leben ohne dieses Phänomen vor und beschrieb es als „verarmt".

Darum höre auf die Farbe deiner Träume, mein lieber Pilz-Freak – leben sie etwa nicht?

Sind Drogen schlecht, Herr Lehrer?

Bis zur Mitte des neunzehnten Jahrhunderts waren die gierigen und rasiermesserscharfen Dämonen Heroin und Kokain legal und leicht erhältlich. Heroin konnte in allen möglichen Sorten von medizinischen Allheilmitteln gefunden werden, die man ohne Rezept in Apotheken kaufen konnte. Kokain wurde beinahe überall beigemischt – in Coca-Cola, Wein, Lokalanästhetika und Kaubonbons.

Lange vor der Rock-Gegenkultur der Sixties war der Wilde Westen Mitte des neunzehnten Jahrhunderts ein Tummelplatz der berühmten, reisenden Medizin-Shows, bei denen schmierige Betrüger, die zusammen mit Entertainern reisten, unwirksame Heilmittel mit sich überschlagender Stimme anpriesen. Diese Medizin-Shows waren tatsächlich *Medizin*-Shows, denn die magischen Elixiere, die die Menschen in überschwängliche Laune versetzten und alles heilten, was sie im Moment plagte, waren mit Kokain oder Opium versetzt. Die Leute fühlten sich also wirklich viel besser, wenn sie ihr „Medizinfläschchen" nach Hause trugen. Schwarze Blues-Musiker, die direkt an den Wurzeln des Baumes lebten, aus dem der Rock'n'Roll erblühen sollte, tourten mit vielen dieser Shows. Mit an Bord waren Komiker, Tänzerinnen, Bühnenmagier und Country-Musiker. Einige dieser Blues-Musiker entwickelten einen dunklen, glamourösen Ruf als wilde, sexuell freizügige und dämonische Persönlichkeiten, die trotz der äußerst unchristlichen Proto-Rock'n'Roll-Version des lockeren Lebens von niemanden behelligt wurden.

In der Vergangenheit erwarben Amerikaner Kokain, Heroin und Marihuana legal, doch im 21. Jahrhundert hat die öffentliche Drogendiskussion den Umfang eines riesigen, ineinander verwickelten Wollknäuels angenommen. Eine allgemeine Konfusion scheint hierbei der kleinste gemeinsame Nenner zu sein. Wenn beim Diskurs psychedelische Drogen wie Psilocybin und LSD auf der Tagesordnung stehen, wissen nur wenige, dass der reichste Mann der Welt seinen Spaß mit LSD hatte, und dass erst kürzlich eine Fülle positiver Berichte zum Potenzial psychedelischer Stoffe beim Einsatz in der Psychotherapie veröffentlicht worden sind. In aktuellen Buchveröffentlichungen wird Acid als Inspirationsquelle der Computerindustrie beschrieben – dem Motor der heutigen Wirtschaft. Mit dem Generationswechsel zeigt sich auch eine andere Einstellung zu Drogen. Papa, Mama und vielleicht sogar die Großmutter haben Marihuana geraucht und können ihre Geschichten erzählen – oder verheimlichen! Gelegentliche Drogenwitze tauchen wieder im Fernsehen auf, nachdem sie kurzzeitig durch Nancy Reagans „Just Say No"-Kampagne zensiert worden waren. Wähler wünschen sich die Akzeptanz von Marihuana für medizinische Zwecke und Rapper treten unverhohlen für die Freuden des „Teufelkrauts" ein, lauter und mit mehr Nachdruck als die Hippies. Sie posieren auf Fotos für die Titelseite von *High Times* in Feldern voller gigantischer Hanfpflanzen und lassen das Cannabis-Symbol, das fünfblättrige Blatt, auf ihre CDs stickern. Eigentlich sind Drogen nicht mehr das große Ding. Aber nur eigentlich…

Viele Menschen haben sich ihr Leben wegen diverser Drogen vermasselt und hören auch nicht damit auf. In diesem Buch findet sich eine lange Liste toter Rockstars – Rockstars, die fast alles durch Heroin, Koks, Pillen und Alkohol verloren haben, nicht zu vergessen diejenigen, die ihre sprichwörtlichen Tassen (die im Schrank!) durch viel zu viele Acid-Trips zerstört haben.

Wie jeder vernünftige und informierte Bürger weiß, hat der fanatische und aggressive Drogenkrieg der USA die Situation keineswegs verbessert. In Amsterdam, wo Gras und Haschisch quasi legal sind, hat man die stark suchtauslösenden Drogen, besonders Heroin, für Junkies unter medizinischer Aufsicht verfügbar gemacht. Es wird schwierig sein, in Amsterdam prozentual auch nur annähernd so viele fertige und kaputte Drogensüchtige zu finden wie in den USA oder Deutschland. Bei einer Reise in die Stadt und einem Besuch der Coffee-Shops und Pot-Cafés wird man eine sehr interessante Beobachtung machen. Die meisten Kiffer dort sind Touristen! Die niederländische Szene ist von Drogen schlicht *gelangweilt.* Sie sind weder „für" noch „gegen" Drogen – sie können sie entweder nehmen oder auch nicht. Sie sind einfach kein Thema mehr.

Das ist cool – aber weder dramatisch noch witzig, und darum taucht auch kein einziger Niederländer in *diesem* Buch auf.

Ein kleiner Hinweis, bevor du dich auf den Lese-Trip begibst: *Stoned!* beschreibt meist Amerikaner und Briten, die sich bis zum Rand zudröhnen und dann wie Wahnsinnige rummachen. Na klar, das Buch handelt von kreativen Musikern, die bewusstseinserweiternde Drogen genommen haben, und aufrichtigen Rebellen gegen die absurden Überreaktionen des Systems. Hinzu kommt der unbekümmerte Spaß an Top-10-Listen und Trivialem. *Stoned!* kann zugleich als Huldigung und warnendes Signal der Beziehung angesehen werden, die Menschen zu bewusstseinsverändernden Pflanzen und künstlich hergestellten Drogen haben. Darüber hinaus ist es eine gute Referenzquelle, falls Stoner Steve dich bei der Frage übertrumpfen will, wer öfter hochgenommen wurde – Keith Richards oder Pete Doherty!

Oh, noch ein kleiner Hinweis. Falls du das Buch nüchtern liest, wirst du alles verstehen. Falls du es auf Heroin liest, wirst du dafür eine halbe Ewigkeit brauchen. Falls du dir Speed einwirfst, wirst du anfangs sehr aufgeregt sein und scheinbar alles verstehen. Am Ende angelangt, beschleicht dich das Gefühl, deine Familie sei dahintergekommen, dass du ein Buch über Drogen liest, obwohl sie 600 Meilen entfernt lebt. Du versteckst es hastig und benötigst Wochen, um es wieder zu finden. Falls Acid die Droge deiner Wahl ist, solltest du versuchen, das Buch rückwärts zu lesen – eine geheime Botschaft verbirgt sich dort nur für *dich*! Sie stammt von Quetzalcoatl, dem Maya-Gott der Apokalypse 2012, und sie ist sinnvoll und geschickt verschlüsselt – die Bedeutung wurde in jedes Fragment einkodiert! Falls du das Buch stoned auf Gras liest – hey, dann bleib nicht zu Hause sitzen. Nimm es mit in den Coffee-Shop oder setz dich damit in den Park. Wenn dich das Lesen langweilt, dann lass deine Gedanken schweifen. Ab und an mal das Weltall besuchen – was ist schon dabei? Vielleicht vergisst du dabei das Buch und jemand anderes wird es finden und seinen Spaß damit haben. Und dann musst du dir ein neues zulegen!

Die besten Zitate aller Zeiten! Rockstars über Drogen

Bevor wir den Fokus auf bestimmte Drogen und Phänomene der Rock- und Drogenkultur richten, sollten wir die Party mit Musikerzitaten starten, mit den 25 coolsten, schlauesten, dümmsten, schrägsten und witzigsten Sprüchen zum Thema Drogen:

1. Keith Richards (1967): „Wir sind keine alten Männer und lassen uns nicht von überholten Moralvorstellungen nerven.“ *Keith Richards machte diese Aussage vor Gericht bei seinem ersten Drogenprozess am 28. Juni 1967. Er war zusammen mit Mick Jagger und Marianne Faithfull festgenommen worden. Richards wurde zur Last gelegt, dass er den Konsum von Cannabis auf seinem Grundstück geduldet hatte (Vgl. „Heiße Razzien und dicke Geschäfte“).*

2. Keith Richards: „Ich habe niemals ein Problem mit Drogen gehabt. Ich hatte immer nur Probleme mit der Polizei.“

3. Bob Dylan (1965): „Es ist völlig in Ordnung, wenn Sie Pot, LSD und Heroin konsumieren. Hey, das ist doch groovy.“

Keith Richards – unser Maskottchen

4. Lou Reed: „Der alte Sound war Alkohol-getränkt. Schließlich wurde die Tradition gebrochen. Musik wird aus Sex und Drogen und Freude kreiert. Freude ist ein Witz, den die Musik am besten versteht. Ultraschall-Klänge auf Platten, die eine Lobotomie der Frontallappen verursachen. Hey, hab' keine Angst. Du solltest lieber Drogen nehmen und die Liebe zum Plastik erlernen. Alle Sorten von Plastik – biegsames, hartes, gefärbtes, farbenfrohes und rumliegendes Plastik."

5. Robert Hunter, Texter von Grateful Dead (1984): „Zerstöre dich körperlich und psychisch und bestehe darauf, dass alle wahren Brüder deinem Beispiel als Ausdruck der Zusammengehörigkeit folgen." *Aus seinem Artikel* „Die 10 Gebote des Rock'n'Roll", *der im* Book Of Rock Lists *veröffentlicht wurde.*

6. Dick Heckstall-Smith, u.a. Alexis Korner und John Mayall Band: „Auf eine bestimmte Art und Weise wird Musik nicht aus einer rationalen, voll bewussten Perspektive kreiert. Ein Teil der Musikerausbildung besteht darin, ‚zurückzutreten', um der Musik ihren freien Lauf zu lassen. Der perfekte Künstler kann seine individuellen Charaktereigenschaften so gut wie ‚ausschalten' – je näher er an diesen Zustand herankommt, desto stärker kann die Musik ihn vereinnahmen. Alkohol und Drogen sind eine Abkürzung, viele der Bewusstseinsinhalte auszuschalten."

7. Neil Young: „Früher oder später haut es jeden um. Wenn deine Musik nicht den gleichen Fluss hat, wie dein Gefühl bei einem High, dann täuschst du dich nur selbst."

8. Sir Michael Phillip (Mick) Jagger (2003): „Wenn Leute gelegentlich Drogen nehmen, ist das in Ordnung. Ich finde das nicht weiter schlimm. Du kannst viele gute Sachen produzieren, aber es dauert verdammt lange."

9. Pete Wentz, Fall Out Boy (2007):
Interviewer: „Was steht in Ihrem Medizinschrank?"
Pete Wentz: „Nun, ich habe kein Ambien mehr. Aber da ist noch Lora-

zepam, das dem Xanax nahe kommt, Flexeril, ein Muskelrelaxans, Seroquel und wahrscheinlich ist Zoloft auch noch da. Ich hab euch ja gesagt – ich bin der Drugstore Cowboy." *Endlich mal ein ordentlicher, zeitgenössischer Kommentar zu Drogen.*

10. Courtney Love: „Falls es eine günstige Zeit zum Drogenkonsum gibt, dann ist es die Schwangerschaft. Das ist dann wirklich richtig mies."

11. David Lee Roth: „Ich hatte mal ein Drogenproblem. Nun verdiene ich genug Geld."

12. David Crosby: „Wenn wir einen Blick auf die Protagonisten der Rock'n'Roll-Geschichte werfen, lassen sich diese in zwei Kategorien einteilen: In diejenigen, die es fertig gemacht hat, und in diejenigen, die es total fertig gemacht hat."

13. Eddie Vedder, Pearl Jam: „Ich brauche keine Drogen, damit mein Leben einen tragischen Verlauf nimmt."

14. Marilyn Manson: „Alle Drogen sollten legal sein. Dann hätten die Leute, die es unbedingt wollen, die Möglichkeit, sich umzubringen. So ein bisschen Sozialdarwinismus rottet die schwachen Menschen eben aus."

15. Bob Dylan (1966): „Ich würde niemandem raten, Drogen zu nehmen – auf gar keinen Fall harte Sachen. Drogen sind Medizin. Aber Opium, Haschisch und Pot – nun, das sind keine Drogen. Sie verändern nur ein wenig das Bewusstsein. Meiner Meinung nach sollte das jeder hin und wieder erleben."

16. Marilyn Manson: „Ich nehme nur Drogen, um zu merken, dass ich sie nicht brauche. Es ist ein Test für mich, eine Herausforderung meiner persönlichen Stärken." *Fehlt nur noch der Spruch: „Was mich nicht tötet, macht mich härter."*

17. Slash: „Wenn du ein Rock'n'Roll-Musiker bist, gehören Drogen und Sex einfach zusammen. Wäre ich ein Geiger, würde die ganze Sache ein wenig anders ausschauen."

18. Aimee Mann: „Als ich in den Siebzigern aufwuchs, dachte ich, man muss Drogen nehmen. Es schien fast so, als hätte ich gar keine andere Wahl gehabt."

19. Al Kooper, The Blues Project, Keyboarder von Bob Dylans Studioband in den Mittsechzigern: „Meist haben wir Hasch, Gras und Opium geraucht, gelegentlich mal Meskalin eingeworfen. Stell dir vor, du wirst bei einem Auftritt eine Stunde lang verehrt und kehrst dann in deine Hotelzelle zurück. Dann hast du das Gefühl, dass du ein talentiertes Zootier bist, das man kurz freigelassen hatte."

20. David Crosby: „Ich schäme mich nicht dafür, stoned zu sein. Bei jeder Note, die ich jemals spielte, war ich stoned – auf allen Platten, bei allen Konzerten. Wenn Sie was von Musik verstehen, dürfen Sie auch Kritik üben. Falls das nicht so ist, hat verdammt noch mal niemand das Recht, mir meinen Drogenkonsum vorzuwerfen!"

21. David Crosby: „Mit Peace and Love hatten wir Recht, aber bei den Drogen lagen wir falsch." *Peace, Love, Recht usw. werden hier als Abstraktionen gebraucht. Die Drogen haben einen konkreteren Bezug, aber Crosby sollte schon sagen, welche Drogen er meint, wenn er nicht die Rolle eines christlichen Religionswissenschaftlers spielen will.*

22. Keith Richards (2005): „Es ist dämlich, neun Tage lang Partys zu feiern, um das Image von Keith Richards aufrecht zu halten. Heute bleibe ich nur zwei oder drei Tage auf." *Entspannen mit Keef.*

23. Kele Okereke, Bloc Party (2007): „Ich glaube, dass der Konsum von Drogen im 21. Jahrhundert ein Synonym für das Leben darstellt."

24: Keith Richards (2008):
Interviewer: „Ist Ihnen jemals eine Droge angeboten worden, die Sie nicht ausprobieren wollten?“
Keith Richards: „Nö.“

25. Michael Gibb, The Bee Gees: „Ich war der Säufer, Barry der Kiffer und Robin der Pillenfresser.“

Die fünfziger Jahre

Elvis wirbelte mit seinem Becken herum. Jerry Lee Lewis malträtierte das Klavier und heiratete seine 13-jährige Cousine, und Little Richard informierte uns, dass Molly zweifellos eine heiße Party liebt. Der Rock'n'Roll erblickte in den Fünfzigern das Licht der Welt, packte die konservativen und puritanischen USA an ihrer empfindlichsten Stelle – dem Unterleib – und zeigte den Leuten, wie man eine flotte Sohle aufs Parkett legt. Aber der frühe Rock'n'Roll vernachlässigte dieses andere Lustorgan: den Kopf.

Während die Konservativen der damaligen Zeit gegen die „Negermusik" und Jugendkriminalität wetterten, kümmerte sich oder redete niemand über Drogen. Es bestand zwar eine lange Verwandtschaftsbeziehung zwischen Gras und Jazz, aber Belege, dass Marihuana – damals eine hoch skandalöse Droge und zutiefst gefürchtet – in die Rockkultur einzog, sind nicht zu finden.

Dennoch gab es auch in den Tagen der Unschuld und Gel-Frisuren einige legendäre Musiker, die dem Drogenrausch nicht abgeneigt waren.

Die Top 5 der Fifties-Musiker auf Drogen

1. Frankie Lymon

Frankie Lymons süße, hohe und unschuldige dreizehnjährige Stimme eroberte das frühe Rockradio mit Bubblegum-Hits wie „Why Do Fools Fall In Love?“ und „I'm Not A Juvenile Delinquent“. Zwar hat er es immer abgestritten, aber tatsächlich war Frankie ein ungezogener Lümmel mit einem unersättlichen Appetit auf ein zerstörerisches Leben.

Im Alter von 15 Jahren, Lymon hatte schon eine Vorliebe für ältere Frauen mit „lockerer Moral“ entwickelt, machte er die Bekanntschaft mit Heroin, das ihm von einer seiner Damen „empfohlen“ wurde. Ein Schuss reichte aus und er hatte die Liebe seines Lebens gefunden. Rasend schnell entwickelte er eine Abhängigkeit. 1961 aufgrund seines unberechenbaren Verhaltens von der Plattenfirma fallen gelassen, startete Lymon den größten Trend der Musikindustrie – er war der erste Rockstar, der sich einer Entziehungskur, einer Reha, unterzog (Vgl. „Ab in die Reha!“). Einigen Quellen zufolge jonglierte Frankie zum damaligen Zeitpunkt mit drei Frauen, darunter eine Prostituierte, die ihn bei den Kosten für die Entziehungskur unterstützte.

Die Reha schlug nicht an. 1964, im Alter von 22 Jahren, wurde Lymon wegen Rauschgiftkonsums verurteilt. Ein Jahr später zog ihn die U.S. Army ein, aber nachdem er sich wiederholt ohne Genehmigung von der Truppe entfernt hatte, wurde er unehrenhaft entlassen. Wenig später, am 28. Februar 1968, starb Frankie Lymon im Alter von 25 Jahren an einer Überdosis Heroin im Badezimmer des Apartments seiner Großmutter.

So tragisch es auch war, kann Lymon als Trendsetter bezeichnet werden. Er unterzog sich nicht nur als erster einer Entziehungskur, sondern skizzierte auch die Blaupause für die Rolle des scheiternden Kinderstars, beides Sujets, die viele von uns in den darauf folgenden Jahren zugleich amüsiert und betrübt haben.

Ein Film über Lymons unglaublich kompliziertes und chaotisches Leben wurde 1998 mit dem Titel *Why Do Fools Fall In Love* veröffentlicht.

2. Johnny Cash

Es mag sein, dass er nicht der größte Drogie der Musikindustrie in den Fünfzigern gewesen ist, aber der „Man In Black" sollte ein wenig später dafür berühmt werden, sich Strafzettel für „Hochgeschwindigkeitsfahrten"einzuhandeln.

In den Fifties stellte Cash das Ebenbild des zerrissenen, gequälten Außenseiters dar – ein Mann, der sich weit von einer unscheinbaren Gesellschaft entfernt hatte, die das Bild einer gepflegten Mittelklasse propagierte und ihr ganzes Glück im Konsum suchte. Aber dennoch fanden sich, durch eine Art göttlichen Wunders, seine aus tiefer Kehle intonierten und vom harten Leben erzählenden Klassiker wie „I Walk The Line" in den Top 40 der amerikanischen Charts wieder. So trat der eigenbrötlerische Mann in TV-Shows wie *American Bandstand* auf und spielte vor einem dankbaren, wenn auch verwirrten Publikum junger Mädchen in Ringelsöckchen.

Vorwiegend ein Country-Star, entwickelte Cash eine Amphetamin-Abhängigkeit während der Pausen in Truck Stops auf seiner langen Fahrt zur oder von der Grand Ol' Opry. Bis zur zweiten Hälfte der Sechziger hielt sich die Sucht aber immer noch in Grenzen (die frühen Sechziger werden gerne als die Fifties in Verkleidung beschrieben). Damals teilte er sich eine Wohnung mit dem Speed-Freak Waylon Jennings. Als Künstler, der sowohl das Rock- als auch das Country-Publikum anzog, musste Cash mit zunehmendem Bekanntheitsgrad einen eng gesteckten Zeitrahmen bei seinen Auftritten einhalten. Schon bald saß er auf der „Uppers And Downers"-Schaukel und war abhängig von Speed und Barbituraten. Obwohl das nervöse Gebaren und exzentrische Verhalten Anlass zu Klatsch bot bei denjenigen, die etwas von der Sucht wussten, konnte Cash sich seine Professionalität jahrelang bewahren. Bis zum letzten Jahr der Abwärtsspirale verpasste oder vermasselte er nie eine Show oder Aufnahme-Session.

Cash wurde zwar einige Male wegen eher unbedeutender Auseinandersetzungen mit den Behörden kurzfristig in den Knast gesteckt, erlebte aber nur eine einzige Drogenrazzia. Sie fand 1965 während einer Tour in El Paso, Texas statt. Aus irgendeinem Grund beschuldigte man ihn des Heroinschmuggels aus Mexiko, jedoch entdeckten die Beamten nur Narkotika und Amphetamine, versteckt in seinem Gitarrenkoffer.

Schließlich wurde Cash mit einer geringfügigen Strafe entlassen.

Es gibt einige Belege, dass all die Drogenspiele sein Bewusstsein zu einem interessanten und fremdartigen Geisteszustand aufsteigen ließen. Zwei Jahre vor *Sgt. Pepper's Lonely Hearts Club Band* und *In Search Of The Lost Chord* von den Moody Blues nahm der damals schwer heroinabhängige Cash zwei Konzeptalben auf. Dazu gehörte die Doppel-LP *Ballads Of The True West*, auf der er Sprachbeiträge mit musikalischen Darbietungen amerikanischer Frontier-Songs kombinierte.

Nachdem Cash Jesus „gefunden" hatte, beendete er seine Drogenlaufbahn 1968. Der Schauspieler Joaquin Phoenix wurde für einen Academy Award nominiert, nachdem er Johnny Cash in dem Film *Walk The Line* gespielt hatte. Viel amüsanter war aber der Film *Walk Hard: The Dewey Cox Story*, in dem der Hauptcharakter teilweise auf jenem Cash basiert, den Joaquin Phoenix dargestellt hat.

3. Ray Charles

Ray Charles wird allgemein mit der Welt des Jazz assoziiert, hatte aber trotzdem einige Hits, mit denen er das Rockpublikum erreichte. Dazu zählt auch einer der ersten Rock-Hits – „I Got A Woman". 1945 begann seine Heroinabhängigkeit, die 20 Jahre andauern sollte. In dieser Phase produzierte er Hit auf Hit in verschiedenen Genres, darunter sogar Country & Western. In der Zeit zwischen 1960 und 1965 wurde Charles drei Mal wegen des Besitzes von Heroin und Marihuana hochgenommen.

Fast schon prophetisch sorgte sich das Magazin *Down Beat* nach einer Drogenrazzia, die 1962 bei Ray Charles stattfand, über den Einfluss auf die Jugend der Nation: „Eine beeindruckende Zahl der Charles-Jünger sind Kinder. Es wäre tatsächlich tragisch, wenn die Massenhysterie sich nur in eine Richtung auswirken würde – einem annähernd gleichsetzenden Syllogismus (Heroin = guter Musiker, guter Mensch). Wenn auch nur eines dieser jungen Kids als Resultat der Verhaftung von Charles dazu motiviert oder beeinflusst wird, Heroin zu nehmen, wird es völlig irrelevant sein, wie das Gesetz entscheidet."

Charles sah sich der letzten Razzia Halloween 1964 ausgeliefert. Zollbeamte in Boston durchsuchten ihn und fanden Pot, Heroin und eine Nadel. 1966 befreite er sich dann von der Sucht in einem Sanatorium

(Old School-Begriff für Reha) und erhielt eine fünfjährige Haftstrafe auf Bewährung. Mit den Songs „Let's Go Get Stoned" und „I Don't Need No Doctor" verwies er auf seine jüngste Vergangenheit. Im letztgenannten Titel heißt es: „Only my baby's arms / could take away this chill."

Natürlich widmete man auch seinem Leben einen Film – *Ray*. Jamie Foxx, der die Rolle von Ray Charles spielte, gewann einen Oscar in der Kategorie „Bester Schauspieler". Foxx hatte Ray Charles' Stimme nachgeahmt (ein minimaler Auszug aus dessen Song „I Got A Woman") und diesen Schnipsel Kayne West 2005 zur Verfügung gestellt, der ihn in seinen Monster-Hit „Gold Digger" integrierte. Mann, diese Scheiße macht mich ganz schwindlig!

Rays Sohn, Ray Charles Robinson, wurde 2005 wegen des Besitzes von Kokain eingebuchtet.

4. Jerry Lee Lewis

Stell dich hinten an, Ted Nugent! Zur Seite Ozzy Osbourne! Macht alle Platz für den verrücktesten, wildesten Motherfucker, der je in die Top 40 einschlug: „The Killer" – Jerry Lee Lewis. Mit seinem „Whole Lotta Shakin' Goin' On" knallte er 1957 in die Rock-Charts. Jerrys zuckender und rasender Auftrittsstil mag der Tatsache geschuldet gewesen sein, dass er mit steter Regelmäßigkeit bis zum Anschlag voll mit Speed war. Wie Harry Shapiro in *Sky High* berichtete, begann alles in Natchez, wo Lewis regelmäßig in Truck Stops auftrat. Trucker, unverbesserliche Speed-Fresser, hatten die Gewohnheit, dem Killer Tabletten auf die Bühne zu schmeißen. Und nachdem Jerry Lee erst einmal mit dem Speed angefangen hatte, nahm er den Fuß nicht mehr vom Gaspedal.

1958 ehelichte er seine 13-jährige Cousine ersten Grades. Die daraus resultierende negative Publicity zerstörte beinahe seine Karriere – aber nicht bevor er eine wunderbare Rock'n'Roll-Tradition initiieren konnte. Auf Alan Freeds *Big Beat*-Tour, an der zahlreiche bekannte Rockmusiker teilnahmen, setzte der Killer sein Klavier in Brand. Als er danach in den Backstage-Bereich rannte, schrie er: „Ich will mal jemanden sehen, der das hier noch überbieten kann!" In den Sechzigern tauchte Lewis wieder auf der Bildfläche auf, diesmal als Country-Sänger. Er spielte nun vor einem Publikum, das möglicherweise mehr Erfahrungen mit dem Heiraten 13-Jähriger gemacht hatte.

In den Fünfzigern wurde der Killer zusammen mit seiner Band The Memphis Beats in Grand Prairie, Texas hochgenommen – sie waren im Besitz von 700 Amphetamin-Pillen. In den Siebzigern erlebte Lewis erneut eine Razzia und 1980, kurz nachdem er ein Jahr auf Bewährung hinter sich gebracht hatte, fanden Steuerbeamte des Staates Mississippi Kokain unter dem beschlagnahmten Besitz. Neben seiner Liebe zu Speed und Alkohol war Lewis auch für den gelegentlichen Konsum von Narkotika bekannt. Er erzählte einem Reporter, dass er eine halbe Million Dollar für das Narkotikum Demerol ausgegeben hatte.

Im Laufe seiner ganzen noch folgenden Karriere führte Lewis sein unentschuldbares Leben des rücksichtslosen Exzesses fort. Einmal gab er den Rock'n'Roll-Musikern einen guten Ratschlag: „Entweder bist du heiß oder kalt. Wenn du lauwarm bist, wird der Herr dich aus seinem Munde speien." (Es mag sein, dass Jerry Lee die eine oder andere Sache über Gott weiß, da sein Cousin der Evangelisten-Prediger Jimmy Stewart ist, der auch einen Tiefpunkt seiner Karriere überstand – einen Sexskandal 1988). 1976 schoss Lewis mit einer .357 Magnum seinem Bassisten Butch Owens versehentlich eine Kugel in die Brust (der Musiker überlebte diesen unliebsamen Zwischenfall). Im gleichen Jahr wurde Lewis in Graceland verhaftet. Er war mit seinem Auto in das große Eingangstor des Anwesens geknallt, begann mit einer Knarre herumzufuchteln und erzählte einem Angestellten der Security, dass er gekommen sei, „um Elvis abzuknallen". Lewis behauptete später, von Elvis eingeladen worden zu sein und einfach nur Spaß gemacht zu haben. Als Elvis dann ein Jahr später starb, gehörte der Killer nicht unbedingt zur Trauergemeinde: „Ich war froh. Wieder ein anderer aus dem Weg. Meine Güte – Elvis hier, Elvis dort. Wir hören immer nur den Namen Elvis. Was zur Hölle hat Elvis denn geleistet, außer Dope zu nehmen, das ich mir nicht unter den Nagel reißen konnte?"

Einigen Aussagen zufolge hat sich Jerry Lee seinen Spitznamen „The Killer" redlich verdient. In einer in den Achtzigern publizierten Enthüllungsstory des *Rolling Stone* wird Lewis als nahezu ununterbrochen psychotisch und drogenabhängig charakterisiert. Er soll in kriminelle Aktivitäten verstrickt gewesen sein und offensichtlich beschuldigte man ihn auch, seine fünfte Frau, Shawn, umgebracht zu haben. In einem überaus schmeichelhaften *Rolling Stone*-Porträt schrieb Charles M. Young

2006, dass Lewis der „einzige Typ im ganzen Musikbusiness ist, der Keith Richards so gefährlich wie Jessica Simpson aussehen lässt. Der Killer macht weiter und wütet in der Finsternis."

5. Doc Pomus

Doc Pomus schrieb die Texte für die berühmten und beständigen Hitlieferanten des Brill Building. Unter anderem verfasste er die Lyrics zu „A Teenager In Love", „Viva Las Vegas", „Save The Last Dance For Me" und dem Riesenerfolg „Turn Me Loose" des Teenager-Idols Fabian.

Neben seiner Tätigkeit als Songwriter von Titeln, die später von den Beatles, den Byrds, Elvis Costello oder Johnny Thunders gecovert wurden, besetzt der Doc einen ganz besonderen Platz in der Geschichte des Rock'n'Roll. Er war so ziemlich der einzige Typ der Rockkultur in den fünfziger Jahren, von dem man wusste, dass er kifft. Alex Halberstadt, Autor der Biografie *Lonely Avenue: The Unlikely Life & Times Of Doc Pomus*, kommentierte das in einem Interview: „Doc schlief den ganzen Tag und blieb die ganze Nacht auf. Er rauchte Marihuana und hing in den Clubs mit Musikern ab. Doc lehnte die normale Welt ab." Ein immer poetisch gestimmter Lou Reed, der in den frühen Sechzigern eine kurze Zeit als Texter im Brill Building arbeitete, meint dazu: „Doc war mehr als ein Mann unter Männern. Er war die Sonne."

Ehrengast: Larry Williams

Im zarten Alter von fünf Jahren war ich total verrückt nach einem brandaktuellen Song, der von einem Mädchen namens „Bony Moronie" handelte, die so spindeldürr wie Makkaroni war. Ich wusste damals noch nicht, dass Bony wahrscheinlich eine abgehalfterte Nutte darstellte, da der Komponist Mr. Williams sich neben der musikalischen Tätigkeit sein Geld als Heroindealer und Zuhälter verdiente. In den späten Fünfzigern wurde er wegen des Handels mit Narkotika festgenommen. Wenn man darüber nachdenkt, mag sein anderer großartiger Song, „Dizzy Miss Lizzy", ebenfalls eine tiefgründige Bedeutung haben. Ich kann mir gut vorstellen, was Lizzy so „dizzy", so schwindelig und benommen gemacht hat.

Rockstars auf Acid (LSD) und anderen psychedelischen Drogen

Das ganze Ding mit den „Rockstars auf Drogen“ begann sich erst mit der psychedelischen Revolution, die von Mitte der Sechziger bis zum Ende der Dekade andauerte, auf breiter Ebene durchzusetzen. Rockstars haben zwar auch schon vor diesem Zeitraum illegale Drogen konsumiert (Vgl. „Die fünfziger Jahre“ und „Speed“), aber die Medien hatten nicht über die Verbindung, die möglicherweise zwischen Rockmusik und Drogen bestand, berichtet. Auch das öffentliche Bewusstsein blieb unbehelligt und wurde weder gestört noch erregt. Erst 1966, als die psychedelische Musikkultur langsam die Aufmerksamkeit auf sich zog, änderten sich die Verhältnisse. Ganz langsam sprangen die Medien auf den Zug auf und die Öffentlichkeit reagierte mit Empörung.

1967 hatte sich der psychedelische Trend zu einem absoluten Muss entwickelt. Sogar diese Dämonen, die Rolling Stones, umarmten ein paar Monate lang Flower Power und veröffentlichten ihre Version von „All You Need Is Love“, einen Song mit dem Titel „We Love You“, der mit dem Geräusch einer zuschlagenden Gefängniszellentür beginnt. Die Stones hatten schon immer einen ausgeprägteren Realitätsbezug als die Fab Four. Und sie präsentierten sich natürlich – wie wäre es anders denkbar – als Zauberer auf dem halluzinatorischen 3-D-Cover des Albums *Their Satanic Majesties Request.* Von Chad & Jeremy bis zu den Moody Blues, von den Seeds bis zu den Bee Gees, sie alle, ob Sänger von Garagenbands, Popvokalisten oder Blues-Rocker, produzierten in den Jahren 1967 und 1968 lupenreine psychedelische Alben.

Allgemein betrachtet hielt die romantische Beziehung zwischen Rockstars und psychedelischen Drogen nicht lange an. Die Musiker, meist junge Männer, hatten jede Gelegenheit, ihre egoistischen und erotischen Launen und Gelüste auszuleben. So gab es kaum einen Grund, psychedelische Drogen zu nehmen, die manchmal komplizierte psychologische, philosophische oder spirituelle Herausforderungen darstellten. Es gab andere Drogen, die einen nicht so stark beanspruchten, und diese sollten die folgenden Jahrzehnte dominieren.

Das soll aber nicht bedeuten, dass Rockstars des dritten Millenniums immun gegenüber den Verlockungen einer gelegentlichen und verwirrenden Halluzination wären. So lange wie die Raver ihre Partys feiern und die Jam-Bands sich durch ihre Improvisationen ausdrücken, wird es immer ein nettes Plätzchen zum Abhängen geben, wo ein Rock-Fan seinen Trip erleben kann.

Die Top 10 der Zitate von Psychedelic-Rockstars

1. Phil Lesh, Bassist von Grateful Dead: „Ich schloss meine Augen und hatte dieses unglaubliche Gefühl der Wahrnehmung mit offenen Augen. Ich hatte den festen Eindruck, sie wären weit geöffnet. Mein Blickfeld war immer noch vorhanden, wurde aber von einem teilweise sichtbaren Muster durchzogen. Dann nahm ich außerhalb des Blickfelds etwas wahr, das dem Öffnen einer dieser alten Kaffeedosen glich – diese Art von Bewegung, wo du den Verschluss so lange drehen musst, bis dann diese dünne Alufolie abgeht. So sah das aus, und es begann sich am Rand meiner visuellen Wahrnehmung zu manifestieren und auszuweiten, bis ich einen 360-Grad-Blickwinkel hatte. Ein Muster enthüllte sich, und das Muster bedeutete ‚alles' und erstrahlte in einer unglaublichen Neonfarbe. Bei einem anderen Trip hatte ich den Eindruck, unzählige Male zu sterben, ich glitt in diese Art Todeserfahrung … der letzte Akt Hunderter von Leben und Tausender Inkarnationen und Insektentode.

Wiederum ein anderes Mal waren alle Lebewesen auf der Erde von fliegenden Untertassen evakuiert worden. Da gab es nur noch diese leblosen Automaten, die herumspazierten und den Klang dieses höhnischen Gelächters, so als ob dir plötzlich klar wird, dass du der Arsch eines großen Witzes des Universums bist."

2. Danny Fields, A&R-Manager der Plattenfirma Elektra in den Sechzigern und Siebzigern: „Ich kann mich besser an die Acid-Trips erinnern, als an das, was sonst im alltäglichen Leben passiert ist. Ich flog durch das Universum und sprach zu Gott – ich kniete und sah Dinge, die sich in die Zukunft bewegten. Auf einem Trip erkannte ich, dass mein Intelligenzquotient bei 3.000 liegt. Aber nicht nur das, denn ich konnte problemlos Wesen visualisieren, die einen IQ von 300.000 hatten."

3. Bob Dylan (1967): „Acid ist nichts für all die coolen Typen. Der Präsident und solche Leute sollten Acid nehmen. Wer cool ist, hat das nicht nötig."

4. Art Linkletter, Moderator einer Fernsehsendung für Kinder und Anti-Drogenberater von Präsident Nixon. Seine Tochter hatte begonnen, mit LSD zu experimentieren, und beging ungefähr zu dieser Zeit Selbstmord (1969): „So gut wie jede Platte, die in den Top 40 ist und praktisch bei jedem Radiosender der Vereinigten Staaten gespielt wird, stellt eine Kommunikation mit den Kindern dar. Einen Trip zu nehmen, sich auszuklinken und Spaß zu haben – das wird angepriesen. Die psychedelischen Verzierungen auf den Plattenhüllen enthalten versteckte Symbole und Botschaften, ähnlich wie die Texte der ganzen populären Rocksongs. Und alle singen sie den gleichen Refrain: Es macht Spaß, einen Trip zu werfen, schieß dir Acid in die Vene."

5. Bob Dylan (1968): „Hey Mann, hast du davon nicht schon genug gehabt?" *Dylan unterhält sich mit David Crosby über LSD.*

6. Paul McCartney: „LSD öffnete mir die Augen. Wir nutzen nur ein Zehntel unseres Gehirns. Stell dir nur vor, was wir alles erreichen könnten, wenn es uns gelänge, einen Teil dieses verborgenen Areals anzuzapfen. Die ganze Welt würde sich grundlegend verändern, wenn die Politiker LSD nehmen würden. Es gäbe keine Kriege mehr, Armut oder Hungersnöte."

7. John Lennon (1980): „Mal ganz nebenbei – wir müssen uns immer daran erinnern, der CIA und der Army dankbar für LSD zu sein. Alles verkehrt sich in das Gegenteil, nicht wahr? Sie benutzten LSD, um die Menschen zu kontrollieren, aber tatsächlich schenkten sie uns die Freiheit. Manchmal zeigen sich die Wunder von LSD auf eine mysteriöse Art. Aber es ist total sicher, dass sie sich zeigen. Wirft man einen Blick in den Regierungsbericht über LSD, wird eins klar – die einzigen, die wegen Acid aus dem Fenster gesprungen sind, waren Armeeangehörige. Mir ist noch niemand begegnet, der wegen LSD aus dem Fenster gesprungen ist oder sich umgebracht hat."

8. Mick Jagger: „Es ist vollkommen in Ordnung, wenn du dich gehen lassen kannst, solange du auch wieder in der Lage bist, zurückzukommen." *Mick Jagger in einem Interview über psychedelische Drogen.*

9. Jerry Hall, Mick Jaggers Ex: „Einmal ging ich zu einer Party und einige Leute träufelten LSD in meinen Drink. Dann erzählten sie es mir. Ich begab mich in das Badezimmer und schloss mich acht Stunden lang ein, bis die Wirkung nachließ. Ich kann mich nur noch daran erinnern, gedankenverloren in den Spiegel gestarrt zu haben: ‚Oh mein Gott, was bin ich schön.' Es war eine Offenbarung. Zu diesem Zeitpunkt beschloss ich auch, nach Paris zu gehen."

10. Pete Townshend: „Was für diese ganzen Hippies wie eine alternative Gesellschaftsform aussah, war praktisch ein metertiefes Matschfeld, durchtränkt mit LSD. Wenn das ihren Vorstellungen einer lebenswerten Welt entspricht, dann sollen sie sich doch alle verpissen. Ich konnte diese ganze Haight-Ashbury-Sache nicht ab. Ich mochte auch den verdammten Abbie Hoffman nicht. Ich mochte Timothy Leary nicht. Und ich mochte Woodstock nicht."

Ehrengäste

Courtney Love: „Weil man mir im Alter von vier Jahren Acid gab, dachte ich immer, mein Bewusstsein sei befreit."

George Harrison (2000): „Ich nahm fälschlicherweise immer an, dass jeder, der LSD einwarf, eine erleuchtete Persönlichkeit sein musste. Und dann wuchs in mir die Erkenntnis, dass einige Leute nach dem Trip genauso blöd waren wie vorher."

Marilyn Manson: „Ich habe regelmäßig LSD geschmissen. Bei einem Trip hatte ich eine Vision von David Wyndorf von Monster Magnet in der Gestalt einer Fee mit Flügeln, die aus Marihuana-Blättern bestanden. Er schwebte in der Luft und lehrte mir diese kleinen Botschaften über das Kiffen."

Die Top 10 der Psychedelic Rock Heroes

1. The Grateful Dead

Entweder lieben oder hassen Rock-Fans die Grateful Dead. Da scheint es niemanden in einer Zwischenkategorie zu geben – außer mir. Es ist aber wichtig, meine gemischten Gefühle bezüglich ihrer Musik aus dem Weg zu räumen und mich der Weisheit des Publikums und der Fans unterzuordnen. Die Leute haben die Band gekrönt und auf den Thron der psychedelischen Musik erhoben. Der Versuch, die Dead von diesem Platz zu vertreiben, würde einem kosmischen Verbrechen gleichkommen.

Die Dead werden für ihre lange, bizarre Reise mit wahnsinniger Popularität honoriert. Ihre Karriere begann mit den Acid-Tests der Merry Pranksters 1965, also den frühesten Ursprüngen der psychedelischen Gegenkultur. Die Band trippte und tourte unermüdlich in all den Jahrzehnten und zog sogar in den Achtzigern und Neunzigern noch ein Riesenpublikum in die Stadien. Zu diesem Zeitpunkt hatte der amerikanische Mainstream gedacht, dieses Kapitel sei längst abgeschlossen. Als Jerry Garcias Geist schließlich in die ewigen Jagdgründe einzog, war der Tournee-Karneval der Deadheads, der Fans der Band, die ihnen immer hinterher reisten, wohl die letzte Begegnungsstätte, wo ein herumwirbelnder, ausgeflippter Freak in Batik-Klamotten Brüder und Schwestern finden konnte, die mehr oder weniger an den alten Hippietraum glaubten.

Bill Graham sagte einmal, dass die Grateful Dead „nicht die Besten sind, bei dem was sie machen, aber *die Einzigen*, die dieses Ding durchziehen". In der Tat! Sie sind sicherlich keine großartigen Rockmusiker. Man muss aber schon ein Herz aus Stein haben, um völlig immun gegenüber den eleganten, anmutigen, mythologischen und kosmische Weisheit transportierenden Texten Robert Hunters zu sein, die zusammen mit dem Sound von Jerry Garcias Gitarre ihre Wirkung entfalten – einer Gitarre, die mit ihrem leicht traurigen Ton an ein Klagelied entfernter Galaxien erinnert. Es sind die Platten und Auftritte, bei denen die Dead ihre Songs entfalten, ganz vorsichtig dein Bewusstsein berühren und dabei süßliche Töne aus anderen Dimensionen anstimmen, die für mich den ersten Platz unter den Psychedelic-Rock-Heroes rechtfertigen. Mit diesen Sounds fegen sie alle Heavy-Rocker, cleveren Briten und Post-Punk-Avantgardisten beiseite.

2. The Beatles

„I'd love to turn you on." Das ist John Lennons letzte Textzeile auf *Sgt. Pepper's Lonely Hearts Club Band*, dem Album, das zum Bezugspunkt des LSD-getränkten Summer of Love 1967 avancierte.

Damals waren die Beatles die bekanntesten und einflussreichsten Entertainer der Welt und gleichzeitig die bedeutendste Rockgruppe aller Zeiten. Sie experimentierten mit psychedelischen Drogen und hatten einen unermesslichen Einfluss auf die Jugendkultur, die synchron zu den psychedelischen Botschaften aus dem Boden schoss. Gewiefte Schwindler, die sie nun mal waren, wurden sie nur wenige Male hochgenommen, aber nie ernsthaft belastet oder *beschuldigt*. Sogar in ihrer subversivsten Phase wirkten die Vier noch sooo niedlich. Paul McCartney wurde zum Ritter des Britischen Empire geschlagen und John Lennon wird praktisch als Heiliger verehrt. Wie heißt es doch in „I'm The Walrus": „Goo Goo Ga Joob!" (Vgl. „Die Beatles und die Drogen").

3. George Clinton, Parliament-Funkadelic (auch bekannt als P-Funk)

In den psychedelischen Sechzigern standen Soul und Psychedelia für zwei unterschiedliche Realitäten. Die Chamber Brothers präsentierten uns einen oder zwei harte Acid-Tracks. Sly and the Family Stone lieferten einen Funk-Song für unsere Party, der die Band in der Rolle von Hippie-Cheerleaders zeigte (besonders in Woodstock) und das Publikum in den Himmel der Glückseligkeit beamen sollte. Jedoch stand keine der Gruppen für die musikalische Umsetzung abgefahrener Bewusstseinszustände.

1970 betrat George Clinton die Szene. Er fusionierte den Beat von James Brown mit harten Feedback-Gitarren, wie Jimi Hendrix sie spielte, und schmückte den Sound mit psychedelischen Bildern im Comic-Stil – geboren war der Maggot-Brain-Funk. Schon zu Beginn ermahnte er uns: „Befreie dein Bewusstsein, und dein Arsch wird folgen." Aus diesen bedröhnten, philosophischen Anfängen heraus wurde der moderne Funk geboren.

Es war die Ära des Rocktheaters und der Glam-Astronauten, und Clintons P-Funk-Truppe (Parliament-Funkadelic) agierte freakiger als jede andere Formation, wobei sie die Welt als Mutterschiff im Kosmos porträtierte, auf dem alles miteinander verbunden ist. Bei den Live-Shows brachten P-Funk Dutzende Schwarzer in Astronautenanzügen (die Frauen nannten sich Space-Babes!) auf die Bühne. Sie zelebrierten die tabulose, psychedelische Befreiung, das „Wegreißen der Schädeldecke des Unwissenden". Gegenüber einer P-Funk-Show wirkten die Grateful Dead wie Lawrence Welk, ein konservativer Musiker der alten Garde, und die Stones wie eine Militärkapelle. Das Musikmagazin *Exclaim* beschrieb eine Show, bei der ein Clinton auf LSD unter anderem in das Publikum pisste und auf die Tische sprang, um den Fans mit seinem Penis deftige Ohrfeigen zu verpassen.

Jahre später, in einem Interview mit dem Magazin *Mondo 2000*, erläuterte der Musiker seine Bereitwilligkeit, durch seinen Urin einen Beitrag zum Kampf gegen die Drogen zu leisten, der von der Regierung geführt wurde: „Ich pisse einfach in jede Tasse. Mag diese Tasse überlaufen." Neben dem Verdienst, Bootsy Collins von der Diktatur eines James Brown befreit zu haben, sollte sich Clintons Einfluss am surreal geprägten Rand der Funk- und HipHop-Bewegungen zeigen. Er ermutigte seine Brüder, die wahnsinnigen Reime fließen zu lassen. Darüber hinaus inspirierte er Freigeister wie die Funk-Adepten Rick James und Prince und hybride HipHop-Acts wie Digital Underground, Wu-Tang Clan, Del Tha Funkee Homosapien, Kool Keith, Gorillaz, Dr. Octagon und OutKast.

4. Genesis P-Orridge (Psychic TV, Throbbing Gristle)

Wenn die Randbereiche der Grenzen vorstellbarer menschlicher Erfahrungen noch weiter ausgedehnt werden, ist einer die Nummer Eins: Genesis P-Orridge. Das gilt nicht nur für dieses Ranking, sondern möglicherweise auch für die Geschichte unseres Planeten oder sogar der gesamten Galaxie. Er war und ist sowohl ein Psycho-Terrorist mit einem androgynen Erscheinungsbild als auch ein authentischer Flower-Power-Hippie, Post-Punk-Performance-Künster mit Neigung zur Provokation und ein ernsthafter psychedelischer und spiritueller Forscher, der Vater des Industrial-Sounds und die Mutter von Acid House, ein Wanderer zwischen den Geschlechtern, ein Künstler, der mit der Cut-Up-Methode arbeitet, Timothy Learys Muse und jemand, der in der Lage ist, den Geist von Brian Jones besser zu beschwören, als es Mr. Jones selbst gekonnt hätte: Eine lohnenswerte Recherche für jeden Leser!

5. Jimi Hendrix

Er verwirklichte das Unmögliche. Das, was zwischen seinen Fingern und der Gitarre geschah, war schier unfassbar – Hendrix erstrahlte im gleißenden Licht und verließ dabei seine irdische Hülle. Der Titel von „Purple Haze“, ein Song, mit dem Hendrix immer assoziiert wird, wurzelt in einer bestimmten Sorte LSD, die von Jimis Freund Augustus Owsley Stanley, dem Soundmann von Grateful Dead und berüchtigten Acid-Kocher der Sixties, synthetisiert wurde. Gerüchten zufolge tränkte Hendrix immer sein Stirnband mit einigen Tropfen LSD, sodass der Stoff bei einem schweißgebadeten Gig langsam in die Hautporen einzog. Möge er nie wieder Surf Music hören!

6. Goa Gil

Vor langer, langer Zeit, Anfang der Achtziger, in dem magischen Land Goa. Es sollte noch viel Zeit vergehen, bis House-DJs den Planeten mit ihrer Musik verschmutzen und wie bleiche Klone den Ort aufsuchen würden, um einen letzten Hauch Ekstase zu erleben, nur um danach noch tiefer in den Morast der Konformität und Banalität zu versinken. Dort lebte ein langhaariger, bärtiger und durchgeknallter amerikanischer Hippie, der die ganze Insel mit psychedelischen Drogen und elektronischer Musik in einen Trance-Zustand versetzte. Sie nannten ihn Goa Gil und er wurde zum Initiator der wohldosierten elektronischen Tanzpartys. Gil machte Goa zum Mekka und Paradies für die neureichen Hippies, die dort ihre Aussteiger-auf-Zeit-Partys feiern wollten. Junge Briten machten sich auf nach Goa und merkten, dass nächtelanges Tanzen auf Acid, Ecstasy und magischen Pilzen gut war. Sie importierten die Idee nach Großbritannien und von dort aus verbreitete sie sich in die ganze Welt. Schließlich mussten sogar amerikanische Eltern in East Bunfuck, Kentucky schlaflose Nächte verbringen, voller Sorge um ihre kleinen Betsys und Johnnys, die die ganze Nacht auf einem dieser unanständigen, gotteslästerlichen Raves feierten. Du bist weit herumgekommen, Goa Gil!

7. Julian Cope (Teardrop Explodes)

Es war das Zeitalter von Ronald Reagan und Margaret Thatcher. Aktuelle New-Wave-Songs wie „Rock Lobster“ und „Safety Dance“ dominierten das Radio. Andere Drogen bestimmten das Leben der Rockstars, größtenteils Kokain und Alkohol. Aber trotz des neuartigen Dickichts stand ein Mann für den Glauben an die Kombination von LSD und Intellekt. Eine Legende in Großbritannien, kaum bekannt in den USA, aber dennoch ein psychedelischer Held ohne Furcht und Tadel – Julian Cope, der Archetypus des modernen Druiden.

Abgesehen davon, dass er zu viele Platten aufgenommen hat, sowohl als Solokünstler, als auch mit verschiedenen Bands, möchte ich Cope damit gerecht werden, sein literarisches Werk aufzuzeigen.

Er hat zwei Archäologie-Bände über prähistorische Orte in Europa verfasst, Romane und Lyrikbände und Hunderte von ergiebigen Buchbeiträgen, Artikeln, Besprechungen und Internet-Postings zu den Themengebieten Musik, Film, Literatur, die hautsächlich psychedelisch gefärbt sind. Cope hält das Dope am Leben (Vgl. seine Website www.headheritage.co.uk).

Der Archetypus des modernen Druiden – Julian Cope erhält Dope am Leben

8. Paul Kantner und Grace Slick (Jefferson Airplane, Jefferson Starship)

Jefferson Airplane und vor allem Kantner und Slick haben eine beeindruckende Metamorphose erlebt und dabei interessante Facetten aufblitzen lassen. In den frühen Tagen der LSD-Bewegung der Sixties in San Francisco wurden die Gruppe und die einzelnen Musiker als total kommerzielle Leichtgewichte angesehen. Sie waren die erste Band der San-Francisco-Szene, die einen Plattenvertrag unterschrieb, und verhüllten nie ihre Pop-Ambitionen, die ihnen einen Platz in den Top 40 sichern und den Weg zum Status von Rockstars ebnen sollten. Doch dann kam es zu einigen Doppel-Einwürfen bei den elektrifizierenden Acid-Tests. Am Ende der Sechziger hatte sich die Einstellung von Paul und Grace grundlegend geändert und sie hatten sich zum sprachgewandten, didaktischen Sprachrohr der LSD/Revolution-Bewegung entwickelt. Von 1968 bis 1971 fegte ein trippiger und radikaler Sturm durch die USA, der den Stoff über das ganze Land verbreitete.

1969 hätte Slick beinahe den populärsten, ungewollten Acid-Trip der Geschichte initiiert. Sie war von Tricia Nixon, der Tochter des damaligen Präsidenten, zu einer Party für die Absolventen des Finch College in das Weiße Haus eingeladen worden. Slick wiederum lud den radikalen Psychedelic-Aktivisten Abbie Hoffman ein, sie zu begleiten, und versteckte 600 Mikrogramm LSD unter ihrem Fingernagel, in der Absicht, den Drink des Präsidenten mit dem Stoff zu verfeinern. Um nicht erkannt zu werden, trug Hoffman einen Anzug und hatte sich das Haar mit Pomade nach hinten gekämmt. Doch Slick wurde erkannt. Man teilte ihr mit, dass Jefferson Airplane wegen zweifelhafter Texte ein Sicherheitsrisiko darstellen würden, und so durfte sie die College-Feier nicht in das Happening „Nixon im Wunderland“ verwandeln.

Im neuen Millennium wurde der zur Revolution aufrufende Song „Volunteers“ von Jefferson Airplane aus dem Jahr 1969, der in den Sixties auf allen Straßen zu hören gewesen war, in der TV-Werbung für eine Investmentfirma eingesetzt (und auch noch für einen Tommy-Hilfiger-Spot). Wird *Sunfighter*, ein Tribute-Song, den Paul und Grace den Acid-Guerillas des Weather Underground gewidmet haben, eines Tages als Werbung für Hypotheken-Refinanzierung aus den Lautsprechern plärren?

Sind Logik und Verhältnismäßigkeit völlig aus dem Ruder gelaufen? Wir werden das weiter beobachten!

9. Schpongle

Gibt es noch Hoffnung für die zukünftigen Acid-Reisenden? Ja, denn wahrscheinlich ziehen mehr psychedelische Bands durch die prä-apokalyptischen Landschaften dieser Welt, als zu irgendeinem anderen Zeitpunkt der Vergangenheit. Allerdings wird der Stil jetzt als Neo-Psychedelia bezeichnet. *Natürlich* ist heute alles im Überfluss vorhanden, besonders die Paranoia. Es stellt sich die Frage, wie viele dieser Bands, die sich des Textstils und der Manierismen der psychedelischen Musik angenommen haben, tatsächlich durch regelmäßige Dosen halluzinatorischer Drogen die Pforten der Wahrnehmung weit öffnen.

Bei einer Band können wir uns sicher sein – Schpongle. Wie bei keiner anderen Gruppe zuvor oder danach behaupten Fans, dass ihre Musik ganz einfach nicht zu beschreiben ist und dass auch keine Vergleiche gezogen werden können. (Tatsächlich liegt jetzt der Gedanke an Sigur Ros nahe). Wenn man *Tales Of The Inexpressible* (2001) mit sechs Gramm magischer Pilze im System hört, findet sich einfach jeder in einem galaktischen Bad der Glückseligkeit wieder.

10. Polyphonic Spree

Vom Erhabenen zum Lächerlichen? Ernsthafte LSD-Kämpfer betrachten das Erhabene und das Lächerliche auf einer Ebene und setzen sie gleich. Nun stellt sich die Frage: Können Polyphonic Spree, die detailgetreue, psychedelische Flower-Power-Hymnen im Geiste einer getarnten, bösen Schlange darbieten, als Parodie des psychedelischen Kults beschrieben werden? Sind sie geistlose, aber brillante, ernsthafte, aber kopierende Protagonisten der Pop-Psychedelia, denen es einfach nur um die Musik geht? Oder sind sie authentische, kosmische und bizarre Unschuldige der Neo-Hippie-Szene? In Betracht ziehend, dass David Bowie sie im Vorprogramm seiner „Reality Tour" auftreten ließ, vermute ich, dass die drei Thesen alle gleichermaßen zutreffen.

Ehrengäste
Ash Ra Tempel, Brian Jonestown Massacre, Donovan, Flaming Lips, Hawkwind, KLF (Vgl. „Ecstasy"), Robert Smith, Turn Me On Dead Man.

Der erste Song über LSD

„LSD-25" – The Gamblers (1962)
Er erschien auf der B-Seite der Single „Moon Dawg!". Beide Titel zählen zu den Surf-Instrumentals. „Moon Dawg!" erfreute sich einer großen Popularität in Südkalifornien und wäre beinahe in die Top 100 der *Billboard*-Charts eingestiegen. Es ist kaum bekannt, dass die Surf-Kultur Südkaliforniens die erste psychedelische Jungenkultur verkörperte. Nun weißt du jedenfalls, warum Gidget, das Surfer Girl aus Frederick Kohners gleichnamigem Roman, immer so gut drauf war.

Der erste Top-40-Hit in den *Billboard*-Charts, der eine psychedelische Erfahrung beschreibt

„Mr. Tambourine Man" – The Byrds (Text und Musik: Bob Dylan; 1965)
Ein Mann macht eine Reise auf einem magischen, sich drehenden Schiff, wobei seine Sinne einen ursprünglichen Zustand erlangen, der ihm neue Erfahrungen ermöglicht. Der Titel war nicht nur ein Top-40-Hit, sondern stand sogar eine Woche lang auf Platz 1 der Charts. Die Byrds nutzten nur Textauszüge von Dylans Meisterwerk, es gelang ihnen aber dennoch, ihre Aussage zu verdeutlichen. Wahrscheinlich gab es damals nicht mehr als hundert Zuhörer, die einen blassen Schimmer von der Bedeutung des Textes hatten.

Das erste psychedelische Musikvideo

„Strawberry Fields Forever" – The Beatles (1967)

Sie warfen schon früh Acid ein (zumindest in einem Hit-Song)

Als der Sommer 1967 anbrach, wusste jeder von der wechselseitigen Beziehung zwischen psychedelischen Drogen und der Rockmusik. Der Äther wurde mit wundersamen und manchmal auch billigen Psychedelic-Hits überschwemmt. Den Byrds und wenigen anderen Künstlern war es jedoch gelungen, noch vor dem legendären Summer of Love die Charts mit einem Schuss LSD zu tränken. Nachfolgend eine Aufzählung der Tracks, an denen sich der psychedelische Einfluss beispielhaft erläutern lässt.

1965
„Mr. Tambourine Man" – The Byrds

„Day Tripper" – The Beatles
In einem Interview 2004 erklärte Paul McCartney, dass „Tripper" als Referenz zu LSD gemeint war.

1966
„Sunshine Superman" – Donovan
Textauszug: „Could have tripped out easy…."

„19th Nervous Breakdown" – The Rolling Stones
Textauszug: „On our first trip I tried … to rearrange your mind."

„8 Miles High" – The Byrds

„Rain" – The Beatles

„LSD" – The Small Faces
Okay, die Nummer befand sich auf der B-Seite von „Midnight To Six Man", einer Single, die nur in Großbritannien ein Hit war. Trotzdem ist es ein cooler Track mit einem eindeutigen Text. Das Video ist auf *YouTube* zu sehen.

„Happenings 10 Years Time Ago“ – The Yardbirds

„Good Vibrations“ – The Beach Boys

Winter 1967
„Strawberry Fields Forever“ – The Beatles

Die ungewöhnlichsten psychedelischen Hits

„Step Out Of Your Mind“ – The American Breed (1967)
Die American Breed aus Chicago lassen sich am besten mit „durch und durch anständig“ beschreiben. Die meisten Musikfans kennen ihren Hit „Bend Me Shape Me“. American Breed sprangen einfach auf den Trip-Zug auf, und es ist offensichtlich, dass diese musikalischen Jockeys Timothy Learys Zitat „Du musst dein Bewusstsein verlassen, um zur Vernunft zu kommen“ als Inspirationsquelle für den Text genutzt haben, der überhaupt nicht zu dem flachen und konventionellen Pop-Song passt. Textauszug: „You gotta step out of your mind / You gotta be able to bend your brain.“

„Just Dropped In (To See What Condition My Conditon Was In)“ – Kenny Rogers and the First Edition (1968)
Genau, *der* Kenny Rogers ist hier am Werke. Ein alptraumhafter Trip-Song eines alptraumhaften Mannes. Er fand sein Bewusstsein „in einer braunen Papiertüte“. Ich habe mir den Song mit nach innen geklappten Ohren angehört. Es war beschissen, obwohl ich gestehen muss, dass er perfekt in dem Film *The Big Lebowski* wirkt.

„Psychedelic Shack“ – The Temptations (1970)
Die Bands des Motown-Labels versuchten in den späten Sechzigern und frühen Siebzigern, sich mit lockeren Texten und einem winzigen Hauch Psychedelia in den Hitparaden zu halten. Am Ende der Songs tauchten für gewöhnlich einige verzerrte Gitarren und auch Chaos auf, vielleicht, um „Strawberry Fields Forever“ zu imitieren? (Erinnerst du dich an „The Happening“ von Diana Ross und den Supremes?) Die Tempta-

tions stellten eine Ausnahme dar, denn sie vermittelten offensichtliche psychedelische Referenzen und sangen von einem „Psychedelic Shack“: „There ain’t no such thing as time.“ Predige es, Bruder!

Rockstars auf Ayahuasca

Ayahuasca wird hauptsächlich von verschiedenen Stämmen und vereinzelten Gruppen in Südamerika bei Heilritualen und seherischen Befragungen eingesetzt. In den letzten Jahren wurde die Droge auch in der westlichen Hemisphäre immer populärer. Neben psychedelischen Suchenden hat sich ein Trend zum Ayahuasca-Tourismus entwickelt. Der *Rolling Stone* und die *Los Angeles Times* haben beide über eine bevorstehende Ayahuasca-Revolution berichtet. Ein gewisser Daniel Pinchbeck sicherte sich den Platz als Ayahuasca-Guru mit Büchern wie *Den Kopf aufbrechen: Eine psychedelische Reise ins Herz des Schamanimus* und *2012: Die Rückkehr der gefiederten Schlange*.

Die Einnahme von Ayahuasca löst eine lang andauernde visuelle Erfahrung aus, die für gewöhnlich intensiv und gnadenlos ist (und bei der man kotzen muss!). Sie ist eine denkbar ungünstige Partydroge, aber wenn man die zeitgenössische Jugendkultur in Betracht zieht – man weiß ja nie –, könnte sich der Ayahuasca-Konsum zu einem Extremsport entwickeln. Wenn sich beim Ozzfest jeder Ayahuasca reinzieht, mag das ein Zeichen sein, dass Chaos und Tumult kurz bevorstehen und in fünfzehn Minuten ausbrechen. Ich meine ja nur…

Sting

Sting hat sich das halluzinogene Gebräu regelmäßig einverleibt, seit er es zum ersten Mal 1987 im brasilianischen Dschungel ausprobiert hat. Er hielt die Erfahrung für so bedeutend, dass er sie als lange, einleitende Sequenz für seine 2003 erschienene Biografie *Broken Music* niederschrieb. In einem Interview erzählte er dem *Rolling Stone*: „Es ist keine einfache Erfahrung, du bist auf einem halluzinogenen Trip, bei dem du dich mit dem Tod und deiner eigenen Sterblichkeit auseinandersetzt.“ Nach all dem wirst du dann das unglückliche Verlangen verspüren, eine Laute zu spielen!

Paul Simon

Der reimende Simon unterschied sich in den Sixties von den meisten Leuten dadurch, dass er kein nennenswerter Drogenkonsument war. Aber in den letzten Jahren hat er eine Wanderung den Amazonas hinauf gemacht, bei der er Ayahuasca zusammen mit einem Schamanen nahm. Der Song „Spirit Voices“ von seinem Album *The Rhythm Of The Saints* (2004) basiert auf dieser Erfahrung. Simon meint dazu: „Wir suchten einen Bruho (Schamanen) in einer Hütte im Dschungel auf. Zuerst sang er. Er intonierte eine sehr lange Zeit eine Art Sprechgesang. Und dann machten sie dieses Gebräu mit dem Namen Ayahuasca, das wir dann tranken. Sie sagten, dass dir eine Anakonda in einer Vision erscheinen würde, aber ich habe keine gesehen.“ Du musst mit deiner Schlange zum Fluss runter reiten, Paul!

Olivia Newton-John

Okay. Jetzt denkst du: „Bin ich nun selbst auf Ayahuasca? Will mir dieser Sirius wirklich weismachen, dass Olivia Newton-John zu den wenigen Musikstars gehört, die den Stoff ausprobiert haben?“ Leider ja. Im Juni 2007 erzählte Newton-John im peruanischen Fernsehen, Ayahuasca genommen und dabei „eine Astralreise“ gemacht zu haben. In Anspielung auf ihren Hit „Physical“: Let’s get metaphysical!

Tori Amos

Noch mehr aus der derselben Kategorie. Die Welt scheint wieder Sinn zu machen. Amos beschrieb in einem Interview mit dem *Q*-Magazin den übermäßigen Konsum von psychedelischen Drogen und Ecstasy, meist in den Achtzigern: „Ayahuasca war die Droge, die bei mir einen starken Eindruck hinterlassen hat.“ Darüber hinaus erzählte sie ihrem Interviewpartner Michael Pierce von ihrer Erfahrung: „Einmal saß ich neben einem Busch und versuchte die Blumen zu fragen, warum sie mich nicht leiden können. So in der Art: ‚Warum kann ich nicht eure Freundin sein?‘ Ich hatte damals das Gefühl, langsam aus meiner Haut zu kriechen.“

Songs, die Chemikern gewidmet sind, die psychedelische Drogen hergestellt haben

„Bear Melt“ – Jefferson Airplane (1968)

Eine Würdigung Augustus Owsley Stanleys, des legendären LSD-Chemikers der sechziger Jahre.

„Kid Charlemagne“ – Steely Dan (1976)

In dem Song versteckte sich die Botschaft an Owsley, dass es 1976 „geschlagen“ hat und der Trip schon lange vorüber ist.

„Julie’s Been Workin’ For The Drug Squad“ – The Clash (1978)

Die „Operation Julie“ 1977 in Großbritannien zählt zu den größten Razzien eines LSD-Labors in der Geschichte der Drogen. Verschiedene britische Sondereinsatzkommandos arbeiteten zusammen und erbeuteten genügend Acid für insgesamt 8,5 Millionen Einzelportionen zu je 200 Mikrogramm. Die Distribution des Acids wurde von der Brotherhood of Eternal Love unterstützt, einer in Kalifornien ansässigen und gesetzesscheuen Gang von Dealern psychedelischer Drogen, die einen ausgeprägten Missionarseifer entwickelt hatten, mit dem Ziel die Welt zu verändern. Joe Strummer beschreibt in seinem Text die tatsächlichen Sachverhalte, ohne dabei eine bestimmte Position einzunehmen.

„Shulgin“ und „Shulgin II“ – Downliners Sekt (2008)

Vielleicht ist der Trip doch noch nicht vorbei. Die Downliners Sekt, eine TripHop-Band, veröffentlicht ihre Musik kostenlos im Internet. Zwei der kürzlich im Netz erschienenen Songs sind dem zeitgenössischen Chemiker Alexander Shulgin gewidmet, der sich auf psychedelische Drogen spezialisiert hat. Im Laufe der Achtziger und Neunziger besaß er eine staatliche Lizenz und kreierte psychedelische Designer-Drogen. Er ist der Mann, der MDMA, auch bekannt als Ecstasy, wiederentdeckt hat (Vgl. „Ecstasy“). Ohne Zweifel haben seine Kreationen weltweite Abnehmer gefunden.

Psychedelische Band- und Künstlernamen

Acid
Acid Android
Acid Death
Acid Drinkers
Acid House Kings
Acid King
Acid Mother Temple
Bad Acid Trip
Blue Cheer (benannt nach einer speziellen LSD-„Handelssorte“)
Dr. John and the Night Tripper (später nur noch Dr. John)
Entheogenic
Gaye Bykers on Acid
The Hallucinations (ursprünglicher Gruppenname der J. Geils Band)
Infected Mushroom
Joe Strummer and the Mescaleros
Juff Shroom
The Legendary Pink Dots (benannt nach einer speziellen LSD-„Handelssorte“)
Lords of Acid
Mescaline
The Mescaline Smugglers
Mushroomhead
The Owsley Sunshine (der Name dieser speziellen LSD-Sorte bezieht sich auf den Chemiker, der es synthetisiert hat)
Psilocybin
Psychedelic Furs
The Psychedelic Stooges (Iggy Pops Band, die sich später The Stooges nannte und noch später Iggy and the Stooges)
Rich Kids on Acid
Scratch Acid
Shroom
The Sugarcubes (Björks erste Gruppe)
Toadstool Bandits of Gilgamesh
Velvet Acid Christ

Der beste Rap-Song über LSD

„Acid" – Lil Whyte (2004)
Textauszug: „Trippin' for ten hours on three hits of liquid microdot."

Die Top 5 der LSD-Abstürze

1. Syd Barrett (Pink Floyd)

„Wer ist denn nun pink?" Es waren wohl Roger Waters und David Gilmour, die mit ihrer Musik und ihren Texten Pink Floyd zu einer der größten Rock-Monstrositäten der siebziger Jahre gemacht haben.

Stellt sich nur die Frage, wer die Innenseite seines Schädels in so vielen grünen, roten und knallblauen Farben im Paisley-Muster angemalt hatte, dass er nicht mehr seine Gitarre in die Hände nehmen konnte, ohne dabei eine Schlange zu sehen, um die sich das Gesicht Satans gewickelt hatte! Ja, die Rede ist von der verlorenen Seele von Pink Floyd und dem mit Abstand durchgeknalltesten Mann in der Geschichte des Rock'n'Roll – dem unsterblichen Syd Barrett, den wir schmerzlich vermissen.

Pink Floyd eroberten sich 1966 auf LSD-getränkten, überschäumenden Partys der Gegenkultur in London die ersten Fans. Diese ausschweifenden Festivitäten basierten auf den Trips-Festivals in Kalifornien, bei denen die Warlocks auftraten, aus denen später Grateful Dead hervorgingen. Bei den Happenings, die eigentlich nur mit dem Adjektiv „groovy" beschrieben werden können, gehörten Lennon und McCartney, Mick Jagger und auch Jimi Hendrix zu den Gästen – und alle waren sie völlig breit. Als der Jahreswechsel 1967/1968 anstand, warf Syd so viele Trips, dass er ins Straucheln geriet, auf den Boden knallte und nie mehr aufstand.

Sprichwörtlich Tonnen von LSD liefen durch seine Kehle – versetzt mit einer gehörigen Portion Mandrax, dem britischen Äquivalent zu Quaaludes (dt. Methaqualon) –, sodass er das Interesse an der Musik verlor und die Fähigkeit, der Rolle des aufstrebenden Rockstars gerecht zu werden. Es konnte keinen ungünstigeren Zeitpunkt geben, denn Pink Floyds cooler Psych-Pop-Song „See Emily Play" war in den Top 40 der Charts aufgetaucht. Bei einem Auftritt in der US-TV-Show *American*

Bandstand schien es Barrett völlig egal zu sein, ob er beim Playback seine Lippen schürzen sollte oder nicht. Statt sich auf die Performance zu konzentrieren, starrte er drohend in die Kamera.

Die wohl bekannteste Story des Barrett-Wahnsinns während seiner Zeit mit Pink Floyd beschreibt einen tragisch-komischen Zwischenfall. Kurz vor einem Auftritt soll er angeblich sein Haar mit einem Gemisch aus Mandrax und dem Gel Brylcreem in Form gebracht haben. Durch die Hitze der Bühnenbeleuchtung schmolz die Mixtur und lief auf sein Gesicht herab. Dem Rock-Journalisten Nick Kent zufolge sah Barrett wie „eine verzerrte Wachsfigur in Fleisch" aus. In der Autobiografie des Pink Floyd-Drummers Nick Mason behauptet dieser, dass Syd auf keinen Fall all die „guten Mandies" verschwendet hätte, aber es besteht kein Zweifel darüber, dass etwas sein Gesicht hinunterlief und er noch bizarrer aussah als Michael Jackson.

In den Siebzigern, nachdem man ihn aus der Band geworfen hatte, halfen ihm verschiedene Mitglieder von Pink Floyd bei der Produktion seiner Soloalben. Das beste, *The Madcap Laughs*, bestand aus Fragmenten und skurrilen, merkwürdigen und scheinbar nicht vollendeten Songs. Einige Fans schwören auf diese Platten, doch der Großteil des Materials wirkt eher flach. Die Tracks stehen für diese typisch britische, surreale Spleenigkeit, die ein Robyn Hitchcock so gut vermittelt, sind aber musikalisch leblos. Darüber hinaus fehlt den Songs auch der von Hitchcock meisterhaft in Szene gesetzte, selbstkritische Sinn für Ironie.

Anlässlich der Promotion seiner Soloalben interviewte Nick Kent Syd für den *NME*: „Ich fragte ihn nach seinem aktuellen musikalischen Projekt. Seine bewegungslosen Augen brannten ein Loch in eine der vier uns umgebenden Wände. Sein Starren wirkte so unheilvoll und drohend, dass es glatt die Farbe der Motorhaube eines brandneuen Autos weggeschmolzen hätte. Mit feierlicher Stimme meinte er: ‚Ich habe Eier und Schinken zum Frühstück gehabt.' Es klang wie die Rezitation eines lange vergessenen Mantras. Mit leicht spöttischem Unterton wiederholte ich meine Frage. ‚Es tut mir sehr leid! Ich spreche kein Französisch', antwortete er schließlich."

Nach den frühen Siebzigern wurde Barrett zu einem Eremiten, der kaum außerhalb seines Hauses in der Universitätsstadt Cambridge zu sehen war, die 75 Kilometer nördlich von London liegt. Als er 1975 unerwartet in eine Aufnahmesession von Pink Floyd platzte, konnten die Musiker den fetten, kahlköpfigen Mann mit den rasierten Augenbrauen, der die Gruppe gegründet hatte, nicht mehr erkennen. Pink Floyd waren gerade dabei den Song „Shine On You Crazy Diamond" aufzunehmen, eine Hommage an Syd. Barrett verstarb 2006 an Bauchspeicheldrüsenkrebs.

In den frühen Tagen der psychedelischen Bewegung stellten Ken Keseys Merry Pranksters die Frage: „Bist du in der Lage den Acid-Test zu bestehen?" Unglücklicherweise gehörte Syd Barrett zu denen, die durchfielen.

2. Brian Wilson (The Beach Boys)

Brian Wilson mag ein abgefahrener Charakter sein, ein bemitleidenswerter Sack und eine der sozial unfähigsten Persönlichkeiten, die jemals irre, bewusstseinserweiternde Musik geschrieben haben, aber zumindest *komponierte* er solche Musik. Und vergleicht man ihn mit den anderen Typen der Beach Boys – zum Teufel … Ich würde jederzeit eine zerfaserte Neuronenzelle von Brian Wilsons gepeinigtem Gehirn dem gesamten alkoholvernebelten zerebralen Kortex eines Mike Love vorziehen, eines extrem rechten Republikaners, der sich in transzendentaler Meditation versucht.

Klar, während Wilson *Smile*, die „Teenager-Symphonie an Gott", komponierte, war er in Bezug auf Drogen sicherlich nicht unterversorgt – Acid im Werte von ungefähr 2.000 US-Dollar, einige nette Speed-Pillen und die nötige Menge an Haschisch. Und ja, er baute sich auch eine Sandburg in sein Wohnzimmer, in die er das Klavier stellte. Und ja, die Studiomusiker mussten in Hinblick auf bestimmte spirituelle Gründe, die wohl nur Wilson selbst kannte, Feuerwehrhelme bei den Aufnahme-Sessions tragen. Und ja, es ist auch wahr, dass er ein Loch in die Wand seines Arbeitszimmers schlug und seine Frau dazu brachte, den Haschischrauch durch die Öffnung direkt in seinen Mund auszuatmen. Es war ein Ritual, das zwar äußerst merkwürdig erscheint, aber zu Brians ausgeprägtem paranoiden Acid-Mystizismus gehörte. Aber geben wir ihm die Chance für den letzten Lacher, der bekanntlich am besten ist.

Um seine Muse zu erreichen, quetschte sich Wilson sein Gehirn aus, aber *Smile,* das LSD-inspirierte Album aus dem Jahr 1966, das seine Beach-Boys-Kollegen damals vereitelten, wurde schließlich doch aufgeführt. Das Konzert fand 2003 in der Carnegie Hall statt, vor einem ehrfürchtigen Publikum, unter dem sich auch Wilsons größter Fan befand – Paul McCartney (Später kam *Smile* noch als Solo-CD von Brian Wilson auf den Markt). Was auch immer wir über das Opfer denken mögen, das Mr. Wilson in Form seiner Synapsen brachte – es ist einer der inspiriertesten Kompositionszyklen der heutigen wie der damaligen Zeit.

Meiner Theorie nach wäre Brian Wilson nicht so unbarmherzig abgestürzt, wenn seine Bandkollegen damals dem exzentrischen, „psychedelisierten", kompositorischen Genie mit einer angemessenen Unterstützung geholfen hätten. Aber die Geschichte nahm einen anderen Verlauf, denn Wilsons Psyche kollabierte. 1975 war er zu einem dicklichen Wrack mit Hang zu multitoxischen Drogencocktails geworden. Seine Frau hatte ihn zum Umzug in einen kleinen Baderaum neben dem Swimmingpool gezwungen, um ihn von seinen Töchtern fernzuhalten. Es war so weit gekommen, dass er sie manchmal nicht mehr erkannte und ihnen mit den Worten begegnete: „Hi, ich bin Brian Wilson."

In dieser Zeit waren die mystischen LSD-Visionen den klassischen Vergnügungen der Siebziger gewichen. Wilson schnupfte viel Kokain, manchmal sogar mit Heroin gemischt. Zusätzlich trank er Tag und Nacht bis zur Besinnungslosigkeit. Wenn die Familie wieder ein Mal zu intervenieren versuchte, verließ er das Anwesen und streunte durch die Straßen von Los Angeles, in denen der früher schüchterne und sensible Beach Boy sich mit seinen Pöbeleien einen zweifelhaften Ruf unter den Straßennutten und Striptease-Tänzerinnen einhandelte. In verschiedenen Massage-Etablissements von Los Angeles wurde er nur noch als unerwünschter Gast betrachtet.

Als die Siebziger auf die Achtziger zurasten, versteckte sich Wilson Gerüchten zufolge fast drei Jahre lang im Bett, aus Angst, Phil Spector würde ihn erschießen wollen. Klingt das angesichts all der *aktuellen* Informationen etwa verrückt?

3. Roky Erickson (13th Floor Elevators)

Für Roky Erickson, den Kopf der Sixties-Band The 13th Floor Elevators aus Austin, Texas, begann alles mit der Frage nach dem gesunden Menschenverstand. In den Liner-Notes zum 1966 veröffentlichten Debüt-Album *The Psychedelic Sounds Of The 13th Floor Elevators* stand geschrieben: „Seit Aristoteles hat die Menschheit ihr Wissen vertikal angeordnet. Unser Ziel ist die Neusystematisierung unseres Wissens, sodass wir es in horizontalen Bezug setzen können. Seit kurzer Zeit bietet sich der Menschheit die Möglichkeit, auf chemischem Weg ihre mentale Verfassung und damit ihre Sichtweise zu verändern. Sie ist in der Lage, das Denken neu zu strukturieren und ihre Sprache zu verändern, mit dem Ziel, die Gedanken in eine direktere Relation zum Leben und den Problemen zu verschieben und somit einen höheren Vernunftbezug zu erreichen. Es ist die Suche nach der reinen und wirklichen Vernunft, auf deren Basis dieses Album beruht."

Die Vernunft jedoch sollte in Roky Ericksons Lebensgeschichte keine große Rolle spielen. 1968 zeigten sich bei dem Musiker paranoide und schizophrene Tendenzen. Er zog umher und murmelte absoluten Quatsch (sogar für den 68er-Standard). Als er in dem Jahr wegen ein wenig Haschisch festgenommen wurde, plädierte Erickson auf unzurechnungsfähig, um einer Haftstrafe zu entgehen. Während des darauf folgenden Krankenhausaufenthalts musste er sich einer Elektroschock-Therapie und zusätzlicher Chlorpromazin-Dosen unterziehen. Vorsichtig ausgedrückt verlief die Therapie im Sande. Nach der dreijährigen Hospitalisierung kehrte er ins Musikbusiness zurück, leugnete aber in einem Interview, jemals bei den 13th Floor Elevators gespielt zu haben.

Musikalisch kreierte Roky in der Folgezeit einige merkwürdige und interessante Platten, die sich um Science Fiction- und Horrorfilm-Themen drehten. Sie trugen Titel wie *Bloody Hammer* und *Night Of The Vampires*. Diese Werke lassen den eher griffigen Garagen-Rock vermissen, der den Song „You're Gonna Miss Me" der 13th Floor Elevators 1966 zu einem kleinen Hit gemacht hatte, aber erschlossen ihm ein junges Publikum, das seinen Heavy-Metal-Stil kultisch feierte.

Rokys gelegentliche Interviews mit Musikjournalisten waren charakterisiert durch langes, schweigsames Starren und unlogische Aussagen, die sogar einen Syd Barrett vor Neid hätten erblassen lassen. Wenn er sich nicht mit Vehemenz für die Glorie von Jesus einsetzte, neigte er dazu, sich selbst als Teufel zu bezeichnen.

1982 unterzeichnete Roky Erickson eine eidesstattliche Erklärung mit der Aussage, dass ein Marsmensch seinen Körper besetzt habe. Wie mir einige Freunde in Rokys Heimatstadt Austin erzählten, spielt jemand gelegentlich – entweder Roky oder der Marsmensch in seinem Körper – beeindruckenden und wilden Rock'n'Roll in den lokalen Clubs. Manchmal ist er sogar wieder auf landesweiten Tourneen zu erleben.

4. Arthur Lee (Love)

Ähnlich wie im Fall Brian Wilson warf Arthur Lee 1967 Unmengen von Acid ein, das seine ästhetischen Ambitionen erweiterte und in ihm den Wunsch anregte, ein Konzeptalbum zu produzieren. Lee war im Gegensatz zu Wilson jedoch in der Lage, die Platte fertigzustellen und zu veröffentlichen. Das unterschätzte Album seiner Gruppe Love, *Forever Changes*, beinhaltet einen bizarren und scheinbar zusammenhanglosen Mix aus leichtgewichtigem Pop, düsteren Songs, Kabarett-Musik und Proto-Punkrock.

Zu Beginn der Aufnahme-Sessions nötigte Lee seine Bandkollegen zur Heroin-Abstinenz. Als sie die Hälfte des Materials produziert hatten, verlangte er von ihnen, Unmengen an LSD zu werfen, um unter dem Einfluss schräger Trips zu spielen. Als dann letztendlich das konzeptuelle Meisterwerk vollendet war, entschied Lee, dass die Musiker den Acid-Test nicht bestanden hatten, und schickte sie auf die Straße.

Enttäuscht von durchwachsenen Plattenbesprechungen und den schlechten Verkaufszahlen von *Forever Changes*, steigerte Lee seinen LSD-Konsum und nahm zusätzlich noch Heroin. Im Laufe der nächsten Jahre gelang es ihm noch, drei Scheiben mit unterschiedlichen Musikern unter dem Namen Love zu produzieren, die sogar von seinen treuesten Fans und Befürwortern einstimmig als schrecklich bezeichnet werden. Da Lee sich bedrängend, exzentrisch und manchmal beängstigend verhielt, blieben die Musiker nie allzu lange.

Als die Achtziger anbrachen, hatte er mehr oder weniger den Planeten verlassen. Wegen Körperverletzung und des Besitzes von Drogen kam Lee mehrmals mit dem Gesetz in Konflikt. 1996 wurde er wegen illegalen Besitzes einer Schusswaffe verurteilt, ein Urteil, das man kurz darauf in das „fahrlässige Abfeuern einer Schusswaffe" umwandelte.

So wurde er zum Wiederholungstäter und musste eine fünfjährige Haftstrafe verbüßen.

Nach seiner Freilassung scharte er neue Musiker um sich, nannte die Band Arthur Lee and Love, tourte weltweit und erntete ein enthusiastisches Medienecho. Er starb 2006 an den Folgen von Leukämie.

5. Sky Saxon (The Seeds)

Die Seeds lassen sich als einfach gestrickte kalifornische Garagen-Band mit Potenzial beschreiben. Anfang 1966 hatten sie mit „Pushin' Too Hard" einen Hit. Dann begann Sky Saxon regelmäßig LSD zu werfen. Als nächstes Lebenszeichen nahm die Band ein Flower-Power-Konzeptalbum mit dem Titel *Future* auf. Unglücklicherweise waren die musikalischen Fähigkeiten der Seeds dem Anspruch konzeptueller Hippie-Avantgarde-Musik nicht gewachsen. Das Album verschwand sang- und klanglos, The Seeds verblassten und fristen heute ein Dasein im Obskuren.

Sky Saxon jedoch blieb weiterhin aktiv und entwickelte sich in den Augen seiner Fans zu einer abgefahrenen Legende. 1970 trat er dem spirituellen Hippie-Kult Yahowha bei, dessen „göttlicher Anführer", ein ehemaliger Marine namens James Baker, sich selbst Father Yod nannte. Den Mitgliedern des Kultes wurden zehn Gebote vorgegeben, von denen eins – wie könnte es anders sein – lautete: „Gehorche den Lehren eures spirituellen Vaters und lebe nach ihnen."

Nachdem sich Papa Yod 1974 niederlegte und ohne erkennbaren Grund nie mehr aufstand, ließ sich Sky treiben, bis er schließlich in den Achtzigern zwischen Hawaii und Los Angeles hin- und herpendelte. In L.A. kam er in Kontakt zu Musikern der damals aufblühenden „Paisley Underground"-Szene und wurde regelmäßig in angesagten Clubs gesehen, in denen er abhing. Er war dafür bekannt, bei Live-Konzerten ohne Einladung auf die Bühne zu stürmen und eine spontane und spannungsgeladene Darbietung seiner Sangeskünste abzuliefern, die man auch als manisch bezeichnen könnte.

Zu dieser Zeit wurde Saxon selbst als eine Art Guru verehrt, umkreist von einem Schwarm süßer, junger Mädchen, die jeden seiner kosmischen Gedanken aufsogen. In einer Ausgabe von *High Frontiers* erläuterte Saxon 1968 einige seiner tiefschürfenden Erkenntnisse: „Du kannst genug LSD einfach aus der Sonne ziehen. Die Sonne ist schon immer da gewesen.

Die Sonne ist einfach ein Loch im Himmel. Dahinter liegt das Königreich Gottes. Der Grund für die Hitze sind die sich bildenden Gase, die sich durch das ganze Universum verbreiten und wie zwei Lupen wirken. Wenn du durch sie hindurch gelangst, wirst du die abstrahlende Hitze spüren. Wenn diese Lupen nicht im Universum wären, könntest du die Sonne einfach nicht sehen."

In dem Interview mit *High Frontiers* beschrieb er die Seeds als „die amerikanischen Beatles und die amerikanischen Stones" und sinnierte darüber, dass „Dylan und all die anderen Musiker der ganzen Welt am Ende zu mir kommen werden".

Vielleicht weil sie genügend Acid geworfen und dabei ihr Ego verloren haben? Sky Saxon starb im Juni 2009.

Ehrengäste

Peter Green (Fleetwood Mac), Skip Spence (Moby Grape), Charles Manson (Charles Manson? *Der* Charles Manson? Ja! Seine Musik und Texte sind von folgenden Interpreten aufgenommen worden: The Beach Boys, Guns N' Roses, Marilyn Manson, The Lemonheads, Redd Kross, Psychic TV, Eugene Chadbourne und GG Allin). Manson ist das einzige mir bekannte Acid-Opfer, das durch sein verbrecherisches Handeln andere Opfer nach sich zog.

Verwandte psychedelische Drogen

In seiner Autobiografie berichtet Eric Clapton von der Party, auf der *Sgt. Pepper's Lonely Hearts Club Band* vorgestellt wurde. Ein nicht identifizierter Musiker der Monkees verteilte das lange wirkende Super-Halluzinogen STP an alle anwesenden Gäste. Unter diesen Umständen fand Clapton die Platte absolut ehrfurchtgebietend.

Sheryl Crow ließ Terence McKennas Namen in ihrem Song „Chances Are" fallen, der sich auf dem Album *Wildflowers* (2007) befindet. McKenna war ein psychedelischer Guru, der mit Psilocybin-Pilzen experimentierte. Die Medien bezeichneten ihn als den „Timothy Leary der Neunziger".

Sara Dylan, Bobs Ex-Frau, hatte in den frühen Neunzigern eine Beziehung mit McKenna.

5 Unglaubliche Dope-Geschichten

Rockstars hatten in der zweiten Hälfte des 20. Jahrhunderts das Privileg und die Chance, jeden nur erdenklichen Nervenkitzel auszuprobieren. Sie waren jung, aggressiv und vielen von ihnen offenbarten sich scheinbar unbegrenzte Möglichkeiten. Die Musiker lebten in einer Kultur, in der Widerstand gegen die Autoritäten eher die Regel, als die Ausnahme darstellte. Vom anderen und manchmal auch gleichen Geschlecht wurden sie wie Sexgötter verehrt. Und natürlich standen unzählige Drogen zur Verfügung, die einen verrückten Trip garantierten. Die Hoch- oder Tiefpunkte, die Rockstars mit Drogen erlebt haben, waren in jeder Hinsicht mehr als abgedreht.

Die Top 8 der unglaublichen Dope-Geschichten

1. Das Blut der Stooges

In den Jahren 1969 und 1970 lebten Iggy Pop und seine Band, die Proto-Punks The Stooges, zusammen in einem Haus außerhalb von Detroit, dem sie den Namen „Fun House" verpassten (Ein Album der Stooges trug den selben Titel). Neben dem Schreiben und Aufnehmen

Iggy Pop – ein Blutkünstler

der Musik injizierten sie sich unglaubliche Mengen Heroin. Wenn sich einer der Stooges einen Schuss setzen wollte, spritzte er das alte Blut aus der Nadel an die Wände und die Decke des Raums. Nach einer Weile hatte sich genügend geronnenes Blut angesammelt, sodass ein dekadentes Junkie-Wandgemälde im Stil von Jackson Pollock entstanden war. Ron Asheton, der einzige Musiker der Stooges, der kein Junkie war und woanders lebte, beschrieb die Szenerie: „Oft bemerkte ich frisches Blut, das dann auf dem Tisch oder dem Boden trocknete. Wäre ich bloß schlau genug gewesen, davon ein Foto zu machen. Es wäre ein Meisterwerk geworden."

2. Sid geht aufs Klo

Dee Dee Ramone besuchte einmal eine Party in London. Er verzog sich ins Badezimmer, um eine nicht unerhebliche Menge Speed zu schnupfen. Dee Dee bemerkte schnell, dass der Ort ekelerregend war und man sich dort sicherlich nicht lange aufhalten wollte. Die Waschbecken und die Klos – alles voll Kotze, Scheiße und Pisse. Sid Vicious, eine der Schlüsselfiguren der Londoner Punk-Szene, aber zu diesem Zeitpunkt noch nicht bei den Sex Pistols, schlenderte in den Raum und fragte Dee Dee, ob er etwas zum Abfahren dabei hätte. Großzügig überreichte der Ramone Sid einen Teil seines Stoffs. Vicious zog eine Spritze aus der Tasche, steckte sie in das mit Erbrochenem und Urin verdreckte Klo und mischte das Speed mit der Flüssigkeit. Dann setzte er sich den Schuss.

3. Ted Nugent – der tapfere Rock-Krieger

Der politisch am rechten Rand klebende Rockmusiker Ted Nugent ist für seine Anti-Drogen- und Pro-Kriegs-Haltung bekannt. Der „Motor City Madman", wie er von seinen Fans genannt wird, pöbelt voller Freude jeden an, der nicht bereit ist, sich eine Waffe, eine Bombe oder Atombombe zu schnappen, um den „Kopftuchträgern" zu beweisen, dass „wir" es wirklich ernst meinen. Aber damals, in den „glorreichen" Jahren des Vietnam-Krieges, zeigte sich der wohl durchgeknallteste Macho-Vogel am republikanischen Firmament von seiner extremsten Seite, um seinen Arsch vor dem Einsatz in Südostasien zu retten – und er nahm dazu Drogen!

In einem Interview mit *High Times* erzählte er 1970, wie er sich vor der Einberufung gedrückt habe. Dreißig Tage bevor sich der langhaarige und bärtige Nugent bei der Musterungskommission zu melden hatte, stellte er jegliche Körperpflege ein – kein Zähneputzen, Waschen, Baden oder Haarkämmen mehr! Er stopfte fast nur noch Junk Food in sich hinein, aß stark fetthaltige Gerichte und trank nur Pepsi und Bier.

Eine Woche vor der körperlichen Untersuchung trieb er es noch extremer. Das Badezimmer wurde zur Tabuzone. „Ich machte mir in die Hose. Scheiße, Pisse, das ganze Zeug, bis sich die Hose verkrustete." Drei Tage vor dem Besuch beim Militärarzt begann er „Hilfsmittel" einzusetzen – kristallines Meth.

Als die Stunde der Wahrheit schlug, ging es Nugent so schlecht, dass er bei der Blutabnahme in Ohnmacht fiel. Während des Urintests konnte er sich kein Tröpfchen abringen. Dann sollte der Stuhl getestet werde, Nugent zog die Hose runter – und die Ärzte erlebten eine Überraschung der besonderen Art. Nicht nur das Hinterteil war verdreckt, nun hatte er sich auch seine Hände und Arme „angebräunt".

Im Interview mit *High Times* protzte der Madman: „In der Post fand ich den Brief mit dem großen, fetten 4-F. Sie würden eher Tote einziehen, als mich. Ich war einfach nicht dafür geschaffen, hatte zu viel damit zu tun, mein eigenes Ding durchzuziehen." Hat Dick Cheney nicht etwas Ähnliches von sich gegeben? (Erst kürzlich behauptete Nugent, die Geschichte erfunden zu haben).

4. Worin besteht der Unterschied zwischen Abfahren und Einnicken?

Michael Bloomfield, Rockgitarrist und notorischer Heroin-Junkie, hatte mit Bob Dylan auf dessen klassischen Mitt-Sechziger-Alben gespielt. 1967 machte er Zwischenstation beim Blues Project und gründete mit den Electric Flag eine eigene Band, wo er sich in allerbester Gesellschaft befand, da die Musiker alle an der Nadel hingen. Sie wurden vom Meister des B-Movies, Roger Corman, eingeladen, um den Soundtrack zu seinem LSD-Film *The Trip* zu kreieren (Peter Fonda in der Hauptrolle des „Acid-Droppers" und auch Dennis Hopper sind in dem Streifen zu sehen).

Die gesamte Band wurde zur Filmpremiere eingeladen und setzte sich auf die Plätze in der ersten Reihe, die für sie reserviert worden waren. Die Burschen hatten sich aber schon vorher so mit Heroin abgeschossen, dass sie während der Vorführung einschliefen und sich auf eine interstellare Reise begaben. In einem Interview mit *High Times* erklärte Bloomfield, dass die äußeren Umstände, d.h. die Sitzplätze der Musiker, dem Schlaf förderlich waren: „Wir saßen in der ersten Reihe, ungefähr einen Zentimeter von der Leinwand entfernt – und *mussten* den Kopf nach hinten abwinkeln, um wenigstens etwas vom Film mitzukriegen."

Am Ende des Films drängten die Zuschauer nach draußen – außer Bloomfield und seiner Clique breiter Musiker, die an ihren Sitzen klebten, einige mit geschlossenen Augen, die anderen mit vernebeltem Blick. Cormans Crew kam und wollte den Grund herausfinden, warum die Band nicht den Saal verließ. Bloomfield war noch klar genug, sich eine Entschuldigung einfallen zu lassen, die in diesem besonderen sozialen Milieu akzeptiert werden konnte.

„Wir hatten alle 'ne Menge Acid", erzählte er ihnen. Im Hollywood des Jahres 1967, und besonders bei der Vorführung von *The Trip*, musste so eine Aussage einfach respektiert werden. In so einem sensiblen Moment wollte die Crew die Electric Flag nicht einfach aus dem Kino werfen, und so überließ sie die Band sich selbst. Es dauerte mehrere Stunden, bis sich die Musiker endlich aus den Sesseln erhoben.

5. Bloß nichts verschwenden!

Japan eilt der Ruf voraus, Rockstars besonders gründlich nach Drogen zu durchsuchen. Ein bekanntes Beispiel dafür ist Paul McCartney, der einige Zeit im Knast verbringen musste, nachdem er in die Fänge des japanischen Zolls geraten war (Vgl. „Die Beatles und die Drogen" und „Heiße Razzien und dicke Geschäfte"). Als der Manager von Izzy Stradlin, des Gitarristen von Guns N' Roses, ihn dazu drängte, alle Drogen vor der Zoll-Durchsuchung verschwinden zu lassen, hatte Stradlin eine „blendende Idee" für ein Versteck: er schluckte das Zeug einfach. So verschwanden die Drogen ziemlich schnell – und auch der Musiker, der 96 Stunden im Koma verbrachte.

6. Jim Morrisons harte Abenteuer

Ronnie Cutrone, ein Künstler und Angehöriger von Andy Warhols Factory-Szene in den Sechzigern, beschreibt in *Please Kill Me* eine typische Sauftour mit dem Sänger der Doors. „Wenn Jim ausging, lehnte er sich an die Bar und bestellte acht Screwdriver, ziemlich starke Cocktails, legte sechs Tuinal, sehr starke Beruhigungsmittel, auf den Tresen, trank zwei oder drei Screwdriver, warf zwei Tuinal ein und musste dann pissen. Er konnte die anderen fünf Screwdriver aber nicht stehen lassen und holte deshalb seinen Schwanz raus und pisste einfach. Irgendein Mädchen kam und blies ihm einen. Anschließend schüttete er die restlichen Screwdriver runter, gefolgt von den restlichen Tuinal, pisste sich in die Hose, und dann kam Eric Emerson und brachte ihn nach Hause."

7. „Still Standing"? Warum Elton John immer noch stehen kann

In seinen Glanzzeiten Mitte der Siebziger rief der Sänger und Pianist in Los Angeles die „Elton-John-Woche" aus. Um diese gehörig zu feiern, lud der Pascha des Glam Rock seine Verwandten in die Stadt ein. Angeblich soll John 60 Valium genommen haben, in den Hotelpool gesprungen sein und geschrieen haben: „Ich werde jetzt sterben." Seine Großmutter kommentierte das trocken: „Ich nehme an, dass wir jetzt nach Hause gehen sollen."

8. Wie Ozzy einmal in den Genuss erstklassigen Kokains der Regierung kam

Ozzy Osbourne erzählte 1999 in einem Interview mit *High Times* von einem Zwischenfall, bei dem er in den Genuss des besten Kokains aller Zeiten kam. „Eines Tages liege ich so am Pool, da treffe ich diesen Typen und frage ihn: ‚Wollen wir uns eine Line ziehen?' Er erwidert: ‚Nein, nein, nein.' Ich knall mir das Zeug in die Nase. Es ist ein wunderschöner, sonniger Tag und dieser Typ sitzt da mit einem Reflektor unter dem Kinn, um sein Gesicht zu bräunen. Ich frage ihn: ‚Was machst du so?' Er antwortet: ‚Ich arbeite für die Regierung.' ‚Äh … und was machst du da?' ‚Ich arbeite bei der Drogenfahndung.' Ich stammele: ‚Du willst mich wohl verarschen, was?' Er hält mir seine Marke unter die Nase. Ich raste total aus. Aus meinen Fingern schießen Flammen. Daraufhin meint er: ‚Keine Sorge, dir geht's gut. Ich bin der Typ, der dir den Stoff besorgt hat.'"

6

Die Beatles und die Drogen

Die intensive, magische Ausstrahlung eines Rockstars hat schon lange ihren Glanz verloren. Michael Jackson mag der bedeutendste Interpret der Achtziger Jahre gewesen sein, doch tiefgreifende Gefühle oder eine weitgehende soziale Bedeutung, die sich auf seine künstlerischen Ergüsse zurückführen lassen, existierten nur in seinem bizarr verformten Schädel. Britney Spears ist ein aktuellerer Fall. Sie stand im grellen und heißen Scheinwerferlicht der Regenbogenpresse und mag sich wohl einen Sonnenstich eingefangen haben, aber niemand würde sie als Sprachrohr einer ganzen Generation bezeichnen – es sei denn, um die besagte Generation zu verhöhnen. (*Ich* mach das mal! Sie vertritt eine Generation: „Bla-bla-bla – bäääh."). Sir Bono mag sich einen Hauch majestätischer Erhabenheit verdient haben, aber im Vergleich mit der demutsvollen Verehrung, die unsere Rockgötter in der Dekade zügelloser Begeisterung, den Sixties, erlebt haben, erscheint diese verschwindend gering. Und eins ist klar! Niemand wurde leidenschaftlicher verehrt, als die Fab Four – diese liebenswerten Pilzköpfe. Sie waren zur richtigen Zeit am richtigen Ort, um als Könige der Love Generation auf den Thron gehoben zu werden. Die Beatles waren die Helden der Revolution, als Einheit gesehen ein Messias des Pop.

Als der erste Medienrummel, der um die Pilzköpfe gemacht wurde, 1966 zu verblassen begann, versprühten sie den Feenzauber psychedelischer Drogen und ließen das Interesse wieder auflodern, und zwar heller als zuvor. Für die psychedelische Gegenkultur symbolisierten sie auf eine spezielle Art die Merry Pranksters. Sie nahmen beinahe die ganze Generation mit auf einen Trip und veröffentlichten einen Haufen spritziger Songs voller psychedelischer Insider-Witze und Doppelbedeutungen. Dann ging die magische, mystische Bruderschaft getrennte Wege.

Die Beatles sind ein Spiegelbild der Geschichte der Rockmusik und der Drogen. Vor den Beatles (VB) stellten Drogen ein kleines, kaum wahrnehmbares subkulturelles Element dar. Nach den Beatles (NB) wurden sie zur Regel, nicht zur Ausnahme.

Offiziell hasst unsere Kultur bewusstseinsverändernde Drogen. Inoffiziell werden sie jedoch ganz unterschiedlich bewertet. Im Falle der Beatles besteht aber ein Konsens – wir lieben sie immer noch.

Die folgende chronologische Auflistung ihrer Drogen-Stories berücksichtigt die Bandgeschichte der Beatles und ihre diversen Solokarrieren.

Die Beatles und die Drogen
Ein chronologischer Abriss

Die Fünfziger Jahre
Wie auch viele andere Typen, die cool wirken wollen, nutzt John Lennon für sein High das legal käufliche Benzedrin, eine Art Speed, das damals in Inhalierern erhältlich war. Ein mit Benzedrin getränkter Papierstreifen musste aus dem Gerät ausgebaut werden, der dann entweder gegessen oder mit Kaffee aufgegossen wurde.

Die frühen Sechziger
Die Beatles spielen in Hamburg regelmäßige, nächtliche Shows in meist schäbigen Clubs. Zuerst betrinkt sich die Band zur Entspannung, anschließend wirft sie verschiedene Aufputschmittel wie Benzedrin und Preludin ein, um auf den Beinen zu bleiben.

August 1964
Bob Dylan bringt die Beatles auf den Marihuana-Trip. Er ist verblüfft, dass die Musiker noch Pot-Jungfrauen sind.

April 1965
John Lennon und George Harrison besuchen eine Dinner-Party ihres Zahnarztes, der scheinbar eine Orgie starten will. Dazu träufelt er allen Anwesenden heimlich LSD in die Getränke. Nach einem hastigen Rückzug stürzen sich die beiden mit Mühe und Not in das Londoner Nachtleben. John Lennon beschrieb die Erfahrung: „Wir zogen kichernd durch die Straßen. Dann schrieen einige Leute: ‚Lass uns ein Fenster einwerfen.' Wir waren total ausgeflippt." In einem Club dachten Lennon und Harrison, der Fahrstuhl würde brennen, aber irgendwie juckte sie das nicht besonders. Bei der Produktion von *Rubber Soul* wird Marihuana zum Thema, das ohne Zweifel die Musik beeinflusst.

„Help!", Single
Lennon zufolge ist es der erste Song, der durch Marihuana beeinflusst wurde.

„I'm Looking Through You". Album: *Rubber Soul*
Der Titel enthält autobiografische Bezüge. Vollgedröhnt mit Haschisch kann Paul McCartney seine damalige Freundin, das Model Jane Asher, durchschauen und erkennt, dass sie eine Lügnerin ist.

„Day Tripper", Single

1966
Paul McCartney ist der letzte in der Band, der LSD ausprobiert. John Lennon begibt sich regelmäßig auf Trips. Er behauptet später, im Laufe der Jahre mehrere Hunderte Mal Acid genommen zu haben. Ringo und vor allem George nehmen auch weiterhin LSD.

Während ihrer letzten Amerika-Tournee begeben sich die Musiker, gemütlich neben einem Swimmingpool sitzend, auf einen LSD-Trip. Unter den Mitreisenden sind u.a. Roger McGuinn von den Byrds und der Schauspieler Peter Fonda. Letztgenannter flippt aus und nervt alle Anwesenden. Schließlich kommt er zu Lennon und flüstert ihm ins Ohr: „Ich weiß, wie es ist, tot zu sein." Später bringt er alle dazu, sich den neuesten Film seiner Schwester Jane anzusehen – *Cat Ballou*, in dem auch Lee Marvin mitspielt. George Harrison kommentierte das später so: „Ich habe Lee Marvin schon immer gehasst. Das war wirklich zu viel des Guten."

Im August veröffentlichen die Beatles *Revolver*. Es ist das erste Album, auf dem die psychedelischen Exkursionen der Band deutlich zu hören sind.

„Dr. Robert". Album: *Revolver*
Lange Zeit rätselte man über die Identität des „guten Doktors" in diesem weniger bekannten Beatles-Song, der einen Drink aus „seiner speziellen Tasse" spendiert und den Konsumenten mit positiven Gefühlen beglückt. Einige glauben, dass sich dahinter Dr. Robert Freymann verbirgt, ein New Yorker Arzt, der damals einigen Rockstars Amphetamin-Injektionen verabreichte und sie mit weiteren exotischen Drogen versorgte. Andere vermuten, dass sich der Song auf den bekannteren New Yorker Doktor Max Jacobson bezieht, der seiner berühmten Klientel eine Mixtur aus Amphetaminen und Vitamin B-12 spritzte.

Es ist anzunehmen, dass die Beatles Jacobson kannten, zu dessen Patienten auch der US-Präsident John F. Kennedy, der Baseball-Star Mickey Mantle und die Schauspielerin Marilyn Monroe gehörten. Er war eine Legende in der Szene, und er stillte auch die Bedürfnisse der Clique um Andy Warhol. Aber leider heißt er weder Max noch Robert, und so wird diese Interpretation niemanden zufrieden stellen, der einen direkten Zusammenhang sucht.

Doch es gibt noch eine weitere Theorie. Lennon, der den Song zum größten Teil schrieb, soll damit Robert Fraser gemeint haben, einen Londoner Kunsthändler, der oft mit dem britischen „Rock-Königshaus" abhing und stets genügend Drogen vorrätig hatte – von Sedativa bis zu Halluzinogenen. Aber Lennon hatte immer eine Tendenz zum Solipsismus und meinte, dass all seine Songs auch seine persönliche Erlebniswelt ausdrücken würden. Die Zeile „Don't pay money just to see yourself" kann also auch auf eine Person hindeuten, die eher bewusstseinserweiternde Drogen als Speed in den Umlauf gebracht hat, und so kommt Robert Fraser wieder ins Spiel.

„Rain“, Single
„When it rains or shines, it’s just a state of mind.“ Die Drogenreferenz der Zeile ist offensichtlich. Ringo bestätigte das 2008 in einem Fernsehinterview mit Dave Stewart auf HBO und meinte, dass Stück gehöre zu den Songs, die von „der Medizin“ beeinflusst worden waren. Ringo: „Wir sind hier in Amerika. Man darf nicht Drogen sagen. Lass es uns einfach ‚die Medizin‘ nennen.“ Wahrscheinlich ist es der erste Top-10-Song, auf dem Rückwärtsspuren zu hören sind, und er symbolisiert die absolut *zugedröhnten* und *ausgeflippten* Leute der damaligen Zeit.

„She Said She Said“. Album: *Revolver*
Der von Lennon komponierte Titel handelt von dem zuvor beschriebenen Acid-Trip mit Peter Fonda.

„Got To Get You Into My Life“. Album: *Revolver*
Laut Paul McCartney handelt der Song von Marihuana.

„Tomorrow Never Knows“. Album: *Revolver*
Lennon gab zu, dass er sich den Großteil des Textes aus dem LSD-Trip-Handbuch *The Psychedelic Experience*, verfasst von Timothy Leary und Freunden, „geborgt“ hat (Vgl. „Dr. Timothy Leary“).

1967
McCartney wird von Robert Fraser mit Kokain bekannt gemacht. Der eben schon erwähnte Kunsthändler dürfte wohl die zentrale Persönlichkeit der Londoner Gegenkultur in den Sixties gewesen sein und ist zudem für das Cover von *Sgt. Pepper’s Lonely Hearts Club Band* mitverantwortlich. Während der Aufnahmen für das Album schnupft Paul ein wenig Koks, teilt es aber offensichtlich nicht mit seinen Bandkollegen. 1967 war Kokain noch mit dem Mantel des Obskuren behaftet. Erst um 1970 gehörte die Droge zum zweiten Ich der Rockstars.

Zwischenzeitlich konsumieren die Fabs weiterhin Acid und Marihuana.

Winter 1967
George Harrison geht zusammen mit seiner Freundin Patti Boyd auf eine LSD-Party, bei der auch Mitglieder der Rolling Stones, verschiedene Londoner Hippies und coole Szene-Typen abhängen. Sie findet im Haus von Keith Richards statt. Die beiden verlassen die Party frühzeitig und können so nicht an einer der berühmtesten Drogenrazzien der Rockgeschichte teilnehmen (Vgl. „Heiße Razzien und dicke Geschäfte").

Frühling 1967
McCartney ist der erste Beatle und zugleich der erste prominente Rockmusiker, der das den „An-geturnten" und „In-getunten" schon immer Offensichtliche zugibt – dass er und die anderen Beatles LSD genommen haben. Lennon ist darüber verärgert, dass McCartney sich in der Öffentlichkeit zuerst geoutet hat.

Juni 1967
Sgt. Pepper's Lonely Hearts Club Band, das psychedelische Konzeptalbum der Beatles, wird veröffentlicht und zum Soundtrack des Summer of Love. Auf dem Cover ist eine Fotocollage zu sehen, die die Helden der Beatles zeigt. Zu den abgebildeten Persönlichkeiten gehört der zu einer Leitfigur der psychedelischen Bewegung stilisierte Autor Aldous Huxley. Er hat in seinem Buch *The Doors Of Perception* einen Meskalin-Trip plastisch und visuell überzeugend beschrieben. Auch der Beat-Autor und Drogie William S. Burroughs (Vgl. „William S. Burroughs") und Aleister Crowley (Vgl. „Aleister Crowley"), ein britischer Okkultist und Konsument verschiedener Drogen, sind auf dem Cover zu sehen. Bei der Londoner Veröffentlichungsparty werden sehr starke Halluzinogene verteilt (Vgl. „Rockstars auf Acid").

Im *Life*-Magazine beschreibt sich McCartney als „den Möglichkeiten von LSD als ein universelles Allheilmittel zutiefst verpflichtet".

Die Beatles ziehen ernsthaft einen Umzug nach Haight-Ashbury in San Francisco in Erwägung, dem Zentrum der psychedelischen Gegenkultur. George Harrison fliegt in die Staaten, um sich ein eigenes Bild davon zu machen. Voll auf Acid schlendert er durch die Straßen und ist von all diesen „schrecklich pickeligen Teenagern" ziemlich angefressen, die sich erst verhalten, als hätten sie gerade Jesus gesehen, und dann austicken, als er sich weigert, für sie Gitarre zu spielen.

24. Juli 1967

Die komplette Band unterzeichnet eine Petition für die Entkriminalisierung von Marihuana, die in der Londoner *Times* abgedruckt wird. Sir Francis Crick und Francis Huxley zählen auch zu den Unterzeichnern. Die Kosten der Anzeigen übernehmen die Beatles (Vgl. „Ich protestiere! Rockstars gegen Drogengesetze").

August 1967

Beeindruckt von dem teils LSD-beeinflussten Hippie-Hinduismus der damaligen Zeit reisen die Beatles nach Indien, um die transzendentale Meditation vom Guru Maharishi Mahesh Yogi zu erlernen. Sie geben bekannt, den Drogenkonsum einzustellen, aber die Gefolgschaft des Maharishi beschwert sich später darüber, dass sich die Beatles während ihres Aufenthalts keineswegs abstinent verhalten hätten.

Dezember 1967

Der eigens von den Beatles für das Fernsehen produzierte Film *Magical Mystery Tour* wird von der BBC gesendet. Paul McCartney agierte bei den Aufnahmen als Regisseur. Der Streifen wurde zum Teil von Ken Keseys Merry Pranksters inspiriert, die Mitte der Sechziger in einem Bus voller Freaks und Acid durch Amerika gefahren waren. Die nonlineare und manchmal surrealistische Handlung zieht die schlechtesten Besprechungen nach sich, die die Beatles je erhalten haben. McCartney meinte später dazu: „Es war in Ordnung. Wir waren damit ziemlich zufrieden."

John Lennon und Yoko Ono werfen zusammen Acid ein und basteln an einer Tonbandcollage, die später mit dem Titel „Revolution #9" auf dem *White Album* landet.

Sie lieben sich bei Tagesanbruch und besiegeln damit ihre Beziehung.

„Strawberry Fields Forever", Single. Album: *Magical Mystery Tour*
Der Kommentar fällt kurz aus – ein psychedelisches Meisterwerk.

„Penny Lane", Single. Album: *Magical Mystery Tour*
Der Song wird zum Gegenstand einer Kontroverse. Klar, da ist eine Textzeile über die schöne Krankenschwester, die Mohnblumen verkauft. Einerseits ist eine Mohnblume manchmal einfach nur eine Mohnblume – und Krankenschwestern verkauften in London Mohnblumen für wohltätige Zwecke. Andererseits wurde zu der Zeit in Großbritannien Heroin für Abhängige legal ausgegeben und Krankenschwestern verabreichten oft die Injektionen. Wenn das nicht doppelt zu deuten ist. Außerdem gibt es noch die Zeile: „Every head he's had the pleasure to know." Obwohl sich die textliche Aussage auf einen Friseur bezieht, ist es eher unwahrscheinlich, dass einer der Beatles 1967 eine Referenz an „Heads" (= Drogenkonsumenten) in einen Song einfließen lässt, ohne zu wissen, dass dies als ein nett gemeinter Gruß an die Community interpretiert wird. Und warum noch mal ist alles so „very strange"?

Baby, You're A Rich Man, Single. Album: *Magical Mystery Tour*
John Lennon erzählt vom Reisen, „so weit wie das Auge blicken kann", und erwähnt das Finden „eines anderen Schlüssels". Psychedelische Drogen werden oft als Schlüssel zu anderen Realitäten, Mysterien und einer erhöhten Wahrnehmung beschrieben.

„With A Little Help From My Friends". Album: *Sgt. Pepper's Lonely Hearts Club Band*
Seine Freunde helfen ihm bei einem High („I get high with a little help form my friends"). Was sieht er denn wohl, wenn er das Licht ausmacht?

„Lucy In The Sky With Diamonds". Album: *Sgt. Pepper's Lonely Hearts Club Band*
McCartney hat behauptet, der Song handele von LSD. Der tatsächliche Autor, John Lennon, hat das zeitlebens verneint und behauptet, dass die Initialbuchstaben von Lucy, Sky und Diamonds durch puren Zufall in dieser Anordnung stehen. Der Text an sich vermittelt eine psyche-

delische Vision im Stil von Peter Max, eines in den Sixties populären Malers.

„Fixing A Hole“. Album: *Sgt. Pepper's Lonely Hearts Club Band*
Im Reiche der wilden Spekulationen wurde der Titel schon als ein Song über Heroin interpretiert, wobei „fixing“ als Synonym für die Injektion stehen soll. Der Text von „Fixing A Hole“ soll darüber hinaus angeblich Unbekümmertheit und Entspannung darstellen. William Burroughs meinte mal, dass er auf Heroin stundenlang seine Schuhe betrachten könnte, ohne dabei ein Gefühl der Unzufriedenheit zu empfinden. Dieser Song steht für ähnliche Gedanken und Emotionen, handelt aber wahrscheinlich nicht von Heroin.

„Being For The Benefit Of Mr. Kite“. Album: *Sgt. Pepper's Lonely Hearts Club Band*
Vielleicht eine Anspielung auf „High as a …“? Lennon behauptete, dass der Text von einem Zirkusplakat inspiriert wurde, das er auf einer Straße gesehen hatte. Sicherlich wird ihm die Bezeichnung eines Drachens, den Kinder im Herbst fliegen lassen, als Mr. Kite witzig erschienen sein.

„A Day In The Life“. Album: *Sgt. Pepper's Lonely Hearts Club Band*
Lennon muss es geliebt haben, die Welt in Schwingungen zu versetzen. Ein großartiges Statement, das das bedeutendste psychedelische Album des bedeutendsten psychedelischen Jahres beendet.

„I Am The Walrus“, Single. Album: *Magical Mystery Tour*
Gerüchten zufolge sollen die Beatles feierlich „smoke pot smoke pot everybody smoke pot“ inmitten der Kakophonie am Ende des Songs singen. Anderen Gerüchten zufolge singen sie „fucked up fucked up everybody's fucked up“. Was auch immer sie mit ihren Stimmbändern anstellen – „I Am The Walrus“ ist eindeutig Lennons abgedrehtester Acid-Song.

„Magical Mystery Tour“. Album: *Magical Mystery Tour*
„Roll up!“ „A mystery trip.“ McCartney hat zugegeben, dass die Nummer von Marihuana handelt.

Februar 1968

Die Londoner Wohnung von John Lennon und Yoko Ono wird von der Drogenfahndung durchsucht, die eine kleine Menge Cannabis findet. Lennon behauptete immer, schon frühzeitig von der Razzia gewusst zu haben. So war er absolut clean, und das Marihuana soll ihm angeblich untergeschoben worden sein. Er erklärte der britischen Presse, dass Pot „ein harmloser Lacher" sei (Vgl. „Heiße Razzien und dicke Geschäfte").

Irgendwann 1968

John Lennon testet Heroin, nachdem ihm Yoko Ono von ihren eigenen Erfahrungen auf einer Party in Paris erzählt hat. Ihr hatte die Droge „ein schönes Gefühl" verschafft. Sowohl Lennon als auch Yoko nehmen bis zu seinem Tod gelegentlich Heroin und andere Opiate.

George Harrison komponiert die Musik zu *Wonderwall*, in dem er auch eine Nebenrolle spielt. Es ist wahrscheinlich der bizarrste, trippigste Film, bei dem je ein Mitglied der Beatles mitgespielt hat.

„Happiness Is A Warm Gun". Album: *The Beatles (White Album)*
Der Protagonist braucht dringend einen Schuss, weil er sonst abstürzt. (Anmerkung: Meiner Meinung nach hat John Lennon für diesen Song seinen eindeutig besten Text geschrieben).

„Everybody's Got Something To Hide Except For Me And My Monkey". Album: *The Beatles (White Album)*
Bist du „inside out" oder „outside in"? Die Drogenreferenz ist offensichtlich, denn Monkey ist ein Slangausdruck für einen Junkie. Auch kommt die Metapher „monkey on one's back" vor, die Drogenabhängigkeit in Form eines auf den Schultern sitzenden, zukrallenden Affen symbolisiert.

Februar 1969

John Lennon wird wegen des Besitzes von Cannabis schuldig gesprochen.

März 1969

George Harrison und seine Freundin Pattie Boyd bekommen Besuch von der Drogenfahndung, die angeblich einen Klumpen Haschisch in ihrem Apartment findet. Die beiden behaupten, dass ihnen das Haschisch untergeschoben wurde (Vgl. „Heiße Razzien und dicke Geschäfte").

John und Yoko laden Timothy und Rosemary Leary zusammen mit Tommy Smothers und einigen Hare-Krishna-Jüngern ein. Gemeinsam nehmen sie im Rahmen ihres „Bed-In For Peace" in Amsterdam „Give Peace A Chance" auf (Vgl. „Timothy Leary").

1969

Ringo und Peter Sellers, der für seinen Haschisch- und multitoxischen Drogenkonsum bekannt ist, übernehmen die Hauptrollen in dem angesagten, respektlosen und wirren Film *Magic Christian*. Der Streifen basiert auf einem Roman des ultra-angesehenen und Drogen verschlingenden Terry Southern.

„It's All Too Much". Album: *Yellow Submarine*
In der Biografie *The Beatles* lässt sich George Harrison zu der seltenen Bemerkung hinreißen, dass es sich hierbei um einen Acid-Song handelt.

„Don't Let Me Down", Single.
Hier finden wir uns in der Abteilung „Dümmliche Spekulationen" wieder. Als die Single auf den Markt kam, interpretierten viele den Song als Lennons Hilfeschrei nach Heroin. Diese Theorie kann ich niemandem abkaufen. In seinem Fall war Yoko wohl eher das Heroin.

„Give Peace A Chance", Single von John Lennon. Album: *Live Peace In Toronto* (Plastic Ono Band)
Lennon lässt den Namen von Timothy Leary und seiner Frau Rosemary fallen (Vgl. „Timothy Leary").

„Come Together", Single. Album: *Abbey Road*
Ursprünglich wurde der Titel zusammen mit Timothy Leary geschrieben. Lennons Protagonist „Old Flattop" schießt sich Coca-Cola. Das

muss dann wohl einen heftigen Koffein-und-Zucker-Flash gegeben haben (Vgl. „Timothy Leary“).

„Cold Turkey“, Single der John Lennon and Plastic Ono Band. Album: *Live Peace In Toronto* (Plastic Ono Band)
In dem Song versinnbildlicht Lennon die quälenden Schmerzen eines Heroinentzugs, die aber eher seiner Vorstellungskraft entsprungen sind, als realen Erfahrungen. Er hat Heroin nie regelmäßig gespritzt und litt deshalb nie unter Entzugserscheinungen.

1970
„Across The Universe“. Album: *Let It Be*
Wahrscheinlich handelt es sich hier um einen meditativen Song, obwohl genügend kosmische und bewusstseinserweiternde Referenzen zu finden sind, um auch die Erfahrungen eines hochdosierten LSD-Trips widerzuspiegeln.

Die wiederholte Phrase „Jai guru deva om“, die aus dem Sanskrit grob übersetzt „lobe den göttlichen Guru“ bedeutet, weist auf den meditativen Aspekt hin. Als im *Rolling Stone* eine heiße Debatte über die Bedeutung der Phrase ausbrach, schrieb Lennon einen Brief an den Chefredakteur, in dem er scherzhaft verkündete: „Gott ist gutes Haschisch.“ 2008 übertrug die NASA den Song ins Weltall und löste damit eine Internet-Debatte aus – sendete sie nun einen Drogen- oder einen Yoga-Song in die Tiefen des Weltraums?

„I Found Out“, John Lennon. Album: Plastic Ono Band
Der Titel stammt von Johns erstem Soloalbum und entstand, nachdem er und Ono die in den Siebzigern in Mode gekommene Urschreitherapie hinter sich gebracht hatten. Bei dieser Therapie werden die Teilnehmer dazu angehalten, ihre Schmerzen wahrzunehmen und zuzulassen. Lennon prangert Junkies an und rät seinen Zuhörern, sich nicht von Heroin und Kokain in die Irre führen zu lassen.

1971
John Lennon zieht nach New York und kommt in Kontakt mit Abbie Hoffman und Jerry Rubin. Die beiden Yippies gehören dem radikalen

linken Spektrum an, das psychedelischen Drogen nicht abgeneigt ist. Lennon und der Yippie-Straßensänger David Peel, bekannt durch seine Pro-Marihuana-Songs, werden Freunde. Das erste Album des Straßenmusikers wird 1968 unter dem Gruppennamen David Peel and the Lower East Side veröffentlicht und trägt den Titel *Have A Marijuana*.

„Uncle Albert / Admiral Halsey", Paul McCartney. Album: *Ram*
Die Textzeile spricht für sich: „Hands across the water. Heads across the sky." Ohhh – Friede und Drogen in den frühen Siebzigern.

Winter 1971
Lennon organisiert in Ann Arbor, Michigan ein Benefiz-Konzert für den radikalen, psychedelischen Anführer und früheren MC5-Manager John Sinclair, bei dem er auch auftritt. Sinclair muss eine zehnjährige Haftstrafe verbüßen, weil er einem Drogenfahnder zwei Joints gegeben hatte. Auch Stevie Wonder und Bob Seger treten bei dem Festival auf. Die Politaktivisten Jerry Rubin und Bobby Seale von den Black Panther halten Reden (Vgl. „Ich protestiere! Rockstars gegen Drogengesetze").

1972
Paul und Linda McCartney versuchen, Haschisch nach Schweden zu schmuggeln, und werden hochgenommen. Er muss die Rechnung bezahlen – umgerechnet 2000 US-Dollar.

Nachdem bekanntgegeben wird, dass John Lennon 1972 ein Konzert für Kriegsgegner in der Nähe der republikanischen Parteiversammlung in Miami geben will, nimmt sich US-Präsident Richard Nixon des Falles persönlich an. Nixon beaufsichtigt den Versuch, Lennon wegen der Cannabis-Verurteilung nach Großbritannien auszuweisen. Lennon wird dermaßen eingeschüchtert, dass er den Gig absagt.

John Lennon und Yoko Ono produzieren das David Peel-Album *The Pope Smokes Dope*, das von Apple, der Plattenfirma der Beatles, veröffentlicht wird.

Ringo schmeißt Acid und albert zusammen mit Marc Bolan von T. Rex in dem Film *Born To Boogie* herum, bei dem er auch Regie führt. Der surreale Film über T. Rex, eine Mischung aus Konzertmitschnitten und Aufnahmen des alltäglichen Lebens, wurde schon mit *Magical Mystery Tour* verglichen. In den Siebzigern entwickelt sich Ringo zu einem bestens bekannten Partylöwen, der unglaubliche Mengen aller gerade verfügbaren Drogen verdrückt, bevor er sich 1989 einer Alkoholtherapie unterzieht. Trotz aller Eskapaden – er ist der einzige Beatle, den der lange Arm des Gesetzes noch nicht packen konnte (Vgl. „Timothy Leary").

„New York City", John Lennon. Album: *Sometime In New York City* von John Lennon, Yoko Ono und der Band Elephant's Memory
Lennon singt über ein Treffen mit David Peel, der „Have A Marijuana" und „The Pop Smokes Dope" vorträgt!

„John Sinclair", John Lennon. Album: *Sometime In New York City*
Ein Protestsong, der dem „Pot-Gefangenen" John Sinclair gewidmet wurde. Darüber hinaus erwähnt Lennon den schwarzen Amerikaner Lee Otis Johnson, der wegen des gleichen Vergehens inhaftiert wurde. Das Album wurde in Lennons radikal-politischer Phase aufgenommen, bei der er sich am äußeren Rand des linken Spektrums bewegte. Es enthält fast ausschließlich Protestsongs.

„Hi Hi Hi", Paul McCartney. Single
Er schießt sich schon mittags ab? Du heilige Scheiße! Wahrscheinlich ist „Hi Hi Hi" der direkteste und offensichtlichste Song eines Beatles über Pot.

„C Moon", Paul McCartney. Single
McCartney entzieht sich einem miesen Rausch und singt davon, dass er nicht in den Himmel aufsteigen möchte, wenn sein Kopf voller Klebstoff ist. In der nächsten Zeile bemerkt er jedoch, dass diese Entscheidung niemanden etwas angeht.

1973

McCartneys Farm in Schottland wird gefilzt, was eine Anklage wegen Marihuana-Anbaus nach sich zieht. Er muss eine Strafe von umgerechnet etwa 500 Euro zahlen.

Yoko Ono trennt sich von John Lennon. Der Beatle beschreibt diese Zeit, die länger als ein Jahr dauert, ironisch als das „verlorene Wochenende". Eines Tages verweilt er in Los Angeles, säuft und pumpt sich mit Drogen voll. Bei der Zecherei streitet er sich zudem noch mit Harry Nilsson. Die Szene geht in die Annalen der Rockgeschichte ein. Der besoffene Lennon hat sich einen Tampon auf die Stirn geklebt und fragt eine Kellnerin, die er schon die ganze Zeit über belästigt hat: „Weißt du nicht, wer ich bin?" Sie antwortet: „Du bist ein Arschloch mit einem Tampon auf dem Kopf."

McCartney besucht John Lennon und Harry Nilsson, die während der Aufnahmen des von Lennon produzierten Nilsson-Albums *Pussy Cats* zusammen in Los Angeles leben. Mit glasigen Augen bietet Nilsson McCartney Angel Dust (PCP) an. Paul fragt: „Macht das Spaß?" „Nein", antwortet sein Gegenüber. Daraufhin lässt McCartney die Drogen lieber „an sich vorbeiziehen".

„Mind Games", John Lennon. Album: *Mind Games*
Der Song wurde von dem Buch *Phantasiereisen* der bekannten, psychedelischen Forscher Robert Masters und Jean Houston inspiriert. In dem Werk finden sich zahlreiche Übungen und Techniken, wie ein rauschähnlicher Zustand ohne die Hilfe von Drogen erreicht werden kann.

Zufällig konsultierte Hillary Clinton Jean Houston in den ersten Jahren der Regierung ihres Mannes. Sie erhoffte sich spirituelle Ratschläge und Unterstützung. Einige Leser werden sich sicherlich an Zeitungsartikel erinnern, in denen die Behauptung aufgestellt wurde, dass angeblich der Geist von Eleanor Roosevelt beschworen wurde. Genau genommen handelte es sich um „Visualisierungen unter Anleitung", bei denen Houston Frau Clinton dazu ermutigte, sich Gespräche mit Roosevelt vorzustellen. Niemand konnte sich wirklich Gespräche mit Geistern vorstellen!

„Tight As", John Lennon. Album: *Mind Games*
Der Track enthält eine Aussage über die dämonische Macht einer Heroin-Injektion.

1974
In dem Buch *Geliebter John – Bewegte Jahre mit John Lennon*, das May Pang über die Zeit, in der sie mit John Lennon zusammen war, verfasst hat, erzählt sie die Geschichte von ihm und Paul McCartney, die eines Tages in New York gemeinsam Acid einwerfen und sich dann aufmachen, David Bowie zu besuchen. Bowie hatte gerade die endgültige Abmischung seiner aktuellen Platte *Young Americans* erhalten, die zwei Songs enthielt, an denen Lennon beteiligt gewesen war. „Across The Universe", eine Neuinterpretation des Beatles-Klassikers, gehörte dazu, und auch „Fame", ein Titel, den er gemeinsam mit John Lennon komponiert hatte und der Bowies erster Nummer-1-Hit werden sollte.

Voller Stolz spielt Bowie die Platte seinen beiden Helden vor, die sich beeindruckt zeigen. Daraufhin spielt er sie ein weiteres Mal. Und wieder! Und wieder! Schließlich entschuldigt sich McCartney und schießt zur Tür hinaus, gefolgt von John Lennon, der ihm dicht auf den Fersen ist. Bowies Lieblingsdroge Mitte der Siebziger mag seine Besessenheit an dem Tag entschuldigen – Kokain. Berge von Kokain.

Interessante Bemerkung am Rande: In der Beatles-Version von „Across The Universe" wirkt die Textzeile „nothing's gonna change my world" wie eine kosmische Meditation über die göttliche Perfektion des ewigen „Jetzt". In Bowies Fassung hingegen wirkt sie wie der Ausdruck schrecklicher Verzweiflung. Das erklärt möglicherweise den Unterschied zwischen psychedelischen Drogen und Kokain ebenso wie den zwischen den Sixties und den Seventies.

1975
Linda McCartney wird in Los Angeles gefilzt. Die Beamten finden Marihuana, auf eine Anklage wird aber verzichtet.

„The No No No Song", Ringo Starr: Musik, Hoyt Axton: Text. Album: *Goodnight Vienna*
Ringo hat einen Hit mit diesem kindlichen Song, der davon handelt, wie jemand auf einer Party Marihuana und Kokain ablehnt.

„Rock Show“, Paul McCartney and the Wings. Album: *Venus And Mars* Irgendein Typ geht zu einer Rockshow und besorgt sich eine Unze Heroin.

1975–1980

Albert Goldmann veröffentlicht seine skandalöse Biografie *John Lennon – ein Leben*. Darin schildert er Lennons Leben als Hausmann, der sich von der Musikindustrie zurückgezogen hat. Um seine Stimmung in dieser Zeit zu festigen, nimmt er regelmäßig geringe Dosen von Heroin, Psilocybin und Marihuana. Das Buch brachte Beatles-Fans damals in helle Aufregung und schockierte sie.

Aus der heutigen Perspektive betrachtet, einer Zeit, in der Antidepressiva in riesigen Mengen „verteilt“ werden, ist die Sichtweise nicht ganz von der Hand zu weisen, dass Lennon eine Art Selbstmedikation praktiziert hat. Dabei benutzte er die damals verfügbaren Substanzen – geringe Mengen illegaler Drogen. (Andere Lennon-Biografen haben seitdem Goldmanns Behauptungen mehr oder weniger wiedergegeben).

Einigen Biografien zufolge hat George Harrison eine schwierige Zeit mit Kokain und Alkohol, von denen er sich 1980 befreien kann.

1976

Die McCartneys schmeißen eine Party für Darsteller und Crew der beliebten TV-Show *Saturday Night Live*. In einer der vielen Geschichten, die sich um *SNL* rankt, wird erzählt, dass Meskalin an alle, die es wollten, verteilt wurde.

1977

„Out On The Streets“, Ringo Starr
Grace Slick meinte einmal, dass die Kombination von Koks und Alkohol einen Effekt hervorrufe, der selbst den nettesten Menschen in einen Psycho verwandele. Der Text des Songs ist für Ringo eher untypisch. Der Protagonist des Titels droht jemandem, ihm den Kopf einzutreten. Als der ihm ein Messer unter die Nase hält, meint er, das wäre in Ordnung, solange „etwas auf dem Ende der Klinge liegt“.

Die späten Siebziger

John Lennon, Paul McCartney und ihre Frauen sitzen eines Abends in Lennons und Onos Apartment und ziehen einen durch. Dabei sehen sie die *Saturday Night Live*-Show, in der Lorne Michaels in einem beliebten Running Gag den Beatles eine unverschämt geringe Summe (an diesem Abend waren es 3.200 US-Dollar) für eine Reunion anbietet. Kurzfristig überlegen sich die beiden, aus Spaß zur Show zu gehen, um die Hälfte des Geldes einzustreichen, aber sie sind zu stoned, und so fällt das Vorhaben ins Wasser.

1979

„Soft-Hearted Hanna", George Harrison. Album: *George Harrison*

In diesem Song gelingt es Harrison, einen Trip mit Hilfe des Textes authentisch zu visualisieren. In einer Vision wird er von „Lone-Rangers, die Spliffs qualmen", belästigt.

16. Januar 1980

Zu Beginn einer geplanten Japan-Tour mit den Wings wird McCartney nach Drogen durchsucht. Die Zöllner finden ungefähr ein halbes Pfund Marihuana in seinem Koffer. Paul muss zehn Tage in einem japanischen Gefängnis sitzen, bis er entlassen und abgeschoben wird. Nach seiner Freilassung verspricht er, kein Marihuana mehr zu rauchen, argumentiert aber, dass Pot weniger schädlich sei, als Valium oder Alkohol. Später kommentiert McCartney noch, er hätte das Marihuana nicht zuhause zurücklassen können, weil es „so guter Stoff" gewesen sei.

September 1980

In einem Interview mit dem *Playboy*, das zwei Monate vor seinem Tod und anlässlich von Lennons und Onos neuer Platte *Double Fantasy* stattfindet, erklärt Lennon: „Ein kleiner Pilz oder Peyote liegen innerhalb meines Rahmens, vielleicht zweimal im Jahr oder so. Man hört zwar nicht mehr viel darüber, aber die Leute besuchen immer noch den Kosmos." Im selben Interview kritisiert er Heroin und Kokain als „dämliche Drogen", behauptet aber auch: „Sie sind einfach die extreme Form von Librium und Speed."

1984

Paul und Linda McCartney werden in Barbados geschnappt. Sie führen Marihuana mit sich. Einige Zeit später erlebt Linda am Heathrow Airport in London ein Déjà-vu, als die Zollbeamten bei ihr Marihuana finden.

1989

„Cockamamie Business", George Harrison. Album: *Best Of Dark Horse* Eine Rückschau auf ein Leben im Musikbusiness. Darunter auch ein Seitenhieb über den Verlust von Gehirnzellen in „schlechter Gesellschaft".

1992

Paul und Linda McCartney finanzieren eine Feier zum 25. Jahrestag des von den Hippies ausgerufenen Summer of Love, die im Golden Gate Park von San Francisco stattfindet. Sie beteiligen sich auch an den Feierlichkeiten zum 30. „Geburtstag" 1997.

1997

McCartney, nun zum Ritter des Britischen Empire geschlagen, erzählt in einem Interview mit dem Magazin *Musician*: „Ich unterstütze eine umfassende Entkriminalisierung. Die Leute rauchen doch sowieso Gras, und sie dafür als Kriminelle zu behandeln ist falsch."

1998

Paul McCartney und Mick Jagger haben einen kurzen, öffentlichen Disput, der im *Rolling Stone* ausgetragen wird. McCartney behauptet, Jagger zu seinem ersten Joint verführt zu haben, was von dem Stone energisch bestritten wird. Jagger meint, dass die Stones schon *lange!* vor den Beatles gekifft hätten.

22. September 1999

Bei einer After-Show-Party zur Feier und Aufführung von McCartneys neuem Album *Run Devil Run*, die im Hammerstein Ballroom in New York stattfindet, wird Paul dabei beobachtet, wie er sich zusammen mit Woody Harrelson und Laurence Fishburne eine Menge Gras reinzieht. McCartneys Publizist spielt dem *High Times*-Magazin ein Foto der drei

Rotäugigen zu und ermutigt die Verleger, es zu veröffentlichen. *High Times* bringt das Foto mit der Überschrift: „The Three Stoners".

November 2001
George Harrison stirbt an den Folgen einer Krebserkrankung. Seine Familie bittet die Fans um einen Moment der Ruhe und des Gebets, der auf 4.20 Uhr festgesetzt wird.

2004
Die britische Presse bietet ein Musterbeispiel für die Tendenz, alte News zu recyceln und als neu zu verkaufen. Übereifrig werden Artikel mit Schlagzeilen wie „Sir Paul gibt zu, Drogen genommen zu haben!" veröffentlicht. Die Artikel zitieren aus einem Interview, das der Beatle dem *Uncut*-Magazin gegeben hat. Darin erklärt er, einmal Heroin geraucht, aber keinen Rausch erlebt zu haben. Er nennt unterschiedliche Songs der Beatles, in denen ein Hinweis auf verschiedene Drogen zu finden ist. Während er seinem Interviewpartner zu verstehen gibt, zu alt für den Konsum von Drogen zu sein, erzählt er ihm aber auch, „sich geschmeichelt gefühlt zu haben, als er kürzlich in Los Angeles von einer Gruppe Kids zu einem Joint eingeladen wurde". McCartney wird direkt zitiert: „Für mich ist es ein großes Kompliment, wenn so ein Haufen Kids denkt, dass ich vielleicht ein bisschen Dope mit ihnen rauchen würde."

2006
Medienberichten zufolge hat sich Heather Mills in den Scheidungsunterlagen, die sie gegen Paul McCartney sammelte, über seinen Drogenkonsum beklagt. 2008 veröffentlichte der McCartney-Freund und langjährige Redakteur von *High Times*, Steve Bloom, das Buch *Pot Culture*. Darin bestätigt er Heathers Versuche, Paul vom Kiffen abzubringen. Für die beiden war das Thema ein regelrechter Zankapfel.

Ein abschließendes Wort von Sir Paul
Aus Barry Miles' 1999 erschienenem Buch *McCartney – Many Years From Now* (Miles hat auch Biografien von Allen Ginsberg, William S. Burroughs und Charles Bukowski geschrieben):

„Ich hasse es, bei dem gegenwärtigen gesellschaftlichen Klima über Drogen zu reden, denn es ist einfach nicht mehr so wie in der Vergangenheit. Im Moment, in dem man eine Äußerung von sich gibt, wird man sofort angemacht. So bin ich eher geneigt, mich mit meiner Meinung zurückzuhalten, es sei denn, ich werde direkt angesprochen. Für mich ist die vorherrschende Meinung ‚Sag einfach nein' ziemlich bescheuert. Erst kürzlich habe ich einen kleinen Artikel in einem Frauenmagazin gelesen. ‚Er raucht Cannabis – was soll ich jetzt nur tun? Wenn ich versuche ihn davon abzuhalten, belächelt er mich nur und sagt, dass es nicht so schädlich ist…' Natürlich erhofft man sich zumindest eine halbwegs vernünftige Antwort wie: ‚Gut, du weißt, dass es nicht so schädlich ist. Wenn du ihn liebst und mit ihm darüber redest, rate ihm doch einfach, die ganze Sache ein wenig einzuschränken.' Das wäre wenigstens ein realistischer Ratschlag. Aber natürlich kommt dann so was in der Art wie: ‚Oh nein, alle Drogen sind schlecht. Librium ist gut, Valium auch, Zigaretten sind in Ordnung, ebenso Wodka. Aber Cannabis – ooooh!' Ich hasse diese unbegründete Einstellung. Kaum zu glauben, dass die Sixties schon seit 30 Jahren vorbei sind. Für mich liegen die Sechziger in der Zukunft. Die eigentlichen Sixties haben nie stattgefunden. Ich habe das Gefühl, die Sechziger kommen noch. Wir hängen in einer Art Zeitschleife und sie werden erst noch geschehen."

7 William S. Burroughs

Falls es je eine Persönlichkeit gegeben hat, die von jeder Rock'n'Roll-Generation als Verkörperung des Angesagten und Coolen verehrt wurde, dann war es William S. Burroughs, ein schwuler Junkie und Autor zahlreicher Beat-Romane.

Burroughs schien schon immer von einer kalten, gespenstischen Aura umgeben zu sein. Bereits in seiner Kindheit in St. Louis wurde er von einer Matrone als „ein lebender Toter" bezeichnet. Mit seinem Roman *Naked Lunch*, 1959 in Paris veröffentlicht, aber erst 1962 auf die empfindlichen Gefühle des amerikanischen Publikums losgelassen, wurde er berühmt. Das Werk ist ein von Heroin und Halluzinogenen inspirierter und fiebriger Traumroman, der darüber hinaus noch Elemente des schwarzen Humors und der Avantgarde beinhaltet. Nach der Publikation wurde Burroughs von Norman Mailer, dem einflussreichsten Schriftsteller der USA, als „das einzige lebende amerikanische Genie" bezeichnet.

Naked Lunch beschreibt fremde, halluzinogene Drogen, die von Insekten extrahiert werden, sprechende Arschlöcher und junge Männer, die sich erotischen Erstickungsspielen hingeben, während sie ihren Samen verspritzen und von korrupten Geheimagenten der Regierung sodomisiert werden. Letzten Endes wurde Burroughs auch vom literarischen Establishment gewürdigt und entwickelte sich zu einer Persönlichkeit der amerikanischen Popkultur. Er tauchte in den Segmenten Film, Musik und Video auf, gab ein Live-Konzert (mit Laurie Anderson) und war sogar in einem Nike-Werbespot zu sehen. Am 7. November 1981 trat Burroughs in der TV-Show *Saturday Night Live* auf und las – hinter sich die amerikanische Flagge! – aus *Naked Lunch*; in dieser Nacht war ausgerechnet dieser Wichser Rick James als musikalischer Gast eingeladen. 1991 kam eine Verfilmung von *Naked Lunch* ins Kino, bei der David Cronenberg Regie geführt hatte und die auf der Zustimmung und Mitarbeit von Burroughs beruhte. Peter Weller hatte die Hauptrolle übernommen, die auf Burroughs selbst basierte.

Burroughs, ein unverbesserlicher Vorreiter in Sachen Drogen, war zu Beginn der Fünfziger morphiumsüchtig geworden. Das war der Beginn einer Jahrzehnte langen Sucht, die immer wieder von Phasen der Abstinenz unterbrochen wurde. Meistens konsumierte Burroughs Opiate, vorzugsweise Heroin, aber obwohl er in Bezug auf Opiate eine ungerührte, freigeistige und „Kümmere dich um deinen eigenen Scheiß"-Haltung beibehielt, betrachtete er Heroin als eine Falle. Er nannte es „das ultimative kapitalistische Produkt. Der Kunde wird darum betteln, etwas kaufen zu dürfen".

Schon früh begann Burroughs, mit psychedelischen Drogen zu experimentieren und wanderte durch den Regenwald des Amazonas, um Yagé auszuprobieren, eine sehr starke halluzinatorische Droge, die DMT enthält, das in der Essenz mit Ayahuasca verwandt ist. Schließlich entschied er sich bei seinem Aufenthalt im Dschungel, den ganzen Pantheon der Halluzinogene einzusammeln, von denen er einige außerordentlich verabscheute. (Als Timothy Leary versuchte, Burroughs für Psilocybin zu begeistern, schrieb dieser nur: „Dieses ganze Ding mit unsterblichem kosmischen Bewusstsein und Liebe ist doch nur durchgenudelte, zweitklassige Scheiße."). Marihuana fand jedoch sein Wohlgefallen. Er schrieb nie, ohne dabei zu kiffen, und wirkte als Sprachrohr für die Reize der Droge.

Burroughs gehört zu den Hauptfiguren am angesagten Rockfirmament. Sein Konzept der Cut-up-Technik, das er zusammen mit seinem lebenslangen Mitarbeiter Brion Gysin entwickelte, hat den Avantgarde Rock und die elektronische Musik beeinflusst. Er stellte seine Stimme für Aufnahmen von

Laurie Anderson zur Verfügung und nahm ein Album mit Kurt Cobain auf. Darüber hinaus war er mit Dutzenden von Rockmusikern aller Generationen befreundet oder bekannt. Bedeutende Bands benannten sich nach Elementen aus seinen Werken, wiesen in ihren Songs oder Songtiteln auf ihn hin, zeigten den Mann in ihren Musikvideos und erlangten dadurch – allgemein gesprochen – das Prädikat der ultimativen Coolness, indem sie auf irgendeine Art mit Burroughs assoziiert wurden.

Genrenamen

Der Begriff Heavy Metal, als ein kulturelles Konzept betrachtet, stammt von Burroughs, der ihn zum ersten Mal 1962 in seinem Roman *Soft Machine* verwendete.

Der Ausdruck Mash-up, der das populäre, zeitgenössische Genre bezeichnet, in dem Künstler Tracks verschiedener Songs mischen, um einen neuen Titel zu kreieren, stammt von dem Burroughs/Gysin-Konzept der Cut-up-Technik, das zuerst nur literarisch verwendet, später dann aber auf Tonbänder übertragen wurde.

Bandnamen

The Mugwumps (1964)

Die Mittsechziger- Band benannte sich nach einem Charakter aus Burroughs' *Naked Lunch*. In der Gruppe spielten Cass Elliot und Denny Doherty, die später mit The Mamas and the Papas berühmt wurden, sowie Zal Yanovsky, der bei Lovin' Spoonful einsteigen sollte.

Soft Machine (1966)

Diese einflussreiche, psychedelische Jazz-Rock-Band aus Großbritannien benannte sich nach dem Titel von William Burroughs' Roman *Soft Machine*. Das Gründungsmitglied David Allen, ein umherziehender Beatnik, legte 1963 einen Zwischenstopp in London ein. Er werkelte auch mit Burroughs und seinem Mitarbeiter Brion Gysin an verschiedenen Tonband-Cut-ups.

Steely Dan (1972)
Steely Dan sind eine Monster-Edel-Rock-Combo, die Grammys einheimsen konnte und sich nach einem Dildo aus Burroughs' *Naked Lunch* benannt hat. Steely Dan taucht insgesamt drei Mal in dem Roman auf. Der erste Steely Dan wird von einer sehr männlich wirkenden Lesbe einfach zerquetscht. Dann erscheint ein weiterer Steely Dan, nur um von einem parasitären Candiru, einem mittelgroßen Süßwasserfisch, aufgefressen zu werden. Schließlich kommt ein dritter Steely Dan ins Spiel, der aufblüht und als gigantischer Dildo Milch verspritzt (Vgl. „Timothy Leary").

The Soft Boys (1976)
Robyn Hitchcock gehörte zu der psychedelischen Glam-Rock-Band, deren Name sich aus den beiden Burroughs-Werken *Soft Machine* und *Die wilden Boys* zusammensetzt.

Thin White Rope (1984)
Burroughs kreierte die Phrase „Thin White Rope" als Synonym für den Samenerguss. Nach ihr benannte sich die bekannte Art-Punk-Band.

Clem Snide (1991)
Die Alternative-Country-Band benannte sich nach einem Charakter, der in verschiedenen Romanen von Burroughs auftaucht.

Only Dead Fingers Talk In Braille (2004)
Eine obskure kanadische Experimental-Band, die ihren Namen in der Burroughs-Kollektion *Dead Fingers Talk* fand.

Die Nova-Convention – Eine Hommage an William Burroughs

Die folgenden Musiker traten bei der dreitägigen Tribute-Veranstaltung und Konferenz zu Ehren von William Burroughs auf, die 1978 in New York stattfand.

Die Hauptbühne
Frank Zappa
Patti Smith und Lenny Kaye (Patti Smith Group)
Ed Sanders (The Fugs)
Philip Glass

Abgesagt
Keith Richards sollte eigentlich auftreten, blies aber den Gig in letzter Minute auf Anraten seines Anwalts ab. Der Stones-Gitarrist stand kurz vor der Gerichtsanhörung wegen einer schweren Drogenstraftat. Patti Smith bot jedem darüber verärgerten Zuschauer sarkastisch an, ihm das Geld persönlich zurückzugeben – es interessierte niemanden.

Auftritte bei der Event-Party
The B-52s
Deborah Harry und Chris Stein (Blondie)
Suicide

Kooperationen

Alben

***Seven Souls* – Material (1989)**
Burroughs ist für den gesprochenen Teil verantwortlich, Bill Laswell für die Musik. Der Titeltrack „Seven Souls“ wurde im ersten Teil der letzten Staffel von *Die Sopranos* eingesetzt.

***Dead City Radio* – Hal Wilner (1990)**
Organisiert vom Musikproduzenten der *Saturday Night Live*-Show, Hal Wilner, wurden die Songs komponiert und eingespielt von Donald Fagen (Steely Dan), John Cale (Velvet Underground), Chris Stein (Blondie), Sonic Youth und Lenny Pickett (von der Hausband der Sendung *Saturday Night Live*).

***The Priest They Called Him* – Kurt Cobain (Nirvana) und William Burroughs (1992)**
Krist Novoselic, der Bassist von Nirvana, ist auf dem Cover zu sehen. Burroughs erzählte dem Cobain-Biografen Graham Caveney, dass er den Kopf von Nirvana sechs Monate vor seinem Suizid beobachtet hatte: „Mit dem Jungen stimmt irgend etwas nicht. Der runzelt die Stirn ohne guten Grund."

***The Black Rider* – Tom Waits, Robert Wilson und William Burroughs (1993)**
Eine Kooperation von Tom Waits, dem avantgardistischen Theaterregisseur Robert Wilson und William Burroughs. Erstmalig 1990 im Hamburger Thalia-Theater aufgeführt. Auf der Platte „singt" Burroughs seinen eigenen Text zum Song „T'ain't No Sin." Marianne Faithfull spielte eine wichtige Rolle bei einigen Aufführungen.

***Spare-Ass Annie* – William Burroughs mit Hal Wilner und The Disposable Heroes of Hiphoprisy (1996)**
Die Jazz-Legende Charlie Hunter war ebenfalls bei den Aufnahmen dabei.

Fehlgeschlagene Versuche

Paul McCartney/Apple Records
Als Burroughs und Gysin in den späten Sechzigern in London lebten, lieferte McCartney ihnen einige Tonbänder, um daraus Cut-ups zu montieren. Die fertigen Arbeiten sollten vom Beatles-eigenen Label Apple Records veröffentlicht werden. Wie die meisten „abgefahrenen" Projekte von Apple starb auch dieses, als die Beatles merkten, dass ihnen eigentlich nicht viel Geld zur Verfügung stand.

Devo
In den Achtzigern einigten sich Devo und Burroughs auf ein gemeinsames Projekt. Burroughs schrieb sogar schon einige Texte, aber die beiden kamen nie zusammen, um die Idee zu verwirklichen.

Songs

„Sharkey's Night" – Laurie Anderson (1984)
Burroughs spricht in diesem Song ihres Albums *Mister Heartbreak.*

„Sharkey's Night (live)" – Laurie Anderson (1986)
Burroughs setzt bei einem Auftritt mit Anderson gekonnt seine Stimmbänder ein. Der Song wurde später sowohl im Film als auch auf dem Album verewigt. *Home Of The Brave* dokumentiert Laurie Andersons Konzerttournee 1986.

„Star Me Kitten" – R.E.M. und William Burroughs (1996)
Der Track stammt aus einer Song-Kollektion, die die Produzenten von *Akte X* auf den Markt gebracht haben. Das Album ist ein Mix aus Songs, die tatsächlich aus den Filmen stammen, und Titeln, die von ihnen inspiriert wurden.

„Is Everybody In?" – William Burroughs und die Doors (2000)
Ein Titel des Tribute-Albums *Stoned Immaculate: The Music Of The Doors.* Burroughs trägt Jim Morrisons Lyrik vor, als Backing-Band spielen die verbliebenen Doors.

Compilations

***You're Are The Guy I Want To Spend My Money With* – Laurie Anderson, William Burroughs und John Giorno (1981)**

***Smack My Crack* – Various Artists (1987)**
Auf der Compilation sind u.a. Tom Waits, Nick Cave, Chris Stein (Blondie), die Butthole Surfers, Diamanda Galas und die Einstürzenden Neubauten vertreten.

***10% File Under Burroughs* – Various Artists (1996)**
Mit dabei: Bomb the Bass, Chuck Prophet, Divination, Marianne Faithfull und die Master Musicians of Jajouka, Material, Scanner. Diese Kol-

lektion besteht aus Lesungen von Burroughs-Texten anderer Künstler und Samples von Burroughs, der die eigenen Texte vorträgt.

Videos

„Just One Fix“ – Ministry (1992)
Burroughs tritt in diesem Ministry-Video auf, das bei MTV in der „Heavy Rotation“ lief. (Auszug: Burroughs gestikuliert, schießt eine Waffe ab und liest eine Passage aus einem seiner Bücher. Ein junger Mann kotzt im Bad in ein Handwaschbecken). Für das Cover der Single gestaltete Burroughs das Design. Das Video tauchte sogar mehrere Male in der MTV-Show *Beavis and Butt-Head* auf. Beavis zu Butt-Head: „Das is' das beste Video aller Zeiten.“ Butt-Head zu Beavis: „Sogar der alte Kerl ist cool.“

„Last Night On Earth“ – U2 (1997)
Sogar Sankt Bono braucht hier und da mal eine Coolness-Referenz!

Songtitel

„Wild Boys“ – Duran Duran (1984)
Ein Song, inspiriert vom gleichnamigen Burroughs-Roman aus dem Jahr 1971.

„Atlantis To Interzone“ – Klaxons (2007)
Die Interzone ist ein Handlungsort vieler Burroughs-Texte und zugleich der Titel einer Kurzgeschichtensammlung.

Texte

„Truckin'“ – Grateful Dead (1970)
„Dallas got a soft machine.“

„Memo From Turner“ – Mick Jagger (1971)
„You're the man who squats behind the man who works the soft machine.“
Aus dem Soundtrack *Performance* (Vgl. „Musikfilme und Drogen“).

„Lust For Life“ – Iggy Pop (1977)
„Here comes Johnny Yen again.“
Die erste Zeile des Textes bezieht sich auf Johnny Yen, einen Charakter, der in diversen Burroughs-Romanen auftaucht, z.B. in *Soft Machine* und *The Ticket That Exploded.*

Musiker, die die Cut-up-Methode von Burroughs/Gysin in ihrer Kunst verarbeiten
David Bowie
Brian Eno
Genesis P-Orridge

Verleger

Ed Sanders, der in der Sixties-Band The Fugs spielte, publizierte die „Fuck You Press“. Er veröffentlichte 1964 Auszüge aus Burroughs *Auf der Suche nach Yage.*

Albumcover

***Sgt. Pepper's Lonely Hearts Club Band* – The Beatles (1967)**
Burroughs ist einer der Charaktere, die auf der Front-Cover-Collage zu sehen sind (Vgl. „Aleister Crowley“).

Biografen

Barry Miles, ein Autor, der in engem Kontakt zur britischen Rock-Szene der Sechziger und insbesondere zu Paul McCartney stand (Vgl. „Die Beatles und die Drogen“), verfasste die 1993 erschienene Biografie *El Hombre Invisible (dt. William S. Burroughs).*

Freunde und Besucher

Nicht wenige Rockstars verließen gewohnte Pfade, um sich zu Füßen von William Burroughs niederzulassen. Hier sind einige berühmte Stars (plus Mick Jaggers Frauen) aufgeführt, meist dem *Bericht aus dem Bunker* von Victor Bockris entnommen. Bockris' Werk schildert Burroughs und seine sozialen Verflechtungen, hauptsächlich zu der Zeit, als er in der New Yorker Bowery lebte. Ich habe die Personen in Freunde (die dem Begriff wirklich gerecht wurden) und Besucher (Leute, die zumindest einige Male vorbeischauten) unterteilt.

Freunde

Keith Richards – Keef und Burroughs versorgten sich bei der gleichen Heroinquelle und hatten einen gemeinsamen Arzt, der ihnen beim Entzug half. Dabei kam es häufig vor, dass der eine entzog, während der andere beim Dealer war.
David Bowie
Chris Stein und Deborah Harry (Blondie)
Lou Reed
Patti Smith
Tom Waits
Laurie Anderson
Genesis P-Orridge (Throbbing Gristle, Psychic TV)

Besucher

Paul McCartney
Mick Jagger
Bob Dylan
Ringo Starr – Der Beatles-Drummer stellte Burroughs in den Sechzigern seine Wohnung zur Verfügung.
Brian Jones – Die beiden trafen sich in den Sechzigern in Tanger.
Bill Wyman – Wyman ist der einzige Rockstar, der sich Burroughs gegenüber unhöflich verhielt. Zu einer Dinner-Party erschien er drei Stunden zu spät, entschuldigte sich nicht, und machte dann noch dümm-

liche Anspielungen auf Edgar Rice Burroughs, den Autor der Tarzan-Romane.

Joe Strummer (The Clash)

Marianne Faithfull – Sie besuchte den Schriftsteller zu der Zeit, als sie mit Mick Jagger zusammen war, und auch danach.

Bianca Jagger – Nach Mick ... zusammen mit Andy Warhol.

Jerry Hall – Zusammen mit Mick, aber auch allein.

Jim Carroll

Richard Hell

Legs McNeil – Punk-Rock-Journalist (*Please Kill Me*).

8

Marihuana und Haschisch

Mr. D. sang 1966 die Zeile „Everybody must get stoned" – und alle folgten seiner Anweisung! Es ist beinahe unmöglich, ein ausführliches Buch über alle Potheads in der Rockmusik-Industrie zu schreiben – noch schwieriger wird das Unterfangen, wenn es sich um ein einzelnes Kapitel handelt. So muss ich mich darauf beschränken, nur einige aufkeimende Knospen aus der riesigen Marihuana-Plantage der Rockmusik zu pflücken.

Erst 1965, also zeitlich vergleichbar mit LSD, ließen Rockmusiker die ersten Joints kreisen. 1967 war die gesamte Subkultur total high. Marihuana entwickelte sich quasi zur akzeptablen Droge (oder Pflanze) der bewusstseinsverändernden Substanzen und stand im engen Zusammenhang mit der Rockmusik und Hippiekultur.

Während einige Rockstars in den Sixties offen den Genuss von Gras zugaben, hatten die meisten ironischerweise die Tendenz, ihre Vorliebe zwischen den Zeilen zu verstecken. Aber 1971 schlug der Titel „One Toke Over The Line" von Brewer and Shipley in die Top 10 der *Billboard*-Charts ein – ein unverhohlener und offensichtlicher Pot-Song. Dadurch wurde ein größtenteils erfolgloser Versuch der amerikanischen Regulierungsbehörde FCC ausgelöst, gegen „Drogensongs" mit aller

Schärfe vorzugehen (Vgl. „Hört auf! Gegen Musiker auf Drogen").

Mitte der Achtziger wurde die kollektive Pot-Party der Medien und ihrer Vertreter aufgelöst, denn Nancy Reagans „Just Say No"-Kampagne setzte sich mit Erfolg durch. Fernseh-Shows wie *Saturday Night Live*, deren Produzent während eines Meskalinrausches auf das Showkonzept gekommen war, kapitulierten auf Grund des Drucks und verzichteten darauf, in der Sendung auf Drogen anzuspielen. Zwar wurde eine solche Restriktion nie von offizieller Seite bestätigt, aber es hat sie gegeben. Auch die Radiosender tendierten zu größerer Vorsicht, und viele Musiker folgten dem Beispiel.

Aber man kann keine kräftige Pflanze am Wachstum hindern. Tatsache ist doch, dass die Leute den milden Rausch mögen, denn er negiert die Nervosität des ganzen Starbuck-Koffeins, mit dem wir täglich überschwemmt werden.

Einen genauen Zeitpunkt zu bestimmen, an dem die Popkultur sich wieder dem Pot zuwandte, ist schwierig, aber das Jahr 1992 scheint gut gewählt zu sein. Anti-Drogenfanatiker aus dem rechten Lager versuchen, die Präsidentschaftskandidatur von Bill Clinton dafür verantwortlich zu machen, eines Mannes mit dem krankhaften Bedürfnis, genau das zu sagen, was das Publikum von ihm erwartet. Bei einem Interview auf MTV erzählte er den Kids, dass er einen Joint geraucht, den Rauch aber nicht inhaliert habe. In einem Interview mit dem *Rolling Stone*, das er nach Erscheinen natürlich nicht mehr beeinflussen konnte, verriet er 2000 seinem Freund und Pro-Pot-Publizisten Jann Wenner, für die Entkriminalisierung von Marihuana zu stehen. Diese Position erwähnte er während der Kandidatur seiner Frau für die Präsidentschaft vorsichtigerweise nie.

Wenn es allgemein um Drogen (und insbesondere um Marihuana bzw. Haschisch) geht, sind Aufrichtigkeit und Ehrlichkeit bei dem „kleinen" Clinton kaum zu finden, wohingegen der Musiker George den Titel „Clinton der Große" alle Male verdient hat. Das Thema Marihuana erlebte mit der Popularisierung der Independent-Musik eine Renaissance. Als Rap, HipHop und Alternative Rock zu Beginn der Neunziger ein großes Publikum erreichten, endete gleichzeitig die kurzfristige Stille um die Droge. Die Plattenindustrie begann Künstler unter Vertrag zu nehmen, die sie nicht leicht kontrollieren konnten. Und das wollten sie auch nicht! „Alles natürlich und ehrlich belassen“, brachte den größeren Profit.

Es waren dann die Rapper, die den Deckel der Haschisch-Pfeife in die Luft donnerten. Sticker von Marihuana-Blättern tauchten auf Plattencovern auf, und populäre Acts wie Dr. Dre und Cypress Hill machten keinen Hehl daraus, dass sie ihren Gehirnzellen starkes Weed gönnten. Snoop Dogg setzte 2001 dem Ganzen die Krone auf, indem er Pornovideos in Umlauf brachte, in denen er und seine fickenden Freunde sich einen dicken Joint nach dem anderen reinzogen. Ein Mick Jagger hätte in den Siebzigern noch nicht mal davon *träumen* können, ohne seine Karriere ernsthaft in Gefahr zu bringen.

Heutzutage hat sich eine gewisse Normalität eingestellt. Musiker, die manchmal kiffen, denken nicht daran, dass es erwähnenswert wäre. Andererseits hat sich ein Haufen neuer Künstler und Pot-Fanatiker etabliert, die sich permanent zudröhnen und gerne darüber singen oder rappen.

Rockstars ziehen einen durch – die Top 10

1. Bob Marley

Der weltberühmte jamaikanische Reggae-Musiker Bob Marley war so oft stoned, dass er einen Ehrenplatz auf dem Mount Rushmore verdient hätte. 1966, also ungefähr zur gleichen Zeit als bei den weißen Rockern der nördlichen Hemisphäre die Lampe anging, bekannte sich Marley zur Rastafari-Religion. Er ließ sich, lange bevor diese Frisur auf dem Campus der Universitäten hip wurde, Dreadlocks wachsen, die ein Symbol des Glaubens darstellen. Die Rastas glauben, dass das Rauchen von Ganja den Kiffenden näher zu Jah (Gott) bringt. Marley soll angeblich über 300 Kilogramm des allerbesten Krauts geraucht haben, was ihn für einen Platz an der Mundspitze von Gottes Spliff qualifiziert.

Mitte der Siebziger eroberte Marley mit seiner Band The Wailers den Rang des weltweit aussagekräftigsten und bekanntesten Reggae-Musikers. Seine Songs handelten von Unterdrückung, Widerstand, Liebe und natürlich Marihuana. 1976 schlug das Album *Rastaman Vibration* in die Top 10 der *Billboard*-Charts ein. Von den vielen Ganja-Songs, die Marley geschrieben hat, zählen „Kaya“, „African Herbsman“ und „Redder Than Red“ zu den beliebtesten Nummern von Potheads.

Auf den Straßen von Jamaika wütete 1976 ein offener Krieg gegen Drogen. Der Grund dafür lag in einem Konflikt, der durch die Wahlkampagnen des linksliberalen Premierministers Michael Manley und des konservativen Herausforderers Edward Seaga ausgelöst wurde; Seaga war ein Hardliner und gegen Marihuana. Manley finanzierte eine Kundgebung, um die erhitzte Stimmung abzukühlen, und Marley erklärte sich dazu bereit, als Headliner aufzutreten.

Zwei Tage vor der Show drangen einige Männer in Marleys Haus ein und schossen ihm in die Brust und den Arm. Der Vorfall wurde als politisch motivierter Mordversuch bewertet. Marley ließ sich davon nicht einschüchtern und trat trotz der Verletzungen auf, aber kurz danach machte er sich auf den Weg nach London, um dort eine Zeit zu verweilen. In seiner Zeit in Großbritannien wurde er nur einmal gefilzt, wobei man eine geringe Menge Gras fand. Es war die einzige Razzia beim extremsten Pothead der Rockgeschichte, die an die Öffentlichkeit gelangte.

In den späten Siebzigern kehrte Marley nach Jamaika zurück, wo er 1981 an Krebs starb. Noch heute verkaufen sich die Alben des Musikers auf der ganzen Welt. Er wird als Held der dritten Welt gefeiert und sein Name wird regelmäßig mit Persönlichkeiten wie Nelson Mandela und Martin Luther King Jr. in einem Atemzug genannt. Nachwuchskiffer bezeichnen einen dicken Joint im klassischen Jamaika-Stil auch als „Marley“.

Marleys Frau und ihr gemeinsamer Sohn führen die Rasta-Tradition fort, spielen Reggae und nehmen weiterhin Songs auf, in denen dem Ganja gehuldigt wird.

Zitat: „Je mehr Leute Gras rauchen, desto eher wird Babylon fallen.“ *Babylon ist das Synonym der Rastas für die USA. Zieh's dir rein, weißer Mann!* (Vgl. „Ich protestiere! Rockstars gegen Drogengesetze“).

2. Paul McCartney

Paul McCartney – Multimillionär, Ritter des Britischen Empire und regelmäßiger Raucher nicht unerheblicher Mengen von Gras. Er ist die beste Antwort auf das Klischee der Antidrogenkampagnen, wonach Kiffer total faule Loser sind, die nicht mehr vom Sofa aufstehen können. Jedoch konterkariert er das Hippie-Klischee, dass Pot den Kiffer dazu bringt, sein ganzes Geld zu verschenken und am liebsten auf einem Baum zu wohnen. (Okay, es würde mich nicht wundern, wenn es sich der naturliebende und fanatische Vegetarier manchmal auf einem Ast bequem macht, aber er wird auf gar keinen Fall in absehbarer Zeit seine Kohle verschleudern).

Zitat: „Ich unterstütze eine umfassende Entkriminalisierung. Die Leute rauchen doch sowieso Gras, und sie deshalb als Kriminelle zu behandeln, ist falsch." (2005)

(Vgl. „Die Beatles und die Drogen" und „Ich protestiere! Rockstars gegen Drogengesetze"*)*.

3. Cypress Hill

Cypress Hill, Lieblinge des Magazins *High Times*, haben ihre Joints sprichwörtlich in der Mitte des Geschehens platziert – auf der Bühne. In ihren Shows ziehen sie immer einen durch und zeigen regelmäßig eine Flagge, auf der ein gigantisches Marihuana-Blatt abgebildet ist. 1993 erteilte ihnen die TV-Show *Saturday Night Live* ein lebenslanges Auftrittsverbot, weil sie während ihres Gastauftritts gekifft hatten. Die Band hat Dutzende von Pot-Songs geschrieben, und mit CD-Titeln wie *Stoned Raiders, Stash* und *Greatest Hits From The Bong* verdeutlichten sie ihre einzigartige Leidenschaft für Ganja. Cypress Hill sind auf der Compilation *High Times Hempilation* ebenso vertreten wie in Redmans angesagter Pot-Comedy *How High*.

Während die Hippie-Generation Marihuana mit Friedlichkeit assoziierte, handeln die Songs von Cypress Hill oft von Gewalt. Ihr erster Hit „How I Could Just Kill A Man" wurde während der Unruhen in Los Angeles 1992 im Radio rauf und runter gespielt.

Man würde der Gruppe nie eine sanfte, nachgiebige Seite nachsagen, aber manchmal integrieren sie psychedelische Elemente und Reggae in ihren Gangsta-Sound. Im Studio setzen die Musiker auch Live-Instrumente wie z.B. Bläser ein.

Zitat: „Wir haben nie gesagt: ‚Lass uns über Gras palavern, weil das niemand sonst macht. Wir werden uns diesen Markt unter den Nagel reißen.' Bei uns ist das einfach so passiert, und plötzlich fängt jeder an, über Weed zu rappen. Vor uns haben andere Rapper hier und da mal was darüber gemacht, aber wir haben uns die Meisterschaft erkämpft."

B Real, Cypress Hill, 2007 (Vgl. „Ich protestiere! Rockstars gegen Drogengesetze").

4. Chris Robinson (The Black Crowes)

Während Paul McCartney bewies, dass auch ein Kiffer Millionen von Dollar verdienen kann, zeigte Chris Robinson, wie man eine Kate Hudson erobert. Natürlich hat er sie wieder verloren (Vielleicht versteckt sich das dünne Ding aber auch nur hinter dem Bong?). Robinson führt möglicherweise die Liste seiner Generation von Classic-Rock-Musikern an, die unverblümt zu ihrem Marihuana-Konsum stehen. Seinen Ruf manifestierte er 1992 auf dem Atlanta Pot (!!!) Festival, als er dort mit seiner Gruppe The Black Crowes auftrat. Sie kamen Cypress Hill zuvor, denn schon 1993 zierte ein gigantisches Marihuana-Banner die Bühne der Crowes. Wie Cypress Hill waren auch sie auf der Compilation *High Times Hempilation* vertreten. Robinson ist auch für seine Hosen aus gewebtem Hanf bekannt, und auf Tourneen verkauften die Crowes ihre eigene Marke Jointpapier. (Oasis tourten auch mit eigenem Jointpapier. Es ist noch nicht klar, ob die Tatsache, dass beide Bands von Brüdern dominiert werden – den Robinsons und den Gallaghers – mit so einer Geschäftsidee in Verbindung gebracht werden kann).

Im Jahr 2007 spielte Robinson zum 60. Geburtstag des ultimativen Hippies – des selbsternannten psychedelischen Relikts und langjährigen Kampfgefährten von Grateful Dead, Wavy Gravy.

Zitat aus dem Jahr 1992: „Hey Mann, Pot ist doch nichts, was man verschweigen muss. Es ist ein Teil der Popkultur. In den Achtzigern war Pot nicht mehr angesagt. Die Leute, die in Geld baden konnten, betrachteten das Gras als überflüssige Extravaganz. Weed ist eher eine traditionelle Sache."

(Vgl. „Ich protestiere! Rockstars gegen Drogengesetze").

5. Snoop Dogg

Hunderte Rapper werden mit Marihuana assoziiert, aber niemand erlangte solch einen ikonenhaften Status und Glanz wie Calvin Broadus Jr., besser bekannt als Snoop Dogg. Dem ehemaligen Mitglied der berüchtigten Crips-Gang ist es gelungen, sich in eine in den ganzen Vereinigten Staaten beliebte Comicfigur zu verwandeln. Er tritt in zahlreichen Werbespots auf und steigert damit deutlich den Umsatz des jeweiligen Produkts. Ihm wurde sogar eine eigene, familienfreundliche Reality-Show gegeben – *Snoop Dogg's Father Hood*. Zudem arbeitete Snoop Dogg als Autor an einer Reihe von Kinderbüchern mit dem Titel *Where's The Cheese?* (Der Käse? Ein kleiner Hinweis – im Wandschrank hinter dem Kilo Gras und den AK-47-Gewehren).

Der Snoopster verbrachte seine Zeit als Teenager zwar mit dem Dealen von Kokain, zog aber persönlich immer Gras vor. Vielleicht liegt darin ja auch seine sehr entspannte Persönlichkeit begründet. Allein seit 2006 wurde er vier Mal wegen des Besitzes von Marihuana hochgenommen. Was kann man über einen ehemaligen Gangsta sagen, der dauernd gefilzt wird, seine eigenen Pornos produziert, in denen er Tonnen von Marihuana pafft, Songs mit expliziten, pornografischen und oftmals brutalen Texten rappt, und es immer noch schafft, als liebenswerte Ikone der amerikanischen Popkultur durchzugehen? Das ist doch wohl ein bezauberndes Leben!

Zitat: „Weed ist das wichtigste Element im HipHop."

(Vgl. „Heiße Razzien und dicke Geschäfte").

6. David Peel

Der New Yorker Straßenmusiker David Peel mag nicht jedermanns Gras sein. Mit einem fetten Brooklyn-Akzent singt er einfache, „ge-dopte" Kiffersongs, und das in der Regel mit leicht verstimmter Intonation. *(Persönliche Bemerkung: Der Autor dieses Buchs verbrachte 1972 einen Abend mit David Peel und befreundeten Yippies. Peel schnappte sich eine Gitarre, begann zu spielen und improvisierte Texte, die weit über dem Niveau seiner Platten lagen. Mir kam es vor, als wäre seine in der Öffentlichkeit zur Schau gestellte „einfältige Persönlichkeit" eine Art Maske).*

Peel hat seine Drogen-Präferenzen unmissverständlich klar gemacht. Sein erstes Album, das er zusammen mit The Lower East Side aufnahm, trug den Titel *Have A Marijuana*, und das dritte, das von John Lennon und Yoko Ono produziert wurde, betitelte er *The Pope Smokes Dope* – eine zwar äußerst seltsame Behauptung, aber egal, es reimt sich. Neben dem Projekt mit Lennon und Ono hat Peel auch mit Wayne Kramer gewerkelt, der zuvor mit MC5 Musik gemacht hatte. Im Laufe der Siebziger eröffnete er Konzerte von Rod Stewart, Alice Cooper, Iggy and the Stooges und MC5.

Als Aktivist wurde Peel immer mit den Yippies (Youth International Party) in Verbindung gebracht, die Abbie Hoffman ins Leben gerufen hatte. Auch heute noch tritt er bei ihren jährlich stattfindenden Marihuana-Events, die solch bildhafte Namen wie „Smoke In" oder „Drug Peace" tragen, in New York oder anderswo auf.

(Vgl. „Die Beatles und die Drogen").

7. Grateful Dead

Auf das Risiko hin, euch zu langweilen … wie auch beim Acid, können unsere alten Freunde, die Grateful Dead, auch beim Thema Marihuana nicht ignoriert werden, denn für einige Kiffer-Generationen und Pot-Enthusiasten hat die Band einen ikonenhaften Status. Diese langen, spacigen Jams, wo du den Song vergisst, bevor die Band deinem zugedröhnten Gehirn noch einen zusätzlichen Kick gibt, nur um danach wieder zum alten Thema zurückzukehren, basieren sicherlich ebenso auf der Marihuana-Erfahrung wie auf den Acid-Trips.

8. George Michael

Hat George Michael wirklich etwas seit den Achtzigern zustande gebracht? Vielleicht nicht, aber es gelang ihm regelmäßig, sein Gesicht in den Medien zu präsentieren – meist aber nur wegen schräger Sprüche, der Verhaftung auf Grund sexueller „Aktivitäten" in der Öffentlichkeit und Drogen. Michael wurde zitiert, dass er Marihuana „die ganze Zeit über raucht". Somit zählt der Stoff zu einer seiner zahlreichen Freizeitvergnügungen.

Eins muss hier gesagt werden – Pot macht manche Leute kreativer, andere werden umgänglicher, wiederum andere können sich über eine erhöhte Aufmerksamkeit freuen, manche dagegen bringt Gras zum Abhängen, einige werden paranoid … und einige Leute verwirrt es eher. Die folgenden Zitate, in denen Michael scheinbar über sich selbst spricht, untermauern die letzte Aussage.

„Es gibt in meinem ganzen Leben keine andere Droge, über die ich so glücklich bin wie über Pot."

„Ich wünschte mir, niemals mit dem Pot-Rauchen angefangen zu haben. Es beruhigt zwar die Seele, zerstört aber meine Stimme. Ich bin süchtig nach Marihuana – ich brauche es, um kreativ zu bleiben. Ich wollte keine Beruhigungsmittel nehmen, und so begann ich mit dem Kiffen."

„Wenn ein Alkoholiker es sich anders überlegen und seine Sucht auf Weed verlagern würde, wäre die Welt ein lebenswerterer Ort."

9. Rob Thomas (Matchbox Twenty)

Dass der Sänger einer der bekanntesten Mainstream-Bands der Neunziger in so einem Ranking auftaucht, erscheint auf den ersten Blick ungewöhnlich, aber Rob Thomas von Matchbox Twenty hat sich zu einem der führenden Rockstars entwickelt, die den Genuss von Marihuana propagieren. Thomas posierte für *High Times* und hielt dabei riesige, grüne Hanfknospen in den Händen. Er ist auch bekannt dafür, im Backstage-Bereich köstliche Haschisch-Kekse zu verteilen. Einmal bot er einem Reporter der *New York Daily News* einen Keks an. Der Kommentar des Journalisten fiel überschwänglich aus: „Das sind die einzigen schmackhaften Kekse, die ich in meinem ganzen Leben gegessen habe. Es sind die einzigen Haschisch-Kekse, die nicht nach Scheiße schmecken." Zu dem Buch *Pot Culture*, verfasst von Steve Bloom und Shirley Halperin, hat Thomas einen Artikel mit der Überschrift „Die Kunst sich Stoff zu beschaffen" beigesteuert. Er gibt einige Tipps und schreibt: „Erst wenn alle Quellen versiegt sind, solltest du zur Straßenecke Stech-mich-ab-Avenue/Schlag-mich-zusammen-Street gehen und einige zwielichtige Gestalten fragen, ob sie wissen, wo man den wirklich guten Stoff kaufen kann. Ich kann nicht behaupten, niemals dort gewesen zu sein. Aber du willst es nicht wirklich."

10. Kottonmouth Kings

Diese südkalifornische Band vermischt Punk und HipHop. Sie sind möglicherweise besessener von Marihuana, als die ersten neun genannten

Rob Thomas – immer zwei offene Ohren

Acts zusammen! Ihre Alben tragen offensichtliche Titel wie *Hidden Stash, Rollin' Stoned* und *Joint Venture*. Die 2001 veröffentlichte Dokumentar-DVD hieß *Dopeumentary*. Zudem sind sie beim „Sonnentanz" der Kifferwelt aufgetreten, dem jährlich veranstalteten Wettbewerb um den Cannabis-Cup in Amsterdam. In ihrem Programm finden sich nur einige (einige wenige!) Stücke, in denen es nicht um Marihuana geht, wie z.B. „Pimp Twist", das vom „Abschaffen der Gesetze und Besteuern der Nutten" handelt.

Ehrengast: Willie Nelson
Nelson würde mühelos den ersten oder zweiten Platz belegen, aber er ist leider nur ein Rockstar im Geiste.

Wahre Geständnisse

Madonna hat lange behauptet, ohne jegliche Drogen zu leben. Mit ihrer Dankesrede anlässlich der Aufnahme in die Rock and Roll Hall of Fame machte sie 2008 aber reinen Tisch. Unter anderem erzählte sie von der Nacht, in der sie ihrer Pressesprecherin Liz Rosenberg begegnete: „Wir rauchten zusammen einen Joint."

Das amerikanische Idol und brave Mädchen Kelly Clarkson beichtete, einen Haschisch-Keks gegessen zu haben, „aber das war in Amsterdam, und das ist ja auch wieder in Ordnung". Clarkson: „Dort ist es legal und hier nicht. Ich mache hier nichts Illegales. Ich habe niemals was geraucht. Ich habe niemals irgendwelche Drogen ausprobiert. Ich würde nichts machen, was Löcher im Gehirn oder den Nasenhöhlen verursacht. Nennt mich ruhig ein Mädchen aus Texas, aber ich denke nicht so über Marihuana." Mir ist nicht klar, worin der Zusammenhang mit Texas besteht. Sollte sie nicht eher sagen: „Nennt mich ein Mädchen aus den Niederlanden?"

Die Top 10 der Pot-Songs

1. „Along Comes Mary" – The Association (1966)

Ich weiß ... Ich bin ja *soooo* ein weißer Junge, aber hört euch den Song mal gründlich an. Es ist wirklich ein cooles Stück. Ich meine, hey Rastaman – zeig mir eine Textzeile von Marley oder Peter Tosh, die es mit „die berauschten und zugenebelten Kids verteilen sich im ganzen Universum" aufnehmen kann! Wenn dir das gelingt, werde ich splitterfasernackt durch die Straßen von Trenchtown tanzen, vollgedröhnt vom besten Kali, wie die Rastafari ihr Gras nennen.

„Along Comes Mary" erobert den ersten Platz, weil der Song sehr früh, im Sommer 1966, rauskam und sich vom Gewohnten abhob. The Association waren eine großspurige Pop-Band, manchmal recht üppig orchestriert, die auch allen Eltern gefiel. Viele erinnern sich gerne an ihren Nummer-1-Hit „Windy".

Der lockere, schnelle Song „Along Comes Mary", der für The Association schon fast Rock war, rauschte viel zu schnell an dem Hörer vorbei, der nicht durch gute Pep-Pillen (Speed) auf der gleichen Wellenlänge war, um die Bedeutung zu erfassen. Mit Ausnahme der letzten Zeile: „Nun schmeckt meine leere Tasse so süß wie das durchgeknallte Bomp-Shoo-Wah!"

Allerdings gab es auch einige, die genügend Pillen eingeworfen hatten, um die Botschaft des Songs zu verstehen. Als George Harrison mit den anderen Beatles auf ihrer letzten US-Tournee in einer Limousine fuhr, soll er angeblich ausgerufen haben: „Hey, hört mal zu. Das ist ein Song über Gras!"

Dennoch wird immer noch darüber gestritten, ob die Nummer wirklich von Pot handelt. Vielleicht war auch nur eine Mieze namens Mary gemeint, die den Texter Tanden Almer zum Halluzinieren brachte und ihn über das Wesen der Realität sinnieren ließ.

2. „Legalize It" – Peter Tosh (1976)

Peter Tosh mag seinen legendären, ehemaligen Mitmusiker Bob Marley auf der Basis dieses einen Songs in der Heldenhalle der Kiffer übertrumpft haben. Die eingängige Reggae-Pot-Hymne wurde 1976 zu Beginn seiner Solokarriere veröffentlicht. In Anbetracht der allgemeinen

Akzeptanz von Marihuana als Medizin gegen verschiedene Beschwerden war „Legalize It" der Zeit weit voraus, da im Text verschiedene Krankheiten aufgelistet sind, bei denen nach Toshs Überzeugung der medizinische Nutzen von Marihuana angebracht war (u.a. Asthma und Thrombosen).

Im Gegensatz zu Marley verhielt sich Tosh immer ein wenig radikaler. Er provozierte jamaikanische Politiker, indem er sich in ihrer Gegenwart einen Ganja-Spliff anzündete. Er befürwortete eine Revolution, veröffentlichte eine Reihe von Anti-Apartheid-Songs, wetterte gegen die Produktion von Nuklearwaffen und kritisierte das – in seinen Worten – „Scheißsystem". 1987 wurde Tosh bei einem angeblichen Einbruch in seinem Haus erschossen.

Obwohl er von den Rolling Stones tatkräftig unterstützt wurde und einige Platten auf Rolling Stones Records veröffentlichte, um seine Karriere in den Vereinigten Staaten und Großbritannien anzuheizen, erreichte der Musiker nie den Status eines Superstars. Auch der halbwegs erfolgreiche Hit „Don't Look Back", den er zusammen mit Mick Jagger sang, konnte daran nichts ändern. Aber im Leben der Kiffer der ganzen Welt wird er dank „Legalize It" immer einen Platz auf den vorderen Rängen einnehmen.

3. „African Herbsman" – Bob Marley and the Wailers (1973)

Dem Produzenten und legendären jamaikanischen Pot-Astronauten Lee Scratch Perry gelang es auf diesem frühen Wailers-Track, die Magie und den Voodoo in Marleys Stimme und im Bandsound herauszukitzeln. Falls du Ganja rauchst, um in Kontakt zu mächtigen und auch ein wenig gespenstischen Naturgeistern zu kommen, dann geht diese aufblühende Knospe an dich.

4. „Rainy Day Women #12 & 35" – Bob Dylan (1966)

Dylan war der Typ, der den Beatles einen Joint anbot und sie damit auf ihre Reise schickte. Wenn es aber darum ging, seine eigene Passion für Pot offen zu legen, hielt er sich eher bedeckt. Dieser Track sagt aber alles, und das schon sehr früh in seiner Karriere. Im Frühjahr 1966 schoss „Rainy Day Women" – wahrscheinlich eher bekannt durch die Textzeile des Refrains: „Everybody must get stoned" – auf den zweiten Platz der

Billboard-Charts. In dem Song gelingt es ihm textlich, die merkwürdige Kombination aus schwindelerregendem Wohlgefühl und Paranoia darzustellen, die manchmal durch das Kiffen ausgelöst wird. „To stone someone“, bedeutet in diesem Song einen Versuch, zu erfahren, ob er mit der Herausforderung klar kommt.

Wenn die Musik dieser Aufnahme eher nach einem Haufen Besoffener frühmorgens in einer Bar in New Orleans klingt, als nach zugekifften Studiomusikern, hat das seinen Grund. Dylan bestand darauf, dass seine Musiker kräftig einen hoben, während er einen durchzog. Beim sorgfältigen Anhören des etwa vier Minuten langen Songs kann man durch die Kakophonie der Stimmen und Bläser den Schrei „Fuck yeah!“ wahrnehmen.

Bob Dylan leistete sich all diese Eskapaden Mitte der Sechziger, ohne je behelligt zu werden. Was konnte ihm besseres passieren?

5. „Roll ’Em Fat“ – Ant Banks (1993)

Durchgeknallter, funky Rap aus Oaktown (Oakland, Kalifornien) mit einem Hauch Gangsta, aber auch einer bestimmten, humorvollen Kiffer-Note, die das Subgenre so populär machte. Ant Banks rollt seinen Text schnell und gekonnt zu einem Joint und zählt, neben anderem, seine bevorzugten Haschisch-Sorten auf. „Knallt rein wie Endo oder Chocolate Thai.“

6. „Cheeba Cheeba“ – Tone Loc (1990)

Etwa schon Tone Loc vergessen? Bevor die Gangstas aus dem Todestrakt die Knarren und den Wahnsinn in den Rap brachten, stand Tone Loc für witzige Pop-Rap-Radiohits wie „Funky Cold Medina“ und „Wild Thing.“ „Cheeba Cheeba“, ein Titel, mit dem er einer bestimmten, starken Marihuana-Sorte huldigt, schlich sich irgendwie während der finsteren Tage der ersten Bush-Regierung in die Radiowellen des UKW – zu einer Zeit also, in der Kiffersongs immer noch fadenscheinigen Restriktionen unterlagen. Der beeindruckende Rap, basierend auf einem Rhythmus im Stil von Kraftwerk, schoss sogar in die Top 10. Es ist der erste Song, in dessen Text das Wort „hydropnic“ (Hydrokultur) auftaucht.

7. „Roll Another Number" – Neil Young (1975)
Abgehalfterte, ausgebrannte, oft schiefe und unpopuläre Kiffer-Musik, die Mitte der Siebziger nur als Reiseunterhaltung für desillusionierte Hippies herhalten konnte. Neil Young erklärt, dass er „für eine ganze Zeit nicht mehr nach Woodstock zurückkehren will" – und das wird ihm auch jeder glauben.

8. „Insane In The Brain" – Cypress Hill (1993)
Bis ich diese „fröhliche" Ode an den Kifferwahnsinn hörte, wusste ich nicht, dass Pot den Rausch in der Gehirnmembran auslöst. Ich meine, verrückt im Gehirn zu sein ist eine Sache – aber in der Membran? Wow!

9. „Reefer Madness" – Hawkwind (1976)
1976 boten uns die Space-Rocker Hawkwind, eine härtere und dröhnendere Antwort auf Pink Floyd, diese bizarre Satire auf die Anti-Marihuana-Hysterie. Sie porträtierten den Dämon Gras als einen „bewusstseinfressenden Troll."

10. „Comin' Into Los Angeles" – Arlo Guthrie (1969)
Es war der Glanzmoment im Leben des jungen Guthrie. Der perfekte, ironische und coole Song beschreibt den Schmuggel von ein paar Kilo Pot von Mexiko nach Los Angeles. Die Version, die Guthrie beim Woodstock-Festival spielte, brachte ihm großen Erfolg, da sie sowohl im Film, als auch auf dem Album zu hören ist. Er sang sie, nachdem er bekannt gegeben hatte: „Hey Mann, kapierst du das? Der New Jersey Freeway ist geschlossen worden!" Für die Hippies erschien es so, als würden sie die Welt erobern, aber – sie waren ja auch alle verdammt breit.

Bester Marihuana-inspirierter Song, der einem US-Bundesstaat gewidmet wurde

2007 erklärte Colorado den John-Denver-Hit „Rocky Mountain High" aus dem Jahr 1973 zum offiziellen Song dieses Bundesstaats. Damit nahm der Titel einen Ehrenplatz neben dem alten Klassiker „Where

The Columbines Grow" ein. In der Resolution wurde ausdrücklich darauf hingewiesen, dass der Song „in keiner Weise Drogenkonsum widerspiegelt oder dazu ermutigt". Denver, ein Kettenraucher von Gras und Haschisch, konnte dazu keine Stellung nehmen, denn er war einige Jahre vorher bei einem Flugzeugabsturz ums Leben gekommen. Der Musiker hatte zu seinem Konsum gestanden und dem Reporter einer australischen Zeitung erzählt: „Ich rauche Haschisch, wann auch immer sich mir die Gelegenheit bietet." Trotzdem waren die Justizbeamten in Colorado der festen Überzeugung, dass sich die wiederholte Textzeile „Friends around the campfire and everybody's high" auf eine positive Stimmung bezieht (sieh mal da hinten – die Rocky Mountains!), die den Song abrundet. Leider ist nicht bekannt, was die Beamten geraucht haben, bevor sie zu dieser Ansicht gelangten.

Das exotischste Marihuana-Album

The Pipes Of Pan At Jajouka – Brian Jones (1971)

Der Burroughs-Kompagnon Brion Gysin verweilte eine Zeit lang in Marokko, wo er begeistert The Master Musicians of Jajouka erlebte. Die marokkanischen Musiker ehren den Ziegengott Pan mit einem Haschisch-Festival, bei dem sie Flöten, Trommeln und Blasinstrumente spielen, dabei einen Sprechgesang zelebrieren und einen wilden Tanz aufführen, was dem Ganzen den Charakter einer leidenschaftlichen und fremdartigen Erfahrung verleiht. Brian Jones machte sich auf den Weg zu diesem Festival, um die Musik für dieses Album mitzuschneiden, das nach seinem Tod auf Rolling Stones Records erschien.

Sie konnten mit Pot nicht umgehen

1. David Bowie

In einem Interview mit dem *Playboy* erklärte David Bowie Mitte der Siebziger, nur ein einziges Mal einen Marihuanarausch erlebt zu haben. Ron Wood hatte ihn dazu verführt, und Bowie verbrachte Stunden damit, den Bürgersteig anzustarren und wirre Dinge zu sehen. Einige

Jahre später filzte man ihn zusammen mit Iggy Pop in Rochester, New York. Die Beamten fanden einige Gramm Marihuana – schieb's einfach Iggy in die Schuhe!

2. Patti Smith

In ihrem Lyrikband *Babel*, der in den Siebzigern veröffentlicht wurde, ist die großartige, visionäre Dichterin des Rock'n'Roll mit einer Haschisch-Pfeife und einem ernsten Gesichtsausdruck abgebildet. Smith war jedoch ein Fliegengewicht, wenn es zum THC-Konsum kam. In *Please Kill Me* wird ihre Freundin Bebe Buell zitiert: „Nur einige Züge und schon kreiste Patti Smith in der Stratosphäre."

9

Ich protestiere! Rockstars gegen Drogengesetze

Es begann 1967 mit den Beatles. Anschließend lehnten sich zahlreiche Rockstars auf und protestierten gegen harte Drogengesetze, besonders die, die Marihuana betrafen. Einige ausgewählte Beispiele vom langen Krieg zwischen dem Staat und denen, die für die Saat plädieren:

Rektor Skinner verteidigt das Kraut. Presseerklärung von Grateful Dead

Nachdem das Haus von Grateful Dead in Haight-Ashbury im Oktober 1967 durchsucht und dabei Marihuana sichergestellt worden war, gaben sie eine Pressekonferenz, auf der ihr Tourmanager Danny Rifkin eine Protesterklärung gegen die Durchsuchung und die Verhaftungen verlas. Verfasst hatte sie Harry Shearer, der Jahre später die Synchronstimmen von Mr. Burns, Smithers, Ned Flanders, Rektor Skinner und anderen Charakteren der Serie *The Simpsons* sprechen sollte; er spielte auch die Rolle des Derek Smalls in der Rockkomödie *Spinal Tap*.

Der *San Francisco Chronicle* und der *Examiner* berichteten ausführlich darüber, und auch das lokale Fernsehen war mit im Boot.

Auszüge:

„Die Verhaftungen wurden auf Grund eines Gesetzes angeordnet, das den Marihuana-Konsum in einer Linie mit Mord, Vergewaltigung und bewaffnetem Raub als Straftat klassifiziert.

Fast jeder, der sich ernsthaft mit Marihuana auseinandergesetzt hat, wird zustimmen, dass Marihuana die am wenigsten schädliche Droge ist und zum Vergnügen sowie einer höheren Lebensqualität genutzt wird ....

Das Gesetz birgt darüber hinaus eine noch größere Gefahr. Es ermutigt zu einer unverhältnismäßigen und diskriminierenden Art der Gesetzesanwendung. Falls alle Richter, Ärzte, Angestellten von Werbeagenturen, Lehrer und politische Amtsinhaber, die jemals Marihuana geraucht haben, heute verhaftet würden, wäre das Gesetz noch vor Thanksgiving aus den Büchern entfernt ...

Die Rechtsprechung erfindet eine nebulöse, mythische Gefahr und kategorisiert sie als Straftat. Mit dem Resultat, dass eine Reihe von Lügen und Mythen entsteht, die sich gegenseitig hochschaukeln. Die Personen, die für eine harte Durchsetzung des Gesetzes stehen, nutzen es fast ausschließlich gegen Individuen, die ihre Vorstellungen davon, wie Menschen handeln und aussehen sollten, gefährden.

Hinter all den Mythen steht die Realität. The Grateful Dead sind Leute, die sich kreativ und konstruktiv auf dem Gebiet der Musik einsetzen. In diesem Haus arbeiten wir, nutzen es aber auch als Wohnort. Weil die Polizei uns fürchtet und fehl interpretiert, sind unsere Bemühungen augenblicklich unterbrochen, da wir den Konsequenzen einer Verhaftung ausgesetzt sind, die auch als Schikane bezeichnet werden kann."

„Legalize It!" in Großbritannien

Im Sommer 1967 unterstützen die Beatles eine Petition in der Londoner *Times* (Vgl. „Die Beatles und die Drogen"). Im selben Jahr erklären The Who ihre Solidarität mit den Rolling Stones in einem Brief an die *Times*. Das geschieht nach der berühmt-berüchtigten Marihuana-Razzia auf Keith Richards' Anwesen in Redlands (Vgl. „Heiße Razzien und dicke Geschäfte").

Erstmalig 1978 veranstaltet, existiert die „Legalize Cannabis“-Kampagne heute noch, mittlerweile jedoch unter dem Namen „Legalize Cannabis Alliance“. Die Kampagne wurde bislang von zahlreichen Künstlern unterstützt: John Lennon, Paul McCartney, Mick Jagger, Eric Clapton, Bad Company, Brian Eno, The Prodigy, Procol Harum, Billy Bragg, Hawkwind, Roni Size und Fatboy Slim.

„Legalize It!“ – die Ehrenliste der USA

Michelle Phillips: The Mamas and the Papas

Sie ist die letzte lebende Mama (von The Mamas and the Papas). Während der Siebziger erstrahlten ihr Ex-Kerl und dessen Frau, die Schauspielerin Genevieve Waite, lichterloh in der Dunkelheit – voll auf Heroin und Koks (Vgl. „Heiße Razzien und dicke Geschäfte“, „Heroin“, „Ab in die Reha“). Michelle hingegen konnte sich zusammenreißen und ist heutzutage eine prominente Sprecherin für die Legalisierung von Cannabis.

Sie hat lange Zeit NORML unterstützt, die Nationale Organisation für die Reformation der Marihuana-Gesetze, und engagierte sich aktiv in der Bewegung, die den medizinischen Nutzen der Droge befürwortet. 2002 unterzeichnete sie eine Anzeige in der *New York Times*, die für den medizinischen Einsatz von Marihuana warb, und 2008 war sie Ehrengast bei einer Pro-Marihuana-Feier, die vom Marijuana Policy Project in New York gesponsert wurde. Dort sagte sie: „Ich habe noch nie einen Leichensack gesehen, in dem ein Opfer einer Überdosis Marihuana lag.“

Kinky Friedman

Kinky Friedman, der sich selbst als „Texas Jewboy“ bezeichnet, wurde einmal in seinem Leben fast ernst genommen – 2006, als er um das Amt des Gouverneurs von Texas kämpfte. Seit dieser Zeit ist er ein regelmäßiger Gast der in den USA so populären, endlosen Talkrunden. In seinem Mundwinkel steckt immer eine Zigarre, aber Marihuanaschwaden scheinen sich durch seine Gehirnwindungen zu schlängeln. Schon als Kandidat sprach er sich für eine Legalisierung aus, und diese

Position behielt er als gern gesehener Talkshow-Gast bei. Friedman hat zudem den Krieg gegen Drogen als allgemein wirkungslos eingestuft. Nicht schlecht für einen Typen, der gelegentlich mit George W. Bush am Telefon schwatzt, weil der ein Fan seiner Krimis ist.

Chrissie Hynde (The Pretenders)

Chrissie Hynde spielte 1997 als Top-Act beim „National Marijuana Day" in Kalifornien. Dort sagte sie: „Mit 46 Jahren ist Marihuana der Schlüssel zu einem langen Leben." (Tatsächlich versuchen Forscher zurzeit den Schlüssel zur Verlängerung der Lebensspanne zu finden. Er wird aber wahrscheinlich in der Biotechnologie liegen, auf jeden Fall eher dort, als bei Cannabis. Aber Marihuana, das bei einigen Konsumenten das Zeitempfinden verändert, mag das Leben noch langsamer erscheinen und damit „länger" werden lassen.) Ms. Hynde hat sich schon vor Jahren der NORML angeschlossen und sich für die Legalisierung in einer Cover-Story von *High Times* ausgesprochen.

John Sinclair (Manager)

Solche Typen wie John Sinclair werden heute nicht mehr „gebaut". Der in Detroit ansässige Beat-Poet und frühe, weiße Sympathisant der militanten schwarzen Bewegung, hat MC5 ins Leben gerufen, die lauteste Proto-Punk/Metal-Band der Sechziger. Von 1966 bis 1969 arbeitete er für sie als Manager; kurzfristig managte er auch Iggy Pops Band, die Psychedelic Stooges. Inspiriert von den Black Panther rief er 1968 die White Panther Party ins Leben, zu deren Mitgliedern die MC5 gehörten. Sinclairs Panther setzten sich für Rock, Dope und öffentliches Ficken ein. In seinem Manifest, das er für die White Panther verfasste, erklärte er: „Wir atmen die Revolution. Wir sind die vom LSD aufgepeitschten Wahnsinnigen des Universums."

Sinclair, die MC5 und seine White Panther engagierten sich nicht nur für die Legalisierung von Pot, sondern auch aller psychedelischen Drogen. Die MC5 waren darüberhinaus die einzige Band, die sich auf den Antikriegsveranstaltungen der Yippies bei der Parteiversammlung der Demokraten 1968 in Chicago blicken ließ. 1969 wurde Sinclair verhaftet, weil er einem Ermittler der Drogenfahndung, der ihn nicht in Ruhe ließ, zwei Joints gegeben hatte. Daraufhin erhielt er eine zehnjährige Haftstrafe.

1971, nachdem John Lennon und Yoko Ono das „Free John Sinclair“-Konzert in Ann Arbour, Michigan organisiert hatten und dort auch aufgetreten waren, erklärte der Oberste Gerichtshof des Bundesstaates die drakonischen Marihuana-Gesetze für nicht verfassungskonform. John Sinclair wurde daraufhin aus dem Gefängnis entlassen. Einige Jahre später kritisierte Sinclair Lennon lautstark, weil der seinen radikalen Aktivismus angesichts der Schikanen der US-Regierung eingestellt habe wie ein Feigling.

Mit 67 Jahren ließ Sinclair sich zufrieden in Amsterdam nieder. Er ist fast ständig auf Reisen und gibt Spoken-Word-Performances, wobei er manchmal von einer Jazz-Band begleitet wird – in ausverkauften Nachtclubs der ganzen Welt, die guten, alten USA nicht ausgeschlossen.

John Popper (Blues Traveler) und Jeff ‚Skunk‘ Baxter (Steely Dan, Doobie Brothers)

Wenn die Freiheit der Gedanken ein hohes Ziel darstellt, womit in diesem Fall die Freiheit gemeint ist, jede Substanz einnehmen zu können, die jemand einnehmen will, egal ob diese Substanz als gut, schlecht oder wertfrei angesehen wird, dann sollte man sich an liberalistische Rockstars halten. Sie symbolisieren Beständigkeit, Unterstützung und Trost.

In diese Kategorie fällt besonders der Libertin John Popper. Er spielt Gitarre, Mundharmonika und singt in der Band Blues Traveler. Popper steht für eine vollständige Entkriminalisierung von Drogen. 2003 wurde Mr. Popper überraschenderweise geschnappt; in seinem Besitz befand sich Marihuana. 2004 unterstützte er George Bush bei den Präsidentschaftswahlen – vielleicht hatte sich Popper davon eine Begnadigung erhofft. 2007 musste Popper erneut eine Razzia über sich ergehen lassen. Diesmal fanden die Beamten Drogen und Waffen in seinem Besitz. Nun muss er *wirklich* auf eine Begnadigung hoffen!

Lassen wir unseren Blick von rechten Rand des Spektrums zu dem technophilen Jeff ‚Skunk‘ Baxter schweifen. Baxter spielte in der psychedelischen Ära bei Ultimate Spinach – Bostons Antwort auf The Seeds. Nach einigen Jahren mit Steely Dan formierte er die Doobie Brothers, die wahrscheinlich erste Gruppe, die sich öffentlich nach einem Joint benannte. Im Laufe der Jahre hat sich Baxter oft in den Weltraum geschossen und dabei eine Begeisterung für die „Strategische

George Clinton – angepisst vom Piss-Test

Verteidigungsinitiative" entwickelt, einen im All stationierten Raketenschutzschirm; das Projekt ist besser bekannt unter dem Namen „Star Wars". Er wurde als Verteidigungsberater eingesetzt und sogar in einen Kongressausschuss zu Fragen der Raketenabwehr berufen. Dürfte ich bitte Ihr polizeiliches Führungszeugnis sehen?

Sie traten bei Pro-Pot-Veranstaltungen auf:

John Lennon mit Yoko Ono und Elephants Memory, Stevie Wonder, Sean Paul, Chrissie Hynde, Snoop Dogg, Chris Robinson, Cypress Hill, Bob Seger, George Clinton, Redman, Fab Five Freddy, Fishbone, The Chambers Brothers, New Riders of the Purple Sage, Richie Havens, MC5, Kottonmouth Kings, David Peel, P-Nut.

Sie trieben es in der Öffentlichkeit:

Illegale Drogen in der Öffentlichkeit zu nehmen, mag als ein Akt des zivilen Ungehorsams gedeutet werden. Die folgenden Bands und Einzelkünstler sind dabei beobachtet worden, wie sie sich auf der Bühne oder in anderen Situationen abgeschossen haben.

Paul McCartney
Vgl. „Die Beatles und die Drogen"

Steven Tyler und Joe Perry (Aerosmith)
In den achtziger Jahren waren die beiden Bostons Antwort auf Mick Jagger und Keith Richards. Sie hatten auf ihren Verstärkern lange Koks-Lines ausgebreitet, von denen sie zwischen den Songs und manchmal sogar während eines Songs eine Nase voll nahmen.

Creedence Clearwater Revival
In den frühen Siebzigern warfen die Hitlieferanten manchmal Joints ins Publikum.

Steve Bernstein (Sex Mobb)

Steve Bernstein zählt zu den Rockmusikern, die einen experimentellen Ansatz verfolgen. 1999 zündete er sich einen Joint an, atmete den Rauch durch die Nase aus und prangerte dann die knallharte Anti-Pot-Politik des Bürgermeisters Giuliani an. Das geschah in The Kitchen, dem Club, in dem die New Yorker Avantgarde auftritt. Perverserweise – bedenkt man den kultivierten Charakter der *New York Times* – fand sich diese kleine und eher unerhebliche Episode in einer Besprechung des Gigs wieder, die dann einen kleinen Skandal auslöste. Und was passiert als nächstes? Wird Laurie Anderson Lachgas im MoMA verteilen, während sie Bloomberg kritisiert?

Pete Doherty

Großbritannien neuester „Bad Boy" hat seinen Ruf so gut wie möglich untermauert, indem er versuchte, so cool wie Keith Richards zu sein, und Heroin, Kokain und Ketamin in der Öffentlichkeit konsumierte. Aber Doherty entschuldigt sich immer, und so muss seine Qualifizierung für die Rubrik „Ziviler Ungehorsam als Drogie" in Frage gestellt werden. Aber muss man ihn lieben? Nein! Er entschuldigt sich öffentlich dafür, seiner Ex-Freundin Kate Moss Probleme bereitet zu haben, als die beiden beim Koksschnupfen gefilmt wurden, macht einen Tag später aber eine Rolle rückwärts und lässt sich beim Heroinspritzen filmen.

Kevin Federline

Er ist – unfreiwillig – der witzigste Rapper seit Vanilla Ice. Er ist berühmt als Ex von Britney Spears. Und wenn es darum geht, den besten Babysitter zu finden, wird die erste Wahl auf ihn fallen. Aber vielleicht handelt sich Kevin noch Ärger mit dem Gericht ein. Einem Bericht der *New York Daily News* zufolge schockierte Federline am Set für einen Gastauftritt in der TV-Show *One Tree Hill* das junge Team, indem er sich in aller Öffentlichkeit einen Joint nach dem anderen anzündete. Eine ungenannte Quelle wurde in der Zeitung zitiert: „Am ganzen Set raucht er Marihuana, so als würde es ganz einfach zu seinem Leben gehören. Das irgendwie zu verstecken, scheint er nicht für nötig zu halten."

10 Das Imperium schlägt zurück

Der Rock'n'Roll verlor Mitte der Sechziger endgültig seine Unschuld und verwandelte sich in die Trinität Sex & Drugs & Rock'n'Roll, sodass ein Gegenschlag des Imperiums unvermeidbar war. Schon zuvor hatte die Musikszene gegen verschiedene Wellen der Repression kämpfen müssen, die die Rockkultur einschüchtern und abschrecken sollten – zum Beispiel gegen Versuche der Zensur von Songs, die Drogen zum Thema hatten. Einige Intellektuelle hatten sich sogar bemüht, die Popularität der Musik und den damit einhergehenden Sittenverfall der vergangenen 50 Jahre so gut wie möglich auszulöschen, um so die westliche Zivilisation vor dem Ansturm des Rock'n'Roll zu bewahren. Unterm Strich erwiesen sich die Maßnahmen von Schule, Kirche und Staat aber als weitgehend erfolglos.

Die Top 7 der Anti-Drogen-Front

1. Stoppt die Raves! Die Cops gegen Acid House

Zugedröhnte Hipster, die sich ein hartes und dunkles Image zugelegt haben, betrachten die Raver als Leichtgewichte. Für die „wirklich" coolen Leute stellen sie naive, unschuldige Love & Peace-Hippies dar, die sich wie alberne Kinder kleiden und scheinbar einer utopischen Science-Fiction-Fantasy entsprungen sind. Und dann noch ihre Droge erster Wahl – Ecstasy! Die Raver umarmen und knuddeln sich und haben generell die Illusion, für wenige Stunden in einem gütigen Universum zu verweilen, was natürlich diejenigen maßlos irritiert, die nicht auf Ecstasy sind (Vgl. „Ecstasy").

Um auf den Punkt zu kommen: Es gab in der Geschichte der Rockmusik nur ein Genre, bei dem sich die Fans zusammenfanden, das in Großbritannien und den USA entgegen allen Intentionen und Absichten der Veranstalter für *illegal* erklärt wurde. Du hast es vermutet .... Na Johnny, jetzt kannst du dir ja deinen Ruf als harter Gesetzloser verdienen!

Großbritannien: Ungefähr ein Jahrzehnt lang liefen die immer größer werdenden Partys (ohne Genehmigung!), bei denen DJs elektronische Dance Music auflegten (Raves). Sie wurden auf freien Feldern oder in verlassenen Warenhäusern veranstaltet. Busse voller zugedröhnter Neo-Hippies kreuzten durch das ganze Land. Die Freaks lallten etwas von Liebe, Anarchie und UFOs, während sie auf Halluzinogenen, Ecstasy und manchmal ein wenig Speed trippten. Schließlich entschied sich das britische Parlament zu einem harten Vorgehen und setzte 1994 den „Criminal Justice and Public Order Act" in Kraft.

Es war wahrscheinlich das erste Gesetz der neueren westlichen Geschichte, das nur auf ein bestimmtes musikalisches Genre abzielte – die elektronische Dance Music. Der Gesetzestext definierte den Sound der Raves als „Musik ... charakterisiert durch die Emission einer Folge sich stetig wiederholender Beats" (Trifft das nicht auf Rockmusik allgemein zu?). Die Polizei erhielt die Vollmacht, jeden, der zu einer Versammlung von mehr als 100 Ravern unterwegs war, zu verhaften, zurückzuschicken oder mit einer Strafe zu belegen. Ein weiterer Paragraph des Gesetzes erlaubte den Beamten, zwei oder mehr Personen zu verhaften, die sich konspirativ treffen, um ein Rave zu veranstalten. (Daraus lässt sich also die Schlussfolgerung ziehen, dass die individuelle Planung eines Raves völlig legal war!).

Die Briten verabschiedeten nicht nur das Gesetz – sie wendeten es auch mit aller Härte an. Damit war die Underground-Rave-Szene zum großen Teil erfolgreich eingedämmt. Mit dem Ergebnis, dass die trotzdem noch stattfindenden Happenings mutierten und befremdlicher und aggressiver wurden.

Die Raves tauchten erst spät in den USA auf. Zwar gab es schon einige freie Happenings ohne Lizenz, die denen ähnelten, die in Großbritannien schon seit einer Dekade aufloderten, doch sie stellten eher die Ausnahme und nicht die Regel dar. Die meisten Raves waren kommerzielle Unternehmungen, veranstaltet von Konzert-Promotern, die eine Modeerscheinung ausnutzen und ausbeuten wollten. Dennoch fand der US-Kongress einen Grund, um ein Gesetz zu verabschieden, das im Vergleich zu Großbritannien noch drakonischer ausfiel.

Es basierte auf einer Handvoll von Ecstasy-Todesfällen Mitte der Neunziger (Zum Vergleich: Es waren ungefähr 0,3 Prozent der Todesfälle, die im gleichen Zeitraum von Aspirin oder Aspirin-verwandten Produkten verursacht wurden). Eine von den Medien angeheizte Ecstasy-Panik führte zu einem vom Kongress verabschiedeten Gesetz, das ursprünglich als „The Rave Act“ betitelt wurde. Die erste Fassung der Gesetzesvorlage, maßgeblich von Joseph Biden geprägt, wurde zudem von Senator Patrick Leahy aus Vermont, einem leidenschaftlichen Deadhead, mitgestaltet; nach massiven öffentlichen Protesten befreundeter Grateful-Dead-Fans zog er später seine Unterstützung zurück. Eine zweite Fassung des Gesetzes, die 2003 verabschiedet wurde, fand die Unterstützung des Stones-Fans Hillary Clinton.

Der exakte Name des Gesetzes lautet „Illicit Drug Anti-Proliferation Act“, wird aber manchmal auch scherzhaft als „Hexenjagd auf Ecstasy“ bezeichnet. Bei der Abstimmung im Kongress wurde es dem Amber Act angehängt, einem emotional sensiblen Gesetz, das für die landesweite Einführung eines Systems zur raschen Auffindung entführter Kinder stand. Somit trauten sich nur sehr wenige Abgeordnete, dagegen zu stimmen. Der Teil, der sich auf die Raves bezog, wurde von Präsident George W. Bush unterzeichnet und damit für rechtskräftig erklärt. Er besagt, dass der Sponsor einer öffentlichen Veranstaltung für *jeden* illegalen Drogen-Handel oder -Konsum, der während des Events stattfindet, gesetzlich zur Verantwortung gezogen werden kann. Würde das Gesetz bis ins kleinste Detail ausgeführt, wären jedes Rockkonzert, jede größere Sportveranstaltung und sogar Parteitage der republikanischen Partei bedroht. Im

Vorfeld der Abstimmung verfasste die Drug Policy Alliance, eine Gruppe, die sich aus Opposition zum Gesetz gründete, ein Schreiben, in dem es hieß: „Auf Grund der enormen sprachlichen Deutungsmöglichkeiten des Textes würde mit dem geplanten Gesetz jeder einzelne Bürger, dessen Gäste bei einer Party oder beim Barbecue einen Joint rauchen, mit einer bis zu 20-jährigen Haftstrafe belegt werden können."

Bis heute ist unklar, ob der Illicit Drug Anti-Proliferation Act in die Tat umgesetzt wurde – mit einer Ausnahme. Die Polizei versuchte eine Gruppe aus Montana, die sich selbst „Studenten für eine vernünftige Drogenpolitik" nannte, unmittelbar nach Inkrafttreten des Gesetzes an einem Benefiz-Konzert zu hindern. Davon mal abgesehen ist der Act nun ein fester Bestandteil der Gesetzesbücher und könnte dazu benutzt werden, das halbe Land zu verhaften.

Die Geschichte des Krieges gegen die Raver ist aber noch nicht beendet. Stell dir vor, du bist high auf X. Du hast total Spaß und tanzt zur Musik eines DJs. Plötzlich überflutet grelles Licht von landenden Hubschraubern die Dunkelheit. Eine große Gruppe bewaffneter Männer in Kampfanzügen und kugelsicheren Westen springt heraus, einige von ihnen tragen Masken. *Was für ein heißer Action-Fim!* Aber das geschah tatsächlich bei einem genehmigten Open-Air-Rave außerhalb von Salt Lake City. Neunzig Polizeibeamte, bewaffnet mit Maschinengewehren, Tränengas, Elektroschockpistolen, und einige Polizeihunde nahmen an dieser Invasion teil. Wurde diese ganze militärähnliche Aktion nur abgezogen, um den Set von DJ Craze zu beenden? So schlecht kann er doch gar nicht sein, oder?

Die Cops beendeten die Musik, schlugen einige Leute zusammen (darunter ein junges Mädchen, das Fußtritte in den Bauch verpasst bekam) und schickten dann, zufrieden darüber, dass sie die Bedrohung der nationalen Sicherheit erfolgreich bekämpft hatten, die Kids nach Hause. Die Besucher des Raves, von denen manch einer befürchtete, bei einer bizarren, militärischen Invasion ums Leben zu kommen, konnten über eine wichtige Frage meditieren: Welche Konsequenzen bringt der Besuch eines illegalen musikalischen Happenings mit sich?

Der Sheriff veröffentlichte eine Pressemitteilung zu dem Vorfall, die offenbar spät nachts und nach einigen Bieren verfasst wurde: „Die Eltern sollten sich über die Art der illegalen Aktivitäten bewusst sein, die bei diesen Treffen geschehen." Da *sieht* man's! Aber keine Angst, der Rave Act wurde mit diesem Vorfall nie in Zusammenhang gebracht.

2. Die FCC / Richard Nixon / Spiro Agnew (1971)

Am 5. März 1971 veröffentlichte die Federal Communications Comission (FCC), eine Regulierungsbehörde, die für Kommunikationswege via Radio, Fernsehen, Satellit oder Kabel verantwortlich ist, eine Erklärung, die Rundfunkmoderatoren vor dem Spielen von Songs warnte, „die in der Tendenz für illegale Drogen werben oder sie glorifizieren". (In einem Zusatzkommentar warnte die FCC verwirrenderweise vor dem Einsatz von Songs, die „scheinbar Narkotika *verherrlichen*"). Die vage formulierte Notiz gab keinerlei Auskunft darüber, was die Moderatoren weiterhin spielen dürften und was nicht, und es wurden auch keine konkreten Konsequenzen genannt, mit denen man im Falle eines Verstoßes zu rechnen hatte.

Die Manager der neuerdings populären und angesagten UKW-Sender verstanden sie aber als Bedrohung ihrer Rundfunklizenzen. Die Erklärung der FCC setzte voraus, dass ein Mitglied des Managements einer Radiostation dafür verantwortlich war, „den Inhalt aller Songtexte zu kennen", die bei seinem oder ihrem Sender gespielt werden – eine interessante Herausforderung, die nur von den allerhärtesten Speed-Freaks bewältigt werden konnte!

Präsident Nixons korrupter Vizepräsident Spiro Agnew, der einige Jahre später unehrenhaft aus dem Regierungsdienst ausscheiden musste, hatte die ganze Sache sechs Monate zuvor ins Rollen gebracht. Er hatte eine oft abgedruckte Rede gehalten, in der er Drogentexte anprangerte und „liberale" Moderatoren angriff. Anschließend schalteten sich der Präsident selbst und der Generalstaatsanwalt, die Bulldoge John Mitchell, ein. Sie beriefen 75 leitende Angestellte verschiedener Sender ins Weiße Haus, wo sie ihnen höllische Angst einjagten, indem subversive Hippie-Drogenmusik vorgespielt wurde. Obwohl keine offiziellen Verlautbarungen dieses Treffens vorhanden sind, drang es dennoch an die Öffentlichkeit, dass der Prasident den zweifellos belustigten Managern die Bedeutung von „Lucy In The Sky With Diamonds" erklärte.

Während der relativ kurzen Zeit des Einschüchterungsversuchs zählten das Folk-Duo Brewer and Shipley zu den Hauptopfern. Ihr Song „One Toke Over The Line", der auf den oberen Plätzen der Hitparade rangierte, handelt davon, auf einen Zug zu warten, während man zuviel gekifft hat. Mike Brewer versuchte sein Möglichstes, den Song „am Leben" zu erhalten und veröffentlichte eine Presseerklärung, in der er darauf beharrte, dass das Stück „hauptsächlich von dem Zug" handele. Nach lautstarken Beschwerden gegen diese Form der Zensur lief die FCC Gefahr, von der American Civil Liberties Union (ACLU) verklagt zu werden, einer Organisation, die in den USA nachhaltig und energisch für die Bürgerrechte kämpft. Die FCC wich daraufhin zurück und hielt den Ball flach. Trotzdem veröffentlichte die Behörde noch eine einzelne Erklärung, in der sie mit Nachdruck verlauten ließ: „Der Lizenznehmer sollte sich darüber klar werden, ob sein Sender dafür genutzt wird, eine Platte wieder und wieder zu präsentieren, die die Jugend zum Heroin- und Kokain-Konsum ermutigt – und diese Drogen als wunderbare und glückliche Erfahrung verherrlicht." Der Autor dieser Zeilen wäre vor eine schwierige Aufgabe gestellt, wenn er einen Titel aus dieser Zeit finden müsste, der Heroin – im „günstigsten" Fall – als eine extrem zweifelhafte und gefährliche Droge beschreibt.

Natürlich gab es Hunderte, nein, sogar Tausende populäre Songs, die direkte oder indirekte Drogenreferenzen enthielten. Trotzdem zirkulierte ein Empfehlungsschreiben der FCC bei den Verantwortlichen der Radiosender, das eine kleine und eher zufällige Auswahl von Songs enthielt, die nicht mehr gespielt werden sollten. Das Schreiben trug den Stempel: „Keine Zustimmung der Regierung." Gab es Songs, die von der FCC empfohlen wurden? Vielleicht von Neil Diamond?

Liste der beanstandeten Songs (Auszug):

The Beatles – „Everybody's Got Something To Hide Except Me And My Monkey", „Happiness Is A Warm Gun", „I Am The Walrus", „With A Little Help From My Friends"

John Lennon and Plastic Ono Band – „Cold Turkey"

Rolling Stones – „19th Nervous Breakdown", „Let's Spend The Night Together", „Monkey Man", „Let It Bleed"

Bob Dylan – „Rainy Day Women #12 And 35"

The Who – „The Acid Queen"

The Byrds – „Eight Miles High", „Mr. Tambourine Man"
Bob Dylans Version von „Mr. Tambourine Man" hätte verboten werden müssen.

Jefferson Airplane – „White Rabbit"

Velvet Underground – „Heroin"
Wie sind die bloß darauf gekommen?

The Temptations – „Cloud Nine"

Brewer and Shipley – „One Toke Over The Line"

Johnny Cash – „Cocaine Blues"

***Hair* (Soundtrack)** – „Walking In Space"

Bloodrock – „DOA"

The Small Faces – „Itchycoo Park"

Arlo Guthrie – „Comin' Into Los Angeles"

Savoy Brown – „Needle And Spoon"

Die Kriminalkommission des Bundesstaates Illinois wollte auch ein Wörtchen mitreden und legte erst mal eine Pause bei der Mafia-Jagd ein. Sie veröffentlichte eine Liste mit gefährlichen Drogen-Songs, nach denen Eltern Ausschau halten sollten. Einige Beispiele, die die Sachkenntnis der Verantwortlichen in Frage stellten:

„Hi-De-Ho“ – Blood, Sweat and Tears

Die Beamten waren der festen Überzeugung, dass die Textzeile „Gonna get me some of that ol' sweet roll“ eine Drogenreferenz darstellte. Hey Leute, das ist eine Anspielung der alten Blues-Musiker auf die Pussy. Dennoch hätte der Song ein Verbot verdient, ganz einfach aus dem Grund, dass er zu den merkwürdigsten Musikstücken aller Zeiten gehört, die nicht auf Billy Joels Konto gehen.

„With A Little Help From My Friends“ – Sergio Mendes and Brash 66

Den Mitgliedern der Kommission entging die nicht unerhebliche Tatsache, dass eine kleine Garagenband namens The Beatles mit diesem Song etliche Rundfunkeinsätze erzielte. Auch wussten sie nichts von einem haarigen, verdrehten, Gras-und-Alkohol-vernebelten Wahnsinnigen namens Joe Cocker, der mit seiner Fassung auf „Heavy Rotation“ lief. Zum guten Schluss verschrieben sie sich noch beim Bandnamen: der hieß nicht Brash 66, sondern Brasil '66.

„Yellow Submarine“ – The Beatles

Sicherlich ein Drogen-Song oder zumindest stark eskapistisch, jedoch behauptete die Kriminalkommission, dass „Yellow Submarine der Straßenjargon für eine gelbe Barbiturat-Kapsel ist“. Wenn man mal näher darüber nachdenkt, musste der Begriff Yellow Submarine 1971 in der Szene wahrscheinlich für *jede* gelbe Pille oder Kapsel herhalten!

Die Anweisungen der FCC wurden einige Jahre weitgehend ignoriert und verschwanden anschließend in der Versenkung.

3. PMRC/NAB

Wären die polaren Eiskappen doch schon früher wie verrückt geschmolzen. Dann hätten sich die Gores damit beschäftigt und der Rock'n'Roll würde ohne die aufgeklebten Warnhinweise auskommen. Aber es lief anders. Tipper Gore, eine bekennende Rockhörerin, chillte eines Tages mit ihrer Tochter Kristen zu Hause. Das Radio dröhnte in voller Lautstärke. Ein Song von Prince lief, bei dem er eine bestimmte süße Nikki beschreibt, „die in der Lobby eines Hotels sitzt und mit einem Magazin als Vorlage masturbiert". Tipper rastete aus – sie muss Magazine wirklich *hassen*! Sie berief andere besorgte Eltern zu einer Versammlung ein und gründete das Parents Music Resource Center (PMRC). Daraufhin mussten verschiedene Repräsentanten aus dem Musikbusiness beim Kongress vorstellig werden und alle möglichen Fragen zu sündigen Botschaften in der Rockmusik beantworten.

Die PMRC hatte Erfolg und zwang den Dachverband der Plattenfirmen, die Record Industry Association of America, Tonträgern, die fragwürdige Texte enthielten, den berühmt-berüchtigten Sticker mit der Aufschrift „Parental Advisory: Explicit Lyrics" zu verpassen. Es war ein Versuch, Kinder von Platten fernzuhalten, die einen deutlich zu verstehenden Text enthielten (im Gegensatz zu *Inexplicit Lyrics*, die auf einen unverständlichen Text verweisen würden und somit unbedenklich wären).

Aber mal ganz im Ernst. Die Label der PMRC beschränkten sich nicht nur auf eine Warnung vor Texten mit explizitem, sexuellem Inhalt. Sie bezogen auch das Erwähnen von Drogen, Gewalt und dem Okkulten ein und prangerten darüber hinaus sogar die so genannte „Gossensprache" an. 1985 beugte sich die National Association of Broadcasters (NAB), ein landesweiter Verband der Rundfunksender, dem Druck und forderte von den Plattenfirmen die Texte ihrer Veröffentlichungen an. Die Situation spitzte sich immer mehr zu. Gegenüber dem verhältnismäßig laschen Einschüchterungsversuch der FCC konnten sich die Sittenwächter diesmal erfolgreicher durchsetzen, da das alles zeitlich mit Nancy Reagans Anti-Drogenkampagne „Just Say No" zusammenfiel.

Nebenbei bemerkt: Falls das eben Geschilderte irgendwie vernünftig klingt, sollte man sich einen anderen Ansatz der PMRC vor Augen führen. Sie beschuldigten Kiss, Styx, Rush, Van Halen und andere des so genannten „Backward Masking", um damit Satanismus oder den Drogenkonsum zu verherrlichen. Bei dieser Studiotechnik wird auf einem umgedrehten Aufnahmeband Musik oder Sprache mitgeschnitten. Danach wird es wieder in der korrekten Richtung abgespielt (was zu einem unverständlichen Klangwirrwarr führt) und den Normalspuren beim Mix eines Songs als Effekt beigemischt. Die Idee, dass Künstler Geheimbotschaften oder Befehle per „Backward Masking" in ihren Songs verstecken können, und dass sie durch diese Technik in das Unterbewusstsein von Jugendlichen gelangen würden und diese zum „Bösen" verleiten, ist ziemlich schräg und wissenschaftlich nicht zu belegen. Wo war Senator Gore, der den Spitznamen „Senator Science" trägt, während all dieser abstrusen Machenschaften?

Er stand neben Tipper. Oh … die PMRC veröffentlichte auch ein Schriftstück des Reverend Elkind, der irgendwie auf die Idee kam, „Hey Jude" würde davon handeln, dem Herzen Heroin zuzuführen (Bei kardiologischen Problemen sollte man es doch lieber mit einem Stent versuchen, einer Stütze der Herzkranzgefäße).

Übrigens – in den späten Sechzigern und frühen Siebzigern hing Tipper oft bei Rockshows in Tennessee ab, die von der Hippie-Kommune The Farm gesponsert wurden. Der Acid-Guru Stephen Gaskin hatte die Kommune ins Leben gerufen, und manchmal spielte Tipper für die Farm-Band Bongos, die aber vermutlich keine Songs über Masturbation oder Magazine oder beides sang.

4. Calvin Butts

1993 fuhr Calvin Butts, Reverend der Abyssinian Church in Harlem, mit einer Dampfwalze über einen Haufen Rap- und HipHop-Platten, um damit gegen Sex, Drogen und Gewalt in dem Genre zu protestieren. Rapper wie Dr. Dre und seine Freundin C. Dolores Tucker, eine afro-amerikanische Rap-Kritikerin, haben Butts daraufhin in Songs als absolute Nervensäge hervorgehoben.

5. Allan Bloom

Allan Bloom hat *Der Niedergang des amerikanischen Geistes: Ein Plädoyer für die Erneuerung der westlichen Kultur* verfasst, ein Buch, das den degenerierten Zustand der westlichen Popkultur verdammt. Es zählt zu den führenden, konservativen Werken eines zeitgenössischen Intellektuellen. Bloom ist wahrscheinlich der letzte Mohikaner intellektueller „Hochkultur", der tatsächlich Rockmusik hasst – und diese ganzen Sachen mit Sex, Drogen und dem animalischen Tanzen, die einfach dazu gehören. In der Populärkultur, die er so verabscheut, wird sein Name kaum genannt, doch sein Einfluss auf den zeitgenössischen philosophischen Konservatismus und Neokonservatismus sollte nicht unterschätzt werden. Bloom schrieb: „Die Rockmusik hat nur eine Anziehungskraft, eine barbarische

Anziehungskraft, die auf das sexuelle Begehren abzielt. Die Rockmusik erzeugt eine verfrühte Ekstase und ist in dieser Hinsicht ähnlich den Drogen, mit denen sie verknüpft ist." Und wo, bitteschön, liegt das Problem?

6. Die Kampagne der fünf Mamis

Es klingt zuerst nach einem Feldzug der Kulturevolution in Maos China, aber ist tatsächlich eine von fünf Müttern gestartete Kampagne gegen den Hustensaftmissbrauch im HipHop. Der bekannteste Hustensaft der HipHop-Kultur trägt den Spitznamen „Purple Drank", enthält Kodein und wird besonders von den afroamerikanischen Teenagern im amerikanischen Süden geliebt. Ein anderer Hustensaft wird mit dem Wirkstoff Dextromethorphan produziert und löst ein psychedelisches High aus. Ich würde mal vermuten, die Mamis sind auch gegen Dextro (manchmal auch Robo genannt, da es zu der Produktlinie Robitussin zählt). Und sie haben Recht! Beide Medikamente sind nicht zu empfehlen!

7. Lyndon LaRouche

Durchgeknallter Verschwörungstheoretiker, linksradikaler Trotzkist, rechtsradikaler Kryptofaschist, mehrfacher Präsidentschaftskandidat und Vertreter merkwürdiger und komplizierter ökonomischer Theorien – Lyndon LaRouche scheint es immer zu gelingen, eine Horde neuer und leichtgläubiger Trottel um sich zu scharen, die ihm blindlings folgen, egal in welche politischen Einbahnstraßen er sie schickt oder welche seltsamen Verdrehungen er ihnen zumutet.

LaRouche hat aber zumindest in einer Hinsicht Beständigkeit bewiesen. Er hat die Ausbreitung der Gegenkultur und den damit einhergehenden Drogenkonsum in der westlichen Welt als Teil einer Geheimverschwörung bewertet, die von der britischen Aristokratie initiiert wurde, um die Weltkontrolle zu erlangen. Er glaubt, dass der Erfolg der Beatles von dem Londoner Tavistock Institut gelenkt wurde, einer gemeinnützigen Institution, die Gruppenverhalten untersucht und teilweise von der Rockefeller-Stiftung finanziert wird, mit der eindeutigen Absicht der Drogenverbreitung als Teil der psychologischen Kriegsführung. LaRouche bezieht auch Aldous Huxley und Aleister Crowley in seine Verschwörungstheorie mit ein, was zur Schlussfolgerung führt, dass er seinen Hitler und Trotzki nicht gelesen und nur mal flüchtig auf das Cover von *Sgt. Pepper's* gestarrt hat!

Während der ersten Jahre der Reagan-Regierung mag er ein kleines Licht in Bezug auf die politische Beeinflussung gewesen sein, da er sich mit Bobby Ray Inman traf, dem stellvertretenden CIA–Direktor, auch er ein himmelschreiender Hohlkopf, um mit ihm SDI zu erörtern (LaRouche versuchte immer, diese Idee seinem Konto gutzuschreiben). Nach einiger Zeit musste er aber zurück in die Wildnis, da er sich als Volltrottel erwiesen hatte – und das sogar im Vergleich zu Oliver North und John Bolton, die sich ja eigentlich beide für diesen Titel bestens qualifiziert haben.

11 Rockstars gegen Drogen

Dieses Buch mag manchmal den Eindruck vermitteln, dass alle Rockmusiker „Drogies“ sind und eine lasche, liberale und nachgiebige Haltung in Bezug auf den Drogenkonsum vertreten. Nichts könnte weiter von der Wahrheit entfernt liegen. Zwar hat noch niemand eine Statistik angelegt, aber eine nicht unerhebliche Prozentzahl von Rockmusikern hat sich gegen Drogen ausgesprochen, nicht zu vergessen die Interpreten, die sich dazu zweideutig und unklar geäußert haben.

Die Top 10 der Rockstars gegen Drogen

1. Frank Zappa

„Freak out!“ Für die meisten Leute war damit 1966 ein schlechter, schwieriger oder verdammt bizarrer psychedelischer Trip gemeint oder aber eine gute, doch recht schräge Zusammenkunft von Leuten, die auf einen Trip gehen. Für Frank Zappa bedeutete es, sich einen Haufen Nonkonformisten zu schnappen und mit ihnen *ohne* Drogen auszuflippen. Auf dem Cover des ersten Albums der Mothers of Invention sahen Frank Zappa und seine Mitmusiker wie Hippies von der Straße aus –

und übertrumpften damit sogar die tatsächlichen Straßenhippies, die zu dieser Zeit meist noch eher harmlos wirkten. Auf dem Album waren radikale Statements einer befremdlichen Gegenkultur zu hören, beängstigende, avantgardistische Krach- und Audio-Collagen und geschrieene Botschaften an die Freaks aus Los Angeles. Im Kontrast zu den Mothers wirkten alle Hippie-Bands wie eine Gruppe von Chorknaben.

Im Gegensatz zu den Hippies und Freaks *hasste* Frank Zappa Drogen. Als 1968 *We're Only In It For The Money* erschien, machte sich Zappa mit der gleichen Leidenschaft über Hippies und Konsumenten psychedelischer Drogen lustig wie über deren Eltern. (Das Cover der Platte ist eine Parodie des Beatles-Albums *Sgt. Pepper's Lonely Hearts Club Band*). So ganz nebenbei zielten seine satirischen Texte auf verschiedene Themen ab: Die Scheinheiligkeit des Sexuallebens der breiten Masse, den amerikanischen Militarismus, die Zensur und Politiker allgemein. Zappas textliche Kritik fiel immer direkter, unsentimentaler und witziger aus, als die aller anderen Rockmusiker.

Zappa wusste, wovon er redete, und unterschied sich damit von Anti-Drogen-Kreuzrittern vorhergehender Generationen. Er probierte alles zweimal aus, um sich auch ganz sicher zu sein. Über LSD sagte er: „Es war ganz in Ordnung, aber meine eigene Vorstellungskraft ist besser."

Zappa vermutete, dass die Distribution von LSD in den Sixties zu einer CIA-Verschwörung gehörte, und meinte: „Das Traurige an den Sixties war das schwache Bewusstsein und die Willenskraft der so genannten Radikalen. Sie ließen sich letztendlich vor den Karren spannen. LSD gehört mit zu den vielen Dingen, die dabei halfen."

Doch es gab noch einen weiteren, praktischen Grund für ihn, Drogen zu hassen. Als ernsthafter Komponist komplizierter Musik verlangte er von seiner Band Präzision und Exaktheit und tolerierte keine zugekifften und spontanen Instrumentalisten. Er verbot den Musikern seiner verschiedenen Besetzungen den Drogenkonsum während der Arbeit im Studio oder auf einer Tour.

Frank Zappa war der erste Rockstar, der bewies, dass man hip und gegen das Establishment, aber zugleich auch gegen Drogen sein konnte. In einer Zeit, in der sich alle Non-Konformisten Drogen reinzogen, verhielt er sich, zumindest in dieser Hinsicht, nicht konform!

2. Ian McKaye (Minor Threat, Fugazi)

Trotz aller Bemühungen Zappas sollte es noch Jahre dauern, bevor sich radikale und junge Rockmusiker, die keine Drogen akzeptierten, in einer Bewegung und unter Gleichgesinnten wieder fanden – das geschah zu Beginn der Achtziger. Das erste, selbstbetitelte Album der Hardcore-Punkband Minor Threat enthielt einen Song ihres Leadsängers Ian McKaye mit dem Titel „Straight Edge". Es war ein Aufruf, die eigene Scharfsinnigkeit zu bewahren, indem auf Drogen verzichtet wird: „I've got better things to do / Than sit around and fuck my head."

So begann die „Straight Edge"-Bewegung, zu der linke Punk-Rocker gehörten, die nicht nur Drogen mieden, sondern sich auch ein wenig puritanisch verhielten, wenn es um Sex ging. In einem weiteren Stück von Minor Threat sang McKaye: „I don't smoke. I don't drink. I don't fuck. At least I can fucking think."

1987 rief McKaye Fugazi ins Leben, eine beliebte, politisch korrekte Fun-Punk-Band, die sich weigerte, einen Plattendeal bei einem großen Label zu unterzeichnen. Bei Konzerten achteten sie auf einen geringen Eintritt und spielten Musik, die bei allen Altergruppen ankam. Die Musiker waren insgesamt fünfzehn Jahre zusammen, in denen sie oft auftraten und Platten aufnahmen. Dank Ian McKaye haben junge Menschen, die gewöhnlich ein starkes Bedürfnis verspüren, der eigenen Altersgruppe oder einer Clique anzugehören, die Möglichkeit, gleichzeitig cool und gegen Drogen zu sein. Ich hoffe für Ian, dass er ab und zu mal fickt. Ich würde es hassen, wenn so ein guter Mann wegen Prostatakrebs vor die Hunde ginge.

3. Henry Rollins

Nachdem Ian McKaye den Pfad gelichtet hatte, betrat ihn der große, böse Muskelmann Henry Rollins. Der Leadsänger von Black Flag, einer der besten Punk-Bands der frühen Achtziger aus Los Angeles, ist ein fanatischer Bodybuilder, ein gewitzter und kluger Spoken-Word-Performer, ein guter Autor und ein passabler Schauspieler. Mit der *Henry Rollins Show* präsentiert er eine eigene Sendung, die von IFC ausgestrahlt wird. Um seine Verachtung des Drogenkonsums zu verdeutlichen, hat er bislang sich jede ihm bietende Gelegenheit genutzt. In einem Interview mit dem *Rolling Stone* 1999 führte er das Maskottchen dieses Buchs als

Beispiel an: „Du kannst es überleben. Schau dir nur Keith Richards an. Aber *schau* ihn dir genau an." Erst kürzlich machte er eine Tournee und meckerte über Acid House, was einer unfreiwilligen Komik gleichkam, die in einem Text nicht optimal wiedergegeben werden kann. Auf *YouTube* sind einige Clips davon zu sehen.

4. Ted Nugent

Der Erfolg seiner Karriere begann 1968 mit dem fantastischen Riff des Garagen-Psych-Klassikers „Journey To The Center Of The Mind" der Amboy Dukes, einer Nummer mit eindeutigem LSD-Bezug, die in die Top 40 gelangte. Als Nugent dann seine Laufbahn am rechten Flügel der Republikaner begann, behauptete er standhaft, dass der Song nicht von Drogen handelt. Scheinbar überzieht er hier seinen historischen Revisionismus, denn als naives Kerlchen kann man den Motor City Madman nicht bezeichnen.

In einem seiner vielen Interviews in den Siebzigern legte Nugent seinen Standpunkt zum Drogenkonsum dar, gab aber ganz offen zu, dass seine Freunde und sogar seine Frau einem gelegentlichen Joint nicht abgeneigt seien. Er erzählte der *High Times*: „Ich glaube, dass meine Frau beim Kiffen kein vollwertiger Mensch mehr ist." Im selben Interview gab er zu, „1967 einige Joints geraucht zu haben". Das muss also ungefähr zu der Zeit gewesen sein, als er und die Amboy Dukes die Reise zum Zentrum des Bewusstseins gemacht haben, wo auch immer das sein mag. (Die Reise wird für die eher beschränkten Dukes nicht allzu lange gedauert haben.) Nugent beschrieb seine Marihuana-Erfahrungen einmal so: „Beschissenes Gefühl. Weit entfernt von Sex und weit entfernt von einem guten Truthahnessen."

Mal ganz nebenbei – Nugent freundete sich mit der rechten Politikszene an, als er noch in seiner primitiven Sammler- und Jäger-Phase steckte und ein totaler Waffennarr war, der dieses „Wang Dang Sweet Poontang" liebte. Vor einiger Zeit vollzog er einen Sinneswandel, und mittlerweile präsentiert er sich als puritanischer und christlicher Moralist alter Schule, der Promiskuität und Teenager-Sex aufs Schärfste verurteilt – und damit die Inspirationsquelle fast jeden Songs, den er geschrieben hat.

Und was ist mit all den Groupies, die er gefickt hat? In Interviews mit verschiedenen Rockmagazinen prahlte Nugent immer mit dem Lieblingsscherz der Amboy Dukes. Die Jungens besorgten sich eine Straßenkarte, schnitten ein Loch hinein und einer von ihnen steckte seinen Schwanz hindurch. Dann fuhren sie durch die Gegend, bis sie eine möglichst bieder wirkende Frau auf der Straße sahen. Wagen anhalten – Fenster runterkurbeln – und nach dem Weg fragen. Die Dame lehnte sich dann in den Wagen und (Huh-Huh-Huh, Häh-Häh-Häh!) .... Bei Nugents schärfstem Coup spielte eine Nonne die Hauptrolle.

2008 unterstützte Ted den Bibel-blätternden und Bass-spielenden Präsidentschaftskandidaten Mike Huckabee, vielleicht in der Hoffnung, einigen Damen aus dem Kirchenkomitee zu begegnen. Einen weiteren Skandal verursachte Nugent, als er ein Stadion voller Headbanger praktisch dazu ermutigte, Barack Obama zu erschießen. Vermutlich muss man *irgendetwas* für seinen Kick unternehmen, wenn man schon keine Drogen nimmt.

Weitere Scheinheiligkeiten des „Nuge" im Kapitel „Unglaubliche Dope-Geschichten".

5. Morrissey (The Smiths)

Die rauen und harten Anti-Drogen-Hipster finden in McKayne und Rollins ihre Helden. Aber wie steht es um schrullige Männer, die zu sensibel sind, das Haus bei Tageslicht zu verlassen? Sicherlich benötigen diese niedergeschlagenen Kreaturen Narkotika und Alkohol, um die Qualen der Irrungen und Wirrungen des Lebens auszuhalten.

Aber nicht Morrissey, ehemaliger Sänger von The Smiths und ein ungeheuer populärer Rockstar in Großbritannien – der Mann, der wie das Phantom der Oper seufzte: „I am human and I need to be loved just like everybody else does." Er hat sich nie um Drogen geschert (und auch nicht besonders um Sex). Das beschützte unseren Freund aber überhaupt nicht vor Ärger mit den Behörden. Auf Grund verschiedener, radikaler politischer Statements wurde Morrissey von der britischen Polizei, dem FBI und einer Sondereinheit der National Security Force durchleuchtet und verhört. Der Fall scheint klar zu sein – ein sexuell nicht eindeutig orientierter Mann singt sehnsuchtsvolle Songs, die von niederschmetternder Schüchternheit und Unsicherheit durchzogen sind, wenn feste Beziehungen thematisiert werden – und er nimmt keine Drogen. Das stellt eine eindeutige Bedrohung für die Obrigkeit dar.

6. Elvis Presley

Der 21. Dezember 1970 war ein guter Tag für den King. Er bekam endlich die Chance, Präsident Nixon seinen lang ersehnten Dienst als Drogenschnüffler anzubieten. Als Elvis ins Weiße Haus geladen wurde, trug er Samt, einen Gürtel mit einer riesigen, goldenen Schnalle und mehrere Ketten, die an seinem Hals baumelten.

Dem vorausgegangen war ein Brief, den Elvis dem Präsidenten geschickt hatte. Auszug: „Die Drogenkultur, die Hippies, der SDS (Students for a Democratic Society), die Black Panther etc. sehen mich NICHT als ihren Feind an oder als Repräsentanten des Establishment. Mir bedeuten die USA sehr viel, und ich liebe sie. Ich logiere zur Zeit im Washington Hotel, in den Zimmern 505–506–507. Ich werde hier so lange warten, bis meine Qualifikation als Bundesagent anerkannt wird. Ich habe mich gründlich mit dem Missbrauch von Drogen auseinandergesetzt und die Gehirnwäschetechniken der Kommunisten studiert. Da ich mich mitten im Geschehen aufhalte, bin ich bereit, mit vollem Einsatz mein Möglichstes zu tun."

Während der Unterredung mit Nixon fokussierte Elvis die Beatles wegen ihrer Anti-Kriegs- und Pro-Drogen-Botschaften und beschuldigte sie anti-amerikanischer Umtriebe. (Nebenbei bemerkt: Die Beatles waren – als Briten – natürlich „un-amerikanisch".) Paul McCartney kommentierte das später so: „Ich habe mich ein wenig verraten gefühlt. Wir *haben* Drogen genommen – und was ist mit ihm passiert? Die haben ihn auf dem Klo gefunden und er war absolut zugedröhnt!"

Einigen Biografen zufolge beabsichtigte Elvis mit dieser Aktion lediglich, ein Abzeichen der Drogenfahnder zu ergattern, das er seiner großen Sammlung von Polizeimarken hinzufügen konnte.

Presley mag gegen Drogen gewesen sein, was ihn aber nicht davon abhalten konnte, sie in kaum vorstellbaren Mengen zu konsumieren. Alles begann während seiner Dienstzeit bei der U.S. Army in Deutschland. Beim nächtlichen Wachdienst erhielten die Soldaten Aufputschmittel von ihren Vorgesetzten. Nach Beendigung seiner Armeezeit nahm Elvis auf seinen Tourneen weiterhin Speed, um die volle Leistung bringen zu können.

Harry Shapiro, Autor von *Sky High*, schrieb: „Elvis Presley hatte, was Drogen betraf, einen totalen Gierschlund und gehörte zu den heftigsten Konsumenten in der Geschichte." Nachdem er auf der Toilette einen Herzinfarkt erlitten hatte und kollabiert war, fand man in seinem Magen Dalmane, Darvon, Demerol, Dexamyl, Dexedrin, Dilaudid, Eskotrol, Ethchlorvynol, Ethinamat, Hycomine, Kodein, Mandrax, Pethidin, Ritalin, Valium und diverse Amphetamine – eine kunterbunte Mischung aus Beruhigungsmitteln, Antidepressiva, Diätpillen, Schmerz- und Aufputschmitteln. Erst einen Tag vor seinem Tod hatte sich der King eine Großpackung von 150 Percodan und Dilaudid, 262 Amytals und Methaqualone sowie 278 Dexedrin und Biphetamin-Stimulanzien besorgt.

Offensichtlich hatte Nixons Ehren-Drogenfahnder einen unersättlichen Appetit auf starke Uppers und Downers. Acid jedoch lehnte er ab. Zusammen mit Priscilla hatte er 1965 einen Trip geworfen, bei dem sie beide total ausflippten. Heroin stellte für ihn ein rotes Tuch dar. Es wurde berichtet, dass er sogar den Versuch unternommen haben soll, einen Dealer hinrichten zu lassen.

7. James Brown

Der Godfather of Soul war ein fanatischer und ernsthafter Drogengegner – zumindest in seiner Glanzzeit in den Sechzigern und Siebzigern.

Brown and his Fabulous Flames und später The JBs liefen wie ein Schweizer Uhrwerk. Kein vollgedröhnter Musiker hätte in dieser Präzisions-Funk-Maschine überleben können, die Hitklassiker auf Hitklassiker in die Charts schoss und dabei unaufhörlich tourte. Und Papa Brown duldete keine Schlampereien! Beim Soul Brother Number One mussten die Musiker Strafen bezahlen, wenn sie auch nur den kleinsten Fehler während der Live-Shows gemacht hatten.

Brown führte einen Feldzug gegen Drogen- und Alkohol-Missbrauch, besonders in den Siebzigern, als Heroin die schwarzen Communities in den Vereinigten Staaten überschwemmte. 1974 veröffentlichte er den Klassiker „King Heroin", eine realistische Anti-Heroin-Lektion, die dank der funky Beats seiner Musik perfekt beim Publikum ankam. Textauszug: „...wanna talk to you about one of our most deadly killers in the country today."

Aber dem Musiker selbst gelang es nicht, in Würde zu altern. In den späten Achtzigern und Neunzigern wurde er wiederholt wegen Drogen und Gewalttaten verhaftet, wobei ein besonders schräger Zwischenfall hervorsticht. Brown war high von PCP, bewaffnet und wollte die Toilette in seinem Bürogebäude gegen zwei Versicherungsvertreter verteidigen, die beide dringend aufs Klo mussten. Um zu zweit die Toilette betreten zu dürfen, musste bei Brown auch doppelt bezahlt werden, was die Herren offensichtlich nicht wollten (Vgl. „Heiße Razzien und dicke Geschäfte").

8. Charlie Daniels

In den Siebzigern gehörte Charlie Daniels, der gute alte und langhaarige Junge vom Land, zu den rebellischen Outlaws, die ihr Gras genießen und regelmäßig darüber singen. 1973 hatte er mit „Uneasy Rider" den ersten Top-40-Hit seiner Karriere. Er sang davon, „einen durchzuziehen und einen Sender im Radio zu suchen", und anschließend bei einer Redneck-Bar zu halten, in der er belästigt und bedroht wurde. Jemand beschimpfte ihn als „Freund dieser langhaarigen, Hippie-ähnlichen linken Schwulen".

In dem Song zeigt Charlies Protagonist den ignoranten Fanatikern seine Verachtung und entkommt ihnen um Haaresbreite, weil … na ja, weil er ein *Auto* hat! Beeindruckend, nicht wahr? Zu Beginn der Achtziger war Daniels aber zu einem waschechten Redneck mutiert, dessen politische Gesinnung am äußersten rechten Rand klebte. Erinnerungen an die alten Zeiten – Fehlanzeige! Ironischerweise hatte er noch 1979 Scooter Herring in Schutz genommen, den Roadie der Allman Brothers, dem zur Last gelegt wurde, Gregg Allman mit Koks, Heroin und Pillen versorgt zu haben (Vgl. „Heiße Razzien und dicke Geschäfte"). Charlie Daniels meinte dazu: „Der Junge sollte nicht für 75 Jahre in den Knast gehen. Er hat nichts getan, was das rechtfertigen würde." Trotz solch einer Aussage bezog Daniels in seinem Country-Hit „Simple Man" 1990 eine konträre Position und befürwortete im Text das Lynchen von Drogendealern.

Im neuen Millennium zählt Daniels zu den gern gesehenen Gästen bei *Fox News* und in verschiedenen Radiosendungen, wobei er seine Position als Befürworter des Irak-Kriegs, Drogenhasser und Feind aller Hollywood-Liberalen verdeutlicht. Auf der offiziellen Homepage der Charlie Daniels Band schrieb er: „In der Zukunft wird die Evolutionstheorie des Darwinismus genau so bewertet werden wie die Vorstellung, die Erde sei ein flache Scheibe."

9. Johnny Rotten alias John Lydon (Sex Pistols, PIL)

Johnny Rotten ist sicherlich kein Symbol für Beständigkeit, und so überrascht es auch nicht, dass einer der heftigsten Anti-Drogenprediger der Rockmusik zuvor ein unersättlicher und extremer Gierhals gewesen ist. Schon zu Beginn der britischen Punk-Rebellion 1977 vertraten die Sex Pistols offiziell die Haltung, Drogen wären nur etwas für „langweilige, alte Hippie-Fürze". Trotz solcher Statements war Rotten bekannt dafür, Berge von Speed-Pillen einzuwerfen. Manchmal nahm er auch LSD und schlug dabei gehörig über die Stränge. Der britische Musikjournalist Nick Kent beschreibt einen charismatischen Rotten nach fünf Dosen Acid, der in einem englischen Nachtclub einen kleinen Aufstand startet. In *England's Dreaming*, der Geschichte des britischen Punk von Jon Savage, klingt Rotten wie ein schmalziger Donovan auf dem Nostalgie-Trip: „Wir nahmen für gewöhnlich Acid. Es steigert den Spaß. Es hat auch beim Sex eine gute Zeit gebracht. Wenn es da ist, dann nehmen die Leute es auch. Es war sehr gut, alles sehr offen und frei." Und was kann ein Mr. Rotten zu Amphetaminsulfat sagen, das in den Siebzigern in die Londoner Club-Kultur sickerte? „Ich liebe das Zeug!"

Trotzdem hat sich Rotten für die Rubrik „Rockstars gegen Drogen" qualifiziert. In seiner gesamten Karriere hat er in aller Offenheit Rockstars vor dem Drogenmissbrauch gewarnt und davor, dass sich Drogen zum Zentrum des Lebens entwickeln. Oft spricht er vom Verlust seines „besten Freundes Sid" (Vicious), einem Heroin-Opfer. Das folgende Zitat verdeutlicht Lydons wechselhafte Einstellung sehr gut: „Drogen töten. Es ist so einfach. Sie werden nicht vernünftig konsumiert, weil es keine vernünftigen Anleitungen gibt. Informationen zu Drogen sollten jedem zugänglich sein. Regeln und Bestimmungen lassen sie glamouröser erscheinen, als sie wirklich sind – genau deshalb fühlen sich die Leute von ihnen angezogen. Die Vollidioten meinen, es wäre cool, ein Rebell zu sein." 2007 schrieb Lydon in der *Sun* einen offenen Brief an Pete Doherty von den Babyshambles, Großbritanniens aktuellem Drogenwrack: „Pete muss erkennen, dass Sids Tod eine Tragödie war. Das ist sicherlich kein erstrebenswertes Image."

10. Janet Jackson
Janet versucht alles Mögliche, um nicht bis zu ihren Nippeln im Drogensumpf zu versinken. Sie glaubt, dass Drogenkonsumenten schlaffe Titten sind. Ihre moralische Haltung zu diesem Thema wird einige Leser erregen, aber ich will es gar nicht so weit kommen lassen und hoffe, dass sie ihre Ansichten nicht so offenherzig zeigt wie ihre gepiercten Knospen bei der Super Bowl. Aber ihre steife Haltung ist klar – Janet will, dass du dich von Spaßkugeln voller Narkotika fern hältst.

Ehrengast

Vince Neil
Er ist der Sänger der mächtigen Mötley Crüe, eines anderen Sprosses des „Rockstars gegen Drogen"-Baumes – Stars, die sich bis zum Abwinken vollgedröhnt haben, dabei hochgenommen wurden und sich dann berufen fühlten (oder dazu verdonnert wurden), zum Sprachrohr der Anti-Drogen-Bewegung zu werden. Neils 30-Sekunden-Spot für Rock Against Drugs (RAD) aus den Achtzigern ist ein wahrer Klassiker des Genres geworden. In dem Streifen fährt er Motorrad und kommt auch ohne Drogen cool rüber. Der Spot ist eigentlich inhaltslos und wirkt eher wie eine Szene aus einem John-Waters-Film, in dem Neil die Rolle des blöden, normalen Typen mimt, der sich, ohne es zu ahnen, einer Tyrannei unterordnet.

Neil kam 1984 wegen eines durch Alkohol verursachten Unfalls in die Schlagzeilen, bei dem sein Beifahrer, Razzle von Hanoi Rocks, starb. 2007 brachte er Tres Rios auf den Markt – seine eigene Tequila-Marke.

Die Top 5 der Rock-Songs gegen Drogen

1. „Kicks" – Paul Revere and the Raiders (1966)
Schon beim ersten Riff weiß der Hörer, dass es sich um einen großartigen Classic-Rock-Song in der Tradition der Animals und der Rolling Stones Mitte der sechziger Jahre handelt. Mit einem eindeutigen und knappen Text des berühmten Komponisten-Duos Mann/Weil werden hier klare Worte gesprochen: „But when you wake up in the mornin' the world still gets you uptight." In der Tat!

2. „Tired Eyes" – Neil Young (1975)
„Well he shot four men in a cocaine deal and left them lying in an open field." Der Song beginnt plötzlich, wobei Neil Young einen unverblümten Text über einem morbiden, bedrohlichen und zerrissenen Country-Punk-Gitarrenriff singt. Natürlich gab es 1975 den Begriff Country-Punk als Stil-Bezeichnung noch nicht, aber aus der heutigen Sicht kann der Track von Youngs Scheibe *Tonight's The Night* so eingeordnet werden. Die Atmosphäre des Albums taucht tiefer in die Welt des durch Drogen verursachten Elends ein, als jede andere Veröffentlichung zu dem Zeitpunkt, von den Platten der unnachahmlichen Velvet Underground mal abgesehen.

Die Texte handeln von starken Drogen und einer krankhaften, ausgeflippten Psychose in der Post-Hippie-Zeit. Obwohl viele Neil Youngs Gefühle teilten, sprach es niemand so direkt aus wie der Sänger.

3. „Cod'ine" – Buffy Saint-Marie (1964)
Eine Amerikanerin indianischer Herkunft, Folk-Musikerin mit einem Hang zur Avantgarde und dann noch diese unheimliche, eindringliche, leicht zitternde, hexenhafte Stimme – welcher Name könnten unpassender gewählt worden sein, als Buffy? Buffy St. Marie ist ein zutiefst unterschätzter Edelstein der amerikanischen Folk-Szene zu Beginn der Sechziger. Dieses selbstkomponierte Stück handelt von einer unüberwindbaren Abhängigkeit und kann selbst beim lethargischsten Hipster eine Gänsehaut verursachen – aber nur, wenn es von der Dame selbst gesungen wird.

4. „Night Of The Living Baseheads" – Public Enemy (1988)
Chuck D. und seine Kumpanen klagen in dem Song nicht nur die rasante Verbreitung von Crack an, die damals die schwarze Community dezimierte, sondern auch den Kapitalismus, den Kulturkrieg, das heftige Vorgehen gegen Drogenkonsumenten und die Ignoranz, Brutalität und Dummheit des Gang-Lebens. Dank der Produzenten von Bomb Squad klingt der Sound genau so hart und bedrängend wie die durch ihn vermittelte Ideologie.

Tragischerweise blieb auch der Clown der Band, Flavor Flav, von dem Drogenwahnsinn nicht verschont. 1994 rastete er völlig aus, nachdem er Crack geraucht hatte. Flavor Flav halluzinierte, dass sein Nachbar mit seiner Frau ficken würde und entschied sich für ein „ballistisches Spielchen". Er wurde wegen versuchten Mordes festgenommen. Nun buhlen junge Frauen im Fernsehen um seine Gunst. Sind die USA nicht eine tolle „fuckin'" Nation!

5. „Snowblind Friend" – Steppenwolf (1971)
Die Gruppe benannte sich nach dem gleichnamigen, von Drogen inspirierten Roman Hermann Hesses, eines mystischen Autoren, der in den Sechzigern von allen Psychedelic-Freaks frenetisch gefeiert wurde. Die Band lädt uns zu einem „Magic Carpet Ride" ein und warnt Uncle Sam mit dem Song „Don't Step On The Grass, Sam", dass der Krieg gegen Drogen einen verlorene Sache sei. 1971 wiesen Steppenwolf mit dem häufig gespielten Radiohit „Snowblind Friend" aber auf den gefährlichen Kokain-Sturm hin, der den Schnee über das ganze Land verteilte. Obwohl das Stück von dem Country-Folk-Singer/Songwriter Hoyt Axton komponiert worden war, verlieh John Kay dem Track mit seiner tiefen Blues-Stimme eine besondere Aussage und bewies darüberhinaus seine Qualitäten als bodenständiger Jim Morrison.

Songs, die einen Ehrenplatz verdient haben:
„Sorted For E's And Whiz" – Blur
„Freddie's Dead" – Curtis Mayfield
„King Heroin" – James Brown
„White Lines (Don't Do It)" – Grandmaster Flash and the Furious Five
„The Drugs Don't Work" – The Verve

Gegen Drogen (obwohl er seine Band danach benannte)

Kevin Rowland (Dexys Midnight Runners)

Zwar benannte Rowland seine Band nach den starken Speed-Pillen Dexedrin, verbat den Musikern aber jeglichen Drogen- und Alkoholkonsum – die Jungens mussten sogar früh aus den Federn, um erst mal zu joggen!

In den frühen Achtzigern gehörten die Dexys zu den angesagtesten Acts in Großbritannien, aber in den USA wurde nur ihr Song „Come On Eileen" zu einem Hit. Oft auf MTV gesendet, schoss er 1983 auf den ersten Platz der US-Charts.

Zu Beginn der Neunziger befand sich Rowland in einem tiefen Loch, deprimiert vom kommerziellen Misserfolg seiner Gruppe. Seine eigenen Ratschläge in den Wind schlagend, begann er sich seinen Kick mit Koks zu besorgen. Kurz darauf trat er einem spirituellen Kult bei. Am Ende der Dekade trat er in einem kurzen Dress auf, der bei jedem Freudensprung eine stattliche Männerunterhose aufblitzen ließ. Für das Cover des Soloalbums *My Beauty* ließ er sich 1999 in einem dunklen Ballkleid mit Strapsen ablichten. Gerüchten zufolge verkaufte die Scheibe keine 1000 Einheiten.

Der unermüdliche Mr. Rowland ließ sich jedoch nicht entmutigen. 2003 gingen die Dexys noch einmal auf eine erfolgreiche Welttournee und ganz nebenbei entwickelte sich Rowland zu einem angesagten Club-DJ in Großbritannien. Meine Güte, woher kommt nur diese ganze Energie? Oh, *na klar*!

12

Musiker auf Kokain

Kokain ist *die* Droge von Musikern. Als sich Koks Anfang der Siebziger in der Musikkultur ausbreitete, war es sehr teuer – ein Gramm kostete 100 Dollar, was heute einem Preis von etwa 400 Dollar entspräche. Indem sie Koks schnupften, konnten Rockstars eine bestimmte Klassenzugehörigkeit demonstrieren. Sie schotteten sich damit von High-School- und -College-Kids sowie von den Hippies ab, die damals den Kern ihres Publikums ausmachten.

Der *Rolling Stone* berichtete und amüsierte sich über den hippen Drogenwahn in einem 1971 erschienenen Artikel mit der Überschrift: „Cocaine: A Flash in the Pan and a Pain in the Nose". Dan MacLean, Chemiker und Drogenforscher des L.A.-County-Krankenhauses, hatte schon längst mit dem Kokain-Missbrauch von Musikern Erfahrungen gesammelt. Er wurde in dem Artikel zitiert: Kokain „verursacht eine akute Paranoia und damit einhergehend eine Begeisterung für Messer und Pistolen sowie einen Verlust des kritischen Urteilvermögens. Dadurch kann das Zusammenschlagen eines Menschen bis zur Bewusstlosigkeit genauso vergnüglich sein wie das Lutschen eines Lollis."

Was auch immer Koks einigen Nasen angetan hat – Grateful Dead hatten sich zu diesem Zeitpunkt schon den Spitznamen „New Crusty

Nostrils" (Neue verkrustete Nasenlöcher) verdient; eine Anspielung auf die Folk-Gruppe New Christy Minstrels –, die Droge war kein vorübergehendes Phänomen. Am Ende der Dekade waren Manager der Wall Street für plötzlich auftretendes Nasenbluten so berühmt wie Rockstars. Persönliche Anmerkung: Ein befreundeter Studiomusiker, der 1981 nach Los Angeles zog, erzählte mir, dass Koks dort „die allgemeine Währung" darstelle.

Mitte der Achtziger eroberte abgepacktes, rauchbares Kokain (Freebase und Crack) die Straßen der Innenstädte. Die stärkste Darreichungsform der Droge gab es also für den Spottpreis von fünf Dollar und reichte für ein High aus. Kokain wurde quasi demokratisiert und war nicht mehr länger eine Droge der Oberschicht, obwohl sich arme Weiße nach wie vor an billiges, mit Methamphetaminen versetztes Crack ebenso klammerten, wie an ihre Knarren und Bibeln.

Kokain ist die Droge, die am stärksten das von Neurologen so bezeichnete Belohnungszentrum im Gehirn anspricht – Konsumenten können das Gefühl entwickeln, sie hätten gerade in einer Lotterie gewonnen, sie wären die Herrscher des Universums, Zuhälter der heißesten Schlampen der Welt, stark, erfolgreich und die *weltweit größten Stars*! Merkwürdigerweise wirkt die Droge nicht nur bei depressiven Menschen, die eine Aufwertung ihres Egos suchen. Sie übt auch eine extrem große Anziehungskraft auf Personen aus, die sich schon längst in dem befriedigenden Genuss eines erfüllten Egos sonnen können – Leute, die schon lange im Rampenlicht stehen. Dieses im Gehirn durch Kokain ausgelöste Gefühl macht süchtig, und so gieren auch Prominente danach. Nach einer Weile bringt es die Verehrung der Menge und der Kick durch Koks nicht mehr – aber egal, es gibt genügend Stoff, der den Rausch und eine gute Haltung garantiert.

Die schönsten Koks-Zitate

Courtney Love: „Koks wirkt wie ein wirklich böser Kaffee."

Marvin Gaye: „Mir kann keiner vormachen, dass das kein tolles Gefühl ist. Schon am frühen Morgen ein sauberes, erfrischendes High und du bist frei."

Lil Wayne: „Ich ziehe mir kein Koks mehr rein. Nicht, weil ich ein mieses High hatte, sondern wegen der Akne. Vom Koks bekommst du überall Pusteln im Gesicht, und ich bin einfach ein viel zu hübscher Junge."

Snoop Dogg: „Wenn Niggas auf Koks sind, machen sie auch den ganzen Scheiß, von dem sie rappen. Hey Mann, Kokain ist schrecklich. Ich hab das Dreckszeug verkauft. Ich weiß das."

Little Richard: „Meine Nase wurde so groß, dass ein Truck reingepasst hätte. Jedes Mal, wenn ich mir die Nase geputzt habe, waren Blut und Fleisch von der Nasenscheidewand im Taschentuch."

Wavy Gravy, „Zeremonienmeister" beim Woodstock-Festival (1971): „Des denkenden Menschen Dristan [Erkältungsmittel]." *Anfang der Siebziger dachten die Hippies, Kokain wäre okay. Die, die es sich leisten konnten, packten es in ihre „Hausapotheke", doch innerhalb von ein paar Jahren verringerte sich die Akzeptanz in der psychedelischen Szene, weil Koks zu Gewalt, Paranoia und Zwängen führt.*

Keith Richards: „Ich bin schon lange ein Amateur-Chemiker, ein Drogologe. Ich hab immer in einem alten, medizinischen Lexikon von 1903 gestöbert. Als das veröffentlicht wurde, hat man Drogen noch nicht verteufelt. Falls man unter Verstopfung litt, gab's den Ratschlag, in die Apotheke zu gehen und sich eine Tinktur Kokain zu besorgen. Bei Durchfall war's dann ein wenig Heroin. Ich habe Drogen missbraucht, aber nie, ohne genau zu wissen, was das für ein Zeug ist."

Paris (1999): „Crack ist der Genozid der Schwarzen."

Damon Albarn, Blur und Gorillaz (1996): „Im Moment wirbelt ein Kokainsturm durch Großbritannien. Ich hasse das. Jeder verhält sich so blasiert. Alle denken, sie wären so ironisch und gewitzt und latschen mit diesem dämlichen Koks-Selbstvertrauen rum."

Noel Gallagher, Oasis: „Es ist, als würde man aufstehen und sich eine Tasse Tee genehmigen."

Noel Gallagher, Oasis: „Du kannst eine tolle Platte auf Koks machen. Das war's dann aber auch."

Die Top 10 der Rockstars auf Kokain

1. Led Zeppelin

Bei fast jedem auf VH1 gesendeten *Behind The Music*-Special, das ich gesehen habe, erzählte irgendjemand diese Geschichte. Wahrscheinlich haben schon Tausende von Rockmusikern darüber gequatscht. Irgendein Typ aus einer Metal-Band gafft in die Kamera und sagt: „Ich habe mir mehr Kokain durch die Nase gezogen, als es Schnee in Grönland gibt. Ich habe (hier kann eine beliebige Zahl eingesetzt werden) Millionen Dollar dafür ausgegeben. Koks hat mich aggressiv gemacht. Meine Nase tut verdammt weh!"

Blah, blah, blah. Led Zeppelin trieben das alles schon viel früher und exzessiver – bevor all diese Typen überhaupt geboren wurden. Led Zep waren die ersten beinharten und vom Koks aufgepeitschten Rockgötter des Heavy Metal. Sie haben sich Suiten in den besten Hotels der Welt genommen und dann in ihre Einzelteile zerlegt, Groupies mit einem Fisch gefickt, Dämonen angebetet und den Manager Peter Grant auf jeden gehetzt, der sie betrogen hat (darunter auch Bill Graham, der wohl bekannteste Veranstalter der Sechziger und Siebziger). Und sie haben ihr Publikum als einer der besten Live-Acts der frühen Siebziger bis ins Mark elektrisiert.

Rock'n'Roll-Barbarei verknüpft mit okkultem Mystizismus – Led Zeppelin haben die Blaupause für Rockstars auf Koks entworfen und dann ins Unendliche überzogen. Und dann war da noch die Musik – massiver, durchsetzungsfähiger, erotischer und donnernder wagnerianischer Sturm und Drang, mit gelegentlichen Exkursionen zu der exotischen und entfernten Wiege der tonalen Ursprungswelt. Dies alles reflektierte eine durch Kokain und Okkultismus entflammte Weltanschauung – eine pure, barbarische Hochstimmung gepaart mit einem Hauch mystischer Fremdartigkeit oder Perversion (Vgl. „Aleister Crowley").

2. The Eagles

Mitte der Siebziger in den USA. Aus der Asche der Hippie-Bewegung erhob sich die neue kulturelle Sensibilität der Outlaws (oder Pseudo-Outlaws). Das damals angesagte Image war der „Dope-Desperado“ oder „Kokain-Cowboy“. Einige alte Freaks erfüllten dieses Image – und machten nebenbei tonnenweise Kohle, indem sie die Konsumenten mit Gras und Koks belieferten. Der Stoff wurde aus Peru und anderen Anbauflächen in Südamerika unter dem Radar hindurch ins Land geschmuggelt. Die Straßenverkäufer konnten sich auch auf einen guten Reibach freuen und verdealten die illegalen Substanzen, immer ein wachsames Auge auf eventuelle Drogenfahnder gerichtet. Alte Hippies trugen auf einmal Cowboy-Hüte, Fransenjacken, Jeans und Gürtel mit dicken Schnallen und plötzlich rasteten alle aus, wenn sie Country Rock hörten. (The Byrds und The Grateful Dead hatten die Hippie-Rocker schon Ende der Sechziger/Anfang der Siebziger mit Country vertraut gemacht).

Doch zurück zur Mitte der Dekade. Jedes Mal, wenn man das Radio einschaltete, täuschte ein weißer Junge aus dem Norden mit einem College-Abschluss einen Südstaaten-Akzent vor und stöhnte: „I am an outlaw“ oder „You ain't nevah gonna catch me, lawman“. Eine besonders gewiefte Band aus Los Angeles avancierte zu einem der populärsten Acts der USA, indem sie eleganten Country Pop schmiedete, der perfekt zu der entstehenden Kultur passte.

Die ehemaligen Studiomusiker, die vorher Linda Ronstadt begleitet hatten, die Freundin des Gouverneurs, posierten für das Cover ihres zweiten Albums *Desperado* als Rock'n'Roll-Variante der James Gang – nur echt mit Knarren und Waffengürtel! Randy Meisner, der Bassist, ging sogar so weit und trug einen Bandalero. Doch damit nicht genug der Melodramatik! Auf der Rückseite war die „Eagles Gang“ auf dem Boden liegend zu sehen – erschossen von Gesetzeshütern.

Ganz im Gegensatz zur Millionenerbin Patty Hearst und ihren knallharten Komplizen von der Symbionese Liberation Army, die auch nicht vor Kidnapping zurückschreckten, betätigten sich die Eagles nicht als Bankräuber und lieferten sich auch keine wilden Schießereien mit der Polizei. Aber sie verstießen täglich gegen die Drogengesetze, besonders gegen das Gesetz, das den Besitz von Kokain verbietet. (Kurze Anmerkung: Warren

Zevon, ein guter Kumpel der Eagles, machte sich über die auf dem Cover zur Schau gestellten „Revolverheld-Ambitionen" lustig und widmete ihnen den brillanten Titel „Desperados Under The Eaves"). Nigel Williamson hat mit *Take It To The Limit* eine Eagles-Biografie verfasst, auf deren Einband zu lesen ist: „Wenige Bands in der Rockgeschichte haben so viel Geld gemacht, so viele Drogen genommen und so heftige Parties gefeiert wie die Eagles. Ihre gegenseitige Abneigung steigerte sich unaufhaltsam durch Heimtücke, Paranoia und spektakuläre Mengen von Kokain."

1980, kurz nachdem sich die Band in einem heftigen und unschönen Streit getrennt hatte, wurde dem Drummer und Songwriter Don Henley die Party richtig versaut. Die Polizei verhaftete ihn wegen des Besitzes von 22 Gramm Kokain, 15 Quaaludes und ca. 150 Gramm Gras. In seiner Wohnung trafen die Beamten zudem zwei minderjährige Prostituierte an.

Aber ein alter Kokain-Cowboy lässt sich nicht unterkriegen. Die Eagles reformierten sich 1994 und entwickelten sich zu einem der bekanntesten Live-Acts, der sogar diese anderen, uralten Drogies, die Rolling Stones, übertrumpfte.

3. Ol' Dirty Bastard (Wu-Tang Clan)

Er war der designierte Clown und Madman des Wu-Tang Clans. Nun ist er von uns gegangen. Er verließ die Welt mit einer Plastiktasche voller Kokain im Bauch. Der Rapper hatte eine wilde Berg- und Talfahrt hinter sich gebracht.

Sein Crack- und Kokskonsum kam erstmals 1999 bei einer Razzia ans Tageslicht, als er mit 20 Tüten Crack (und ein wenig Gras – zum Entspannen!) geschnappt wurde. In der Untersuchungshaft bat er die Polizeibeamten, ihm einen Gefallen zu erweisen und „das Crack verschwinden zu lassen". Die Cops interessierte das aber nicht. Es war der Beginn einer Abwärtsspirale, die weitere Verhaftungen und Entzugsversuche zur Folge hatte, und er wurde sogar steckbrieflich gesucht.

Das exzentrische Verhältnis von Ol' Dirty Bastard zu Koks ist legendär. Bei der Grammy-Verleihung 1998 rannte er in Windeseile zur Bühne, verärgert darüber, dass er ein kleines Vermögen für tolle Klamotten ausgegeben hatte, nur um zu erleben, wie The Artist Formerly Known As Puff Daddy dem Wu-Tang Clan den Preis in der Kategorie

Ol' Dirty Bastard – Aufbruch oder Zusammenbruch?

des besten Rap-Albums vor der Nase wegschnappte. Um die Rechtschaffenheit dieses Verhaltens zu unterstreichen, meinte ODB zum Publikum: „Wu-Tang ist für Kinder."

Ein Jahr nach diesem Zwischenfall hatte er wieder Ärger, weil er seine Frau angegriffen und eine ehemalige Freundin belästigt hatte. In Berlin verhaftete man ihn, als er auf dem Balkon seines Hotels ein Sonnenbad nahm – nackt! Er drohte sogar mal, einen Mitarbeiter der Security des House of Blues zu ermorden.

Nach seinem Tod sagte seine Mama: „Ich kannte ihn immer als Rusty. Er war die warmherzigste und großzügigste Seele auf Erden."

4. Keith Richards

Wie wir nun alle wissen, kam Keith Richards niemals eine Droge unter, die er nicht mochte. In den Siebzigern, seiner wohl legendärsten Phase des Drogenmissbrauchs, galt Heroin als der Stoff der ersten Wahl (Vgl. „Heroin"). Während die meisten Junkies dafür bekannt sind, wegzunicken, hat Richards seinem berüchtigten Ruf alle Ehre gemacht – einmal blieb er ganze neun Tage lang wach. Wie konnte er das durchhalten? Wie konnte er es schaffen, wenn sein ganzes Gehirn mit Opiaten überschwemmt war – und so? Na klar, hin und wieder einige Dosen Acid, aber meist unglaubliche Mengen des guten, alten Kokains, das die Lebensflammen des menschlichen Riffs zum grellen Auflodern brachten.

Keith Richards ist der lebende Beweis dafür, dass Drogen nicht bei jedem die gleichen Auswirkungen haben. Mit der Ausnahme seiner wohl schwersten Heroinabhängigkeit Mitte der Siebziger, hat er ein positives Verhältnis zu Drogen jeglicher Art gehabt und sich dafür auch nie entschuldigt. Im Laufe der langen Zeit ist es Richards immer wieder gelungen, sich zusammenzureißen und ganz nebenher jede Droge, die ihm unter die Augen kam, zu konsumieren – darunter regelmäßig Mengen hochwertigen Kokains. Es scheint so, als hätte Richard sein Leben mehr genossen, als die gesamte Bevölkerung dieses Planeten zusammen. Vielleicht, wie Sam Kinison einmal scherzhaft bemerkte, weil er uns alle Drogen unter der Nase weggeschnappt hat.

Erst kürzlich hat der Rolling Stone wieder für einen waschechten Skandal gesorgt, als er meinte, die Asche seines Vaters zusammen mit Koks gesnieft zu haben. Einige Tage später, nachdem die Story überall in der Regenbogenpresse aufgetaucht war, ruderte Keith zurück und behauptete, es sei nur ein Scherz gewesen. Dann legte er sich auf eine andere Version der Geschichte fest – er habe nur eine kleine Nase von Papa genommen, ohne Koks!

2006 fiel Keith während eines Urlaubs auf den Fidschi-Inseln von einer Palme und musste sich einer Schädeloperation unterziehen. „Die haben mir ein Loch in den Kopf gebohrt", prahlte er. Der Arzt machte ihm klar, dass er sterben würde, wenn er nicht sofort mit dem Kokain aufhörte. Und nun muss sich der unbelehrbarste Drogie der Rockgeschichte mit einer Haschisch-Diät begnügen. 2008 erzählte er der *Daily Mail*: „Ich rauche die ganze Zeit Gras und kann mich noch nicht mal daran erinnern, was gestern passiert ist." Dann meinte er noch: „Ich habe verdammt gutes Hasch."

Immerhin funktioniert sein Langzeitgedächtnis noch, denn Richards machte sich erst kürzlich ans Schreiben seiner Autobiografie.

5. Rick James

Dieser Superfreak war nach Tonnen von Koks völlig durchgeknallt. Offensichtlich brachte ihn der Stoff auf den Geschmack, verdammt schräge Weiber von der Sorte zu missbrauchen, die man nicht unbedingt seiner Mutter vorstellen möchte.

1993 hielten James und seine Freundin eine Frau in ihrer Wohnung gefangen, vergingen sich sexuell an der jungen Dame, wobei sie ihr mit der Crack-Pfeife (an der die beiden ständig saugten) an den Beinen und dem Unterleib Brandwunden zufügten. Im gleichen Jahr wurde James das Foltern von Mary Sauger, einer Promoterin, zur Last gelegt. Der Musiker starb 2004. Bei der Obduktion fanden sich neun verschiedene Drogen in seinem Blut, darunter auch Kokain.

6. Ike Turner

Ike Turner hat sich den zweifelhaften Ruf des bekanntesten Frauenverprügelers der Rockgeschichte eingehandelt. Er behauptete einmal, 36.000 Dollar am Tag für Kokain ausgeben zu haben, das er in seiner Wohnung in Los Angeles in Champagnerkübel schüttete und mit seinen Gästen teilte. Was für ein großzügiger Mann! Kokser sind aber auch dafür bekannt, zu übertreiben. Turner schätzte, insgesamt elf Millionen Dollar für die Droge ausgegeben zu haben. Nach einer Koks-Razzia verbrachte er einige Zeit im Knast und starb 2007 schließlich an einer Überdosis im Alter von 76 Jahren (Vgl. „Heiße Razzien und dicke Geschäfte").

7. Steven Tyler und Joe Perry (Aerosmith)

Ihr selbst zugelegter Spitzname sagt alles: The Toxic Twins (Ihre Vorbilder, Jagger und Richards, hatten sich in der Glam-Rock-Ära als die „Glimmer Twins" bezeichnet). Immer auf Tour, hart arbeitend und hart rockend, versuchten Mick'n'Keith aus Boston, Massachusetts in den späten Siebzigern, ihren legendären Vorbildern in puncto Dekadenz nachzueifern. Sie nahmen Drogen, vor allem Kokain, konnten aber nicht mit der damit einhergehenden Gefahr umgehen. Das ganze Puder, das in den Nasen der Musiker verschwand, führte zu einer finanziellen Krise, einer zeitweiligen Trennung von Tyler und Perry und einer Stippvisite in der Reha, auf die Tyler jahrlang stolz war und mit der er immer angab. Unglücklicherweise musste der weiße Leadsänger mit dem knackigen Arsch und den dicken Lippen 2008 erneut zur Drogentherapie. Diesmal sollte der Fernseher angeschaltet werden, denn Tyler wird an der angekündigten Reality-Show *Celebrity Rehab* von VH1 teilnehmen. Möglicherweise ist die Serie zum Zeitpunkt des Erscheinens dieses Buches bereits gelaufen. Na, wie hat er sich geschlagen?

8. Stevie Nicks (Fleetwood Mac)

Es ist allgemein bekannt, dass alle Musiker von Fleetwood Mac die Siebziger zugeknallt mit Koks verbrachten – und einer kleinen Wunschliste, alles anzuschleppen, was sich sonst noch in nächster Nähe befand. Die Bandmitglieder gingen sogar soweit, ihrem Dealer auf dem Cover von *Rumours* zu danken, der Platte, mit der ihnen der Durchbruch gelang und die zu den 40 bestverkauften Alben der Musikgeschichte zählt.

Der größte mit Koks vollgedonnerte Kopf gehörte der lieblichen und eleganten Sängerin Stevie Nicks, die gerne ihre Schultern mit einem Schal bedeckte. Sie trug den Spitznamen „Welsh Witch" und kann als Stellvertreterin einer entspannten L.A.-Version des Kokain-Mystizismus angesehen werden, der eigentlich mit Led Zeppelin assoziiert wurde (Vgl. „Aleister Crowley"). Einem sehr verbreiteten Gerücht zufolge war Nicks Nase vom Koks schon so zerstört, dass ihr ein Roadie die Droge in eine schlechter zu erreichende Körperöffnung blasen musste. Stevie räumt zwar ein, dass ihre Nase für immer geschädigt sei, leugnet aber, anale Freuden mit dem bolivianischen „Marschpulver" erlebt zu haben.

9. David Bowie

Sein Kokain-Missbrauch in den Siebzigern führte zu Halluzinationen und verstärkte die Tendenz zum okkulten Aberglauben (Vgl. „Aleister Crowley"). Wahrscheinlich gehört Bowie zu den Rockstars, die den Kokainkonsum am kreativsten eingesetzt haben. In der Dekade seines Koks-Wahnsinns produzierte er eine Reihe bizarrer, eiskalter, von der Droge durchdrungener, jedoch brillanter Platten. Den künstlerischen Höhepunkt erlangte er 1976 mit dem ausdrucksstarken und überwältigenden Album *Station To Station*, bevor er sich (größtenteils) von den Drogen verabschiedete.

10. Die Hair-Bands der 80er Jahre

Die Hair-Bands der Achtziger waren eine Kombination der Macho-Simplizität (oder Dummheit) des Metal, des Make-ups des Glam und eines weiblichen Outfits. Sie hielten die Fahne der Party-Exzesse in einer Zeit hoch, als sich die bekannten Rockstars ein wenig zu tugendhaft (Live Aid) verhielten und die Post-Punks sich ernsthaft deprimiert und vage marxistisch zeigten (zum Beispiel Joy Division und Gang of Four).

Mötley Crüe (Vgl. „Heroin"), Def Leppard, Poison, Quiet Riot und weiß der Henker, wer sonst noch die Szene bevölkerte, packen wir ruhig auch noch Guns N' Roses in diese Kategorie, hatten alle ihre Koks-Highs, Dramen und Traumata drogenabhängiger Rockstars. Das ging sogar so weit, dass die Trennlinie zur unfreiwilligen Karikatur überschritten wurde.

Ehreneinträge

Bobby Brown und Whitney Houston: Vgl. „Dope-Paare"

Jefferson Airplane: In den frühen Siebzigern lagen für jedes Bandmitglied einige Gramm Kokain auf dem Schreibtisch ihres Büros in San Francisco.

Phil Spector (Produzent): Der Ladykiller der Rockmusik trat als reicher Mann, der sich ein bisschen Kokain kauft, im Film *Easy Rider* auf. In einem Interview mit dem *Rolling Stone* erzählte John Lennon 1970, dass Spector seinen Rockstar-Freunden zu Weihnachten große, mit Koks gefüllte Kaffeebecher zukommen ließ. Mit der Aufschrift: „Ein wenig Schnee zum Weihnachtsfest."

Sly Stone: Er kombinierte seine Liebe zum Koks mit der Liebe, ins PCP-Delirium abzutauchen. Wie viele andere auch, wandte sich Sly Stone möglichst weit von der als „normal" empfundenen Realität ab. In den Siebzigern war er berühmt dafür, seine Auftritte zu verpassen, und letztendlich knallte er völlig durch. Bei den Grammy Awards 2006 fiel er durch einen waschechten Irokesenschnitt auf. Eigentlich würde Sly besser in die Acid-Kategorie fallen, aber seine langen Ausflüge in den Weltraum sind wohl eher dem Kokain zuzuschreiben.

Die Top 10 der Kokain-Songs

1. „Superfly" – Curtis Mayfield (1972)
Der Song handelt von einem Koks-Dealer und stammt vom Soundtrack des gleichnamigen Films. Nicht so sehr der Text macht die Nummer zu einem Koks-Song, sondern die Musik. Das wunderschön komponierte und brillant gesungene Stück transportiert eine dichte Atmosphäre, wirkt tragisch und herrlich zugleich.

2. „Kola Kola" – The Clash (1979)
Joe Strummer und seine Kumpanen nageln in diesem kurzen, schlagkräftigen Sniefer alle Aspekte von Koks an die sprichwörtliche Wand. Der Track stammt vom Album *London Calling* und greift Kokain-Skandale an der Wall Street und im Weißen Haus auf (während der Carter-Regierung hatte es dort so einen Zwischenfall gegeben), in die auch Drogenschnüffler verwickelt waren. Strummer drückt die eisige Stimmung der Droge überzeugend aus: „Freeze, man, freeze." Natürlich waren The Clash keine Abstinenzler und suchten den gelegentlichen Kick – sie wussten also, wovon sie sprachen!

3. „Casey Jones“ – Grateful Dead (1971)

Der Track wird mit dem Klang eines kurzen Schnaubens eröffnet. Dann beginnt der Texter Robert Hunter mit seiner Vorahnung, die die neu gefundene Liebe der Band zum Pülverchen beschreibt, die länger anhielt, als man gedacht hatte. Dabei benutzt er die Metapher eines rasenden Zuges. Das Stück wurde teilweise von dem traditionellen Folk-Song „The Ballad Of Casey Jones“ inspiriert, der von einem tatsächlich stattgefundenen Bahnunglück handelt.

4. „Gold Dust Woman“ – Hole (1997)

Ich weiß, eigentlich müsste ich hier Stevie Nicks und Fleetwood Mac erwähnen, die den Song 1975 geschrieben und aufgenommen haben, aber mal ehrlich – Courtney knallt den Titel weit über die Grenzen des Studiosounds in Los Angeles hinaus, den Fleetwood Mac genutzt hatten, um ihren Wahnsinn zu kaschieren. In einem Gespräch zwischen Nicks und Love, das 1997 in *Spin* erschienen ist, sagte die Fleetwood-Mac-Sängerin: „Ich weiß wirklich, nicht wovon ‚Gold Dust Woman‘ handelt. Da lag zwar Koks rum, das ich spaßeshalber als ‚Gold Dust‘ bezeichnet habe, aber – keine Ahnung.“

Courtney sollte aber auch noch einige Punkte bekommen, allein schon für den Mut, diesen Song mit einem in die Länge gezogenen „black widowwwwww“ zu beenden – nur drei Jahre nach dem Tod ihres Partners Kurt Cobain.

5. „Life In The Fast Lane“ – The Eagles (1976)

Eine dieser lupenreinen, perfekten Pop-Rock-Süßigkeiten, die unsere reichen Kosmos-Outlaws aus Los Angeles geschrieben haben. Na, komm schon, du hast den Song millionenfach gehört und musst zugeben, dass sich er immer noch an deine Neuronen anschmiegt wie eine kleine Line Koks nach einer schweren Mahlzeit. Glenn Frey komponierte das Stück zusammen mit Don Henley und Joe Walsh. Die Idee dazu kam ihm, als er mit seinem Koksdealer den Highway hinunterdonnerte. Frey bat ihn, das Tempo zu drosseln, woraufhin der Dealer antwortete: „Was willst du denn? Wir leben auf der Überholspur.“

6. „Road To The Riches“ – Kool G Rap (2006)

Unendlich viele Songs wurden zum Thema Koks-Dealen geschrieben, aber Kool Gs sticht hervor, denn er ist gewitzt und wortreich, fast schon ein kleiner Roman. Mr. Rap wurde der Spitzname „The Kool Genius of Rap“ angehängt, und er verdient wenigstens einen Anteil der Aufmerksamkeit, die 50 Cent entgegengebracht wird. Er ist ein brillanter Geschichtenerzähler. Oh … und die Musik kommt wie Crack.

7. „Night Of The Living Baseheads“ – Public Enemy (1988)

Vgl. „Rockstars gegen Drogen“.

8. „Cocaine Decisions“ – Frank Zappa (1983)

Zappa greift mit dem Song die mit Koks aufgepeitschten Aktienhändler der Wall Street an, die überhaupt nicht daran denken, dass ihre heutigen Entscheidungen morgen Menschen betreffen, die „a million miles away“ sind. Dazu spielt er sein Markenzeichen aus, einen unverhohlenen Spott, denn er singt die Nummer mit einer extrem schmierigen Stimme, die vor Verachtung zu bersten scheint.

9. „Prangin' Out“ – The Streets with Pete Doherty (2006)

Mike Skinner ist Großbritanniens originellster, witzigster und deprimiertester Rapper. Mit dem Track hat er einen seiner typischen Klage-Raps veröffentlicht. Er beschreibt die Situation, nach einer Tournee wieder zurück zu Hause zu sein, und den Versuch, vom Koks runterzukommen, das einen während der ganzen Konzerte hochgehalten hat. Und nicht nur das, sein Laptop gibt auch noch den Geist auf – Fuck! Auf der Platte wird Skinner von dem Jüngelchen Pete Doherty begleitet.

10. „White Lines“ – Grandmaster Flash and the Furious Five (1983)

„Get higher baby!“ – „Don't do it.“ Es ist bewiesen worden, dass widersprüchliche Befehle in einer Krisensituation beim Rezipienten eine ungewollte Darmentleerung auslösen können. Ähhh … ich wollte eigentlich nur ausdrücken, dass der Song ein toller und klassischer Anti-Koks-Rap ist.

Ehreneinträge

„Station To Station" – David Bowie
Der Song und in diesem speziellen Fall auch das gesamte Album.
„Cocaine" – Eric Clapton
Ich habe dieses Stück noch nie gemocht, aber „Cocaine" ist zweifellos der bekannteste Song, der sich um Koks dreht. Er erklomm den 37. Platz der *Billboard*-Charts – und ich vermute mal, der Titel ist verdammt eindeutig.
„Smuggler's Blues" – Glenn Frey
„A Bird In The Hand" – Ice Cube
„That Smell" – Lynyrd Skynyrd
Ihr bei weitem bester Song.
„Pop Life" – Prince
„Feel Good Hit Of The Summer" – Queens Of The Stone Age
„Snowblind Friend" – Steppenwolf
Vgl. „Rockstars gegen Drogen"
„Girl, That's Your Life" – Too Short
„Bananas And Blow" – Ween

13 Aleister Crowley

Nur wenige Namen evozieren solch eine Aura intensiver spiritueller Dunkelheit wie der des englischen Okkultisten Aleister Crowley (spätes 19./frühes 20. Jahrhundert). Ebenso wie Luzifer und der Marquis de Sade ist er ein richtig übler Bursche der Weltgeschichte.

Crowley, bisexuell und mit einem Hang zum Mystizismus und Libertinismus, glaubte, dass Sex oder eine Kombination von Sex und Drogen – unter gewissen Umständen – der geeignete Weg wäre, bestimmte Kräfte zu erlangen und das Bewusstsein zu erweitern. Er entwickelte seine eigenen Theorien, die unter dem Begriff „Sex Magick“ zusammengefasst werden. Einige der Praktiken waren vom chinesischen Taoismus beeinflusst. Crowley konzentrierte sich bei einem Großteil seiner Arbeiten auf die Kabbala und den tibetischen Buddhismus. Er gehörte verschiedenen okkulten Gruppen an, unter anderem dem Hermetic Order of the Golden Dawn (zusammen mit W.B. Yeats), und er wurde Oberhaupt des Ordo Templi Orientis (OTO).

Crowley machte sich verschiedene Drogen zu Nutze. Fast während seines gesamten Lebens war er heroinabhängig. Ursprünglich war ihm die Droge als Medikament gegen sein Asthma verschrieben worden. Laudanum und Opium gehörten zu weiteren, von ihm favorisierten

Narkotika. 1922 wurde sein *Tagebuch eines Drogenabhängigen* veröffentlicht, ein fiktionaler Roman, in dem er eine Zeit beschreibt, in der er übermäßig viel Kokain, eventuell in Kombination mit Heroin konsumierte. Für die Hipster der Siebziger gehörte das Buch zur Standardlektüre und musste auf jeden Fall gelesen werden. Crowley nahm gelegentlich auch psychedelische Drogen, Meskalin und andere Extrakte von Peyote, vor allem bei einigen seiner „magischen Arbeiten". Mit diesen wollte er Engel und Dämonen anrufen und sie für sein Geheiß einsetzen, ja, er wollte mit ihrer Hilfe sogar ein neues magisches Zeitalter einleiten. 1910 suchte er die Firmenzentrale des Pharmazieunternehmens Perke-Davis in Detroit auf, um sich Peyote-Extrakt zu beschaffen, das er mit nach Großbritannien nehmen wollte. Bei seinen verschiedenen Unterweisungen reichte Crowley seinem Publikum einen Auszug des Extrakts und zelebrierte so einen Vorläufer der Acid-Tests.

Crowley war der Sohn eines Aristokraten und (zu verschiedenen Zeitpunkten) ein recht anerkannter Autor. Er versetzte das Bürgertum ganz Europas in Angst und Schrecken und sorgte für einige Skandale. Er liebte es, die Menschen zutiefst zu ängstigen, und kultivierte deshalb das Image eines Satanisten und erklärte sich sogar selbst zum „Great Beast 666". Wer jedoch bessere Einsicht in seine Praktiken hatte, interpretierte Crowley als einen äußerst rebellischen, aber authentischen Suchenden nach Erleuchtung und mystischen Kräften, der auf die zutiefst puritanische und antisexuelle Kultur seiner Zeit reagierte und sich so auch in Opposition zu dem autoritären Gott der vorherrschenden Religion stellte.

Es ist sicherlich keine große Überraschung, dass Crowley als Meister des Sex, der Drogen, des Paganismus und fremdartiger, starker Schwingungen einen Bezugspunkt für Rockstars darstellt – und das schon seit vier Dekaden.

Zwei seiner Leitsätze wurden sehr bekannt: „Tu was du willst, soll sein das ganze Gesetz" und „Jeder Mann und jede Frau ist ein Stern". Sie sind, bewusst oder unabsichtlich, in hunderte von Rock-Songs eingeflossen.

Die Top 5 der Rockstars, die Crowley verehren

1. Jimmy Page (Led Zeppelin)

Kein bekannter Rockstar hat eine so tief greifende Obsession mit dem „Great Beast“ entwickelt, wie der Zeppelin-Gitarrist Jimmy Page.

1971 eröffnete Page in London einen Buchladen für okkulte Literatur und zeigte der Öffentlichkeit sein Interesse an Crowley, indem er eine Ausgabe von *The Goetia* veröffentlichte. Das Buch erschien in einer streng limitierten Ausgabe, wobei Page weder Zeit noch Kosten scheute, um einen Schutzumschlag aus Kamelhaar produzieren zu lassen.

Mit der Zeit entwickelte sich der Musiker zu einem fanatischen Sammler von Erstausgaben und anderen Crowley-Memorabilia, aber nichts kann seine Besessenheit besser verdeutlichen, als der Kauf von Boleskine House in den frühen Siebzigern, einem Anwesen am Ufer des Loch Ness in Schottland. Crowley hatte das Haus ungefähr zur Jahrhundertwende besessen; angeblich soll er dort viele seiner „magischen Arbeiten“ praktiziert haben. Der Ausschnitt, in dem Jimmy Page in einer der ersten Sequenzen des Musikfilms *The Song Remains The Same* zu sehen ist, wurde hinter Boleskine aufgenommen. Er nannte sogar seine erste Tochter Scarlet und stellte somit eine weitere Beziehung zu Crowley her, denn der Magier war besessen von „Scarlet Woman“, auch bekannt als die „Hure von Babylon“. Wie geht es Scarlet wohl heute? Ich schätze, sie hat ihren Namen geändert und heißt nun Debbie.

In den Siebzigern lernte der Zep-Gitarrist den berüchtigten und gehässigen Crowleyianer Kenneth Anger kennen, einen Regisseur avantgardistischer Filme. Anger brachte Page dazu, die Musik für den Soundtrack des von Crowley inspirierten Films *Lucifer Rising* zu schreiben und nahm sogar einen Teil des Streifens in der Londoner Wohnung von Page auf. Anger war aber mit der Arbeit des Gitarristen unzufrieden und lehnte den kostenlosen Beitrag des Rock-Superstars ab. In den späten Siebzigern bekam Anger endlich einen Soundtrack, der ihm zusagte. Er wurde von Bobby Beausoleil aufgenommen, der auch im Film zu sehen ist. Beausoleil, einer der führenden Köpfe der Manson-Family, nahm die Musik im Gefängnis auf, wo er eine lebenslange Haftstrafe wegen Mordes verbüßen muss.

Page hat sein Interesse am Okkulten und an Aleister Crowley offen zugegeben, aber niemals einen Hinweis fallen lassen, dass er auch tatsächlich Crowleys magische Rituale praktizierte oder von irgendeiner okkulten Geheimgesellschaft initiiert wurde. Im Gegensatz dazu scheint er die Drogengewohnheiten des Magiers zu kopieren. Er begann Anfang der Siebziger mit unglaublichen Mengen Koks und wurde einigen Biografen zufolge zur Mitte der Dekade heroinabhängig. Page leugnet hingegen, jemals heroinsüchtig gewesen zu sein.

Um nur kurz darauf hinzuweisen: Alle Texte von Led Zeppelin, die Hinweise auf Feen, die nordische Mythologie und Tolkien-Referenzen beinhalten, stammen vom hippiesken Sänger Robert Plant, von dem nicht bekannt ist, ob auch er von Onkel Aleister beeinflusst wurde (Vgl. „Musiker auf Kokain").

2. David Bowie

David Bowies Interesse an Crowley zeigte sich zum ersten Mal auf einem 1969 veröffentlichten Foto, auf dem er einen Umhang trug, der dem ähnelte, den „das Biest" bei seinen Ritualen verwendete. In „Quicksand", einem Song aus dem Jahr 1971, erwähnt er sogar Crowley und den „Golden Dawn". Mitte der Siebziger steckte Bowie bis zum Hals im Schnee und ähnlich tief im Okkultismus.

Angela Bowie, Davids Frau in den Siebzigern, unterhielt sich mit Peter-R. Koenig über ihren Mann. Mitte der Dekade hatte Bowie die Angewohnheit, regelmäßig okkulte Rituale zu praktizieren, die meist eine paranoide Einstellung widerspiegelten, zum Beispiel einen Dämonen-Exorzismus seines Swimmingpools im Garten, über den verschiedene Bowie-Biografien berichten. Angie: „Er fertigte haarsträubende kabbalistische Berechnungen an, lagerte seinen Urin ein und war besessen davon, dass jemand seine abgeschnittenen Nägel oder Haare in die Hände bekam." Crowley hatte all diese Aspekte in verschiedenen Büchern erwähnt. Die magische Theorie des schädigenden Einflusses beinhaltete die Idee, dass Menschen auch über eine größere Distanz hinweg Schaden zugefügt werden kann, vorausgesetzt, dass persönliche Gegenstände oder Gegenstände von ihnen nahe stehenden Personen vorhanden sind.

Ende 1976 verließen Bowie und sein Kumpel Iggy Pop Los Angeles, um nach Berlin zu ziehen, wo sie Musik auf- und Drogen einnahmen. Beide Projekte waren äußerst erfolgreich! In einer produktiven und verhältnismäßig drogenfreien Periode nahm Bowie seinen von Brian Eno produzierten Klassiker *Heroes* auf, und Pop vollendete und produzierte sein Album *Lust For Life*. Nachdem David Los Angeles verlassen hatte, verdammte er die Stadt ebenso wie die Drogen und das Okkulte.

Trotz dieser Abkehr von dem Magier lassen sich in Bowies Texten der letzten viereinhalb Dekaden oft nur von Experten erkennbare, fremdartige Phrasen und Konzepte des Okkulten, der Kabbala, des tibetischen Buddhismus und von Crowley selbst finden. In den letzten Jahren hat sich der Musiker als Christ und postmodernen Buddhisten bezeichnet (Vgl. „Rockstars auf Acid").

3. Genesis P-Orridge

Der Einfluss von Crowley auf P-Orridge besteht schon lange, was sogar so weit reicht, dass der Musiker seine eigene okkulte Religion (oder religiöse Parodie) in die Welt setzte – Thee Temple Ov Psychick Youth. Sie basiert zum Teil auf Crowleys Praktiken, obwohl ein größerer Einfluss von Austin Osman Spares ausgeht, einem Anhänger der Magie des Wichsens (Vgl. „Rockstars auf Acid").

4. Rolling Stones

Huuu, huuuu! Die Rolling Stones bzw. Mick Jagger und Marianne Faithfull, Keith Richards und Anita Pallenberg sowie Brian Jones wurden von Kenneth Anger mit Crowley bekannt gemacht. Der Regisseur war wiederum über Robert Fraser in den Dunstkreis der Stones gelangt (Vgl. „Die Beatles und die Drogen"). Ende der Sechziger hing Anger ein Jahr lang mit der Band auf Richards Anwesen in Redlands ab.

Der homosexuelle Anger meinte, dass „die okkulte Einheit innerhalb der Stones zwischen Keith und Anita und Brian bestand", versuchte aber dennoch den androgynen Sänger (und potenziellen Schauspieler) zu verführen – einen gewissen Mick Jagger. Der sollte die Rolle des Luzifer in *Lucifer Rising* übernehmen, einem Film, an dem er zu der Zeit arbeitete.

Angers „liebevoller" Zuspruch inspirierte Jagger zur Komposition von „Sympathy For The Devil". In einem Interview mit dem *Rolling Stone*, das als Titelstory erschien, erzählte Richards stolz: „Kenneth Anger sagte mir, ich sei seine rechte Hand." Weiterhin prahlte er: „Es gibt Leute, die behaupten, wir würden als Geheimagenten von Luzifer handeln. Andere wiederum meinen, wir wären Luzifer. Jeder ist Luzifer."

Im Sommer 1969 fiel Anger jedoch bei den Stones in Ungnade. Sein großer Fehler bestand in einer heimlichen Absprache mit Anita Pallenberg, Keith Richards zu verzaubern, damit dieser sich wünschte, Anita in einer heidnischen Hochzeit zu ehelichen. Eines Morgens wachte Richards völlig benebelt von Drogen in seinem Haus auf und sah magische Symbole von Crowley auf die Innenseite der Tür gepinselt. Richards tickte aus und schrie: „Ich will mir keine schwarzmagische Hochzeit antun." Für Anger war die Zeit auf Redlands damit abgelaufen.

Er und Jagger flirteten aber weiter miteinander und sprachen darüber, ob Jagger die Hauptrolle in *Lucifer Rising* übernehmen könnte, wozu der Stones-Sänger von Marianne Faithfull ermutigt wurde, die sowohl mit ihm als auch mit Richards befreundet war. Schließlich produzierte Jagger den Soundtrack für Angers LSD-triefenden Film *Invocation of My Demon Brother*. Richards und Pallenberg hatten in dem Streifen Nebenrollen. Im Fall von *Lucifer Rising* verneinte Jagger jedoch die Zusammenarbeit. 1971 schüttelte er Anger ab, als er in neue soziale Kreise aufgenommen wurde, Kreise mit *realer* Macht – die der Reichen und Schönen der westlichen Hemisphäre.

Heute macht sich Jagger über sein ehemaliges Interesse an Crowley nur noch lustig, während Richards den Magier in vielen Belangen überrundet hat. Die Stones aber haben im Laufe ihrer langen Karriere immer wieder ihrem okkulten Ruf Tribut gezollt. Albumtitel wie *Their Satanic Majesties Request*, *Goats Head Soup* und *Voodoo Lounge* sprechen für sich.

5. Current 93

Die britische Industrial- und Experimental-Band Current 93 ist trotz aller Vorsätze und Absichten ein crowleyianisches Projekt. Ihr Leadsänger Michael Blunting, ein ehemaliger Angehöriger des Crowley-Kultes OTO, wurde von seinem Freund Genesis P-Orridge umgetauft und trägt nun den Namen Tibet. Die Gruppe hat sich in vielfältigen musikalischen Stilen ausgedrückt, vom technologischen Punk-Genre, auch bekannt als Industrial, über Ambient bis hin zu traditioneller Folk-Musik. Current 93 ist ein Konzept, zu finden in Crowleys „Thelema"-Arbeiten.

Ehrengäste

Graham Bond (Graham Bond Organization)

Der Musiker führte die Hammond-Orgel und elektronische Keyboards in die Londoner Blues-Rock-Szene der frühen Sechziger ein. Bond war der festen Überzeugung, der uneheliche Sohn von Aleister Crowley zu sein, und starb, als er 1974 in der Londoner U-Bahnstation Finsbury Park vor einen Zug fiel.

Lennon/McCartney

Oh … *die* schon wieder. Wie bekannt sein dürfte, ist Crowley auf dem Cover von *Sgt. Pepper's* zu sehen. Aber hier endet der Bezug noch nicht. Paul und Linda McCartneys Faszination für das „Biest" wurde nur noch vom ehemaligen Bandmitglied Denny Laine übertroffen, der die Zeit mit McCartneys Wings zähneknirschend in seinen Memoiren beschrieb. John Lennon und Yoko Ono äußerten sich freimütiger über Crowleys Einfluss. In seinem letzten Interview mit dem *Playboy* meinte Lennon: „Das ganze Konzept der Beatles basierte darauf, das zu machen, was man will, klar? Selbst die Verantwortung zu übernehmen, den eigenen Willen zu verwirklichen und dabei anderen Menschen keinen Schaden zuzufügen, klar? *Tu was du willst*, so lange niemand dabei zu Schaden kommt." Es ist ein trauriger Zufall (zumindest hofft man, dass es ein Zufall war), dass eine Verbindung zwischen dem Lennon-Mörder Mark David Chapman und Kenneth Anger besteht. Chapman hatte den Regisseur zwei Wochen vor dem Mord auf Hawaii besucht, wo dieser eine Aufführung der Filmreihe *Magic Lantern Cycle* ausrichtete. Chapman hatte Anger kurz zwei Kugeln in die Hand gelegt und gemeint: „Diese sind für John Lennon."

Coil

Die nicht mehr bestehenden Coil waren eine britische Industrial-Band, deren Mitglieder als Crowleyianer bezeichnet werden können. Neben der Tatsache, dass sie eine großartige Band gewesen sind, kann ihnen die Ehre (oder die Schuld) zugeschrieben werden, Trent Reznor und die Nine Inch Nails inspiriert zu haben. In den frühen Achtzigern gehörte Peter Christopherson, der wichtigste Coil-Musiker, zu Genesis P-Orridges Psychic TV. Sie bewerteten ihr Debüt als „rituelle Musik zur Akkumulation männlicher Sexualenergie".

Marilyn Manson

Regelmäßig findet er nette Worte über „The Beast". Zudem gibt es offensichtliche Referenzen zu crowleyianischen Konzepten auf seinen Platten, zum Beispiel die eindeutige Aussage: „We've gotta ride to the Abbey of Thelema." Die Abbey of Thelema war ein Haus, in dem Crowley Anhänger initiierte.

Ozzy und Sharon Osbourne

Sie sind nicht nur die *Munsters* der Millennium-Kids, die den Horror wie in der gleichnamigen TV-Serie verulken, sondern auch Crowley-Fans. 1980 nahm Ozzy einen Song mit dem Titel „Mr. Crowley" auf, in dem er die Frage nach seinen Taten stellte („to know what you did"). Tatsächlich stellt die Nummer eine kritische Auseinandersetzung mit Crowleys „sad life" dar. Sharon ist bekannt dafür, Crowley-Memorabilia zu sammeln.

Ministry

Al Jourgenson, der Frontmann von Ministry, hatte auf verschiedenen Platten crowleyianische Konzepte in seine Texte eingewebt. Ein Song trägt sogar den Titel „Golden Dawn".

Rob Zombie

Rob Zombie, Horror-Rocker des Heavy Metal, nutzte eine Tonaufnahme von Crowley in seinem Horrorfilm *House of 1000 Corpses*.

Daryl Hall

In jeder Herde steht ein schwarzes Schaf (in diesem Fall ein weißes). Daryl Hall von der schleimigen und biederen Seventies-Pop-Tanzband Hall and Oates ist ein selbst ernannter Crowley-Fanatiker. Er besitzt eine signierte Originalausgabe von Crowleys *The Book of Thoth*.

Ein Hauch von Crowley

Die nachfolgend aufgeführten Künstler haben Crowley erwähnt, ein Bild von ihm benutzt oder seine Arbeiten und Konzepte mindestens einmal in ihr Werk einfließen lassen:

Sting
Tool
Iron Maiden
Manic Street Preachers
John Frusciante (Red Hot Chili Peppers)
Philip Anselmo (Pantera)
Can
Alphaville
The Only Ones
The Klaxons
Fields of the Nephilim
Celtic Frost

14 Heiße Razzien und dicke Geschäfte

Wir haben dich erwischt!

Heutzutage sagt man das einfach, wenn man jemanden bei einer Notlüge ertappt hat. Es gab aber auch Zeiten, da gerieten Musiker schnell in Panik, denn meist wurde der Satz nach einer Razzia geäußert, insbesondere nach einer Hausdurchsuchung wegen Drogen, und das hatte ernsthafte Konsequenzen zur Folge – meist eine Gerichtsverhandlung mit anschließender Verurteilung. In den Sechzigern und Siebzigern stellte eine Drogenrazzia eine Art Initiationsritual für Rockmusiker dar, vergleichbar mit dem Ritual des Liegens in einem verdunkelten Sarg bei der berühmt-berüchtigten Studentenverbindung Skull and Bones. Viele Rockstars konnten dank eines Besuchs der Gesetzeshüter ihr Image retten und darüber hinaus der Gegenkultur ihre Glaubwürdigkeit belegen, wenn sie vor blitzenden Kameras in Handschellen abgeführt wurden.

Mit Drogen geschnappt zu werden, stellt nicht mehr den zweiten Akt des Dreiakters im Leben eines Rockstars dar, aber einige engagierte Seelen – meistens Rapper und Briten – spielen das Spiel immer noch nach den alten Regeln und lassen sich *erwischen*.

Die Top 5 der Razzien

1. Der „Redlands Bust“ – West Wittering/Chichester, 1967

In gewissen Kreisen erregt die Drogenrazzia auf Keith Richards’ Anwesen Redlands eine größere historische Faszination als der D-Day, die Ermordung von Präsident Kennedy oder die Gründung der Europäischen Union.

An einem Wochenende im Winter zu Beginn des Jahres 1967 gab der Stones-Gitarrist eine Acid-Party. Unter den Gästen waren Mick Jagger und seine Freundin Marianne Faithfull, George Harrison und seine Freundin Pattie Boyd, Robert Fraser (Vgl. „Rockstars auf Acid“, „Die Beatles und die Drogen“), der Fotograf Michael Cooper und ein gewisser David Schneiderman, der den Stoff aus einer Aktentasche heraus verteilte, die mit Acid und anderen illegalen Substanzen gefüllt war.

Es war ein wunderschöner Abend. Alle hatten ordentliche Dosen LSD eingeworfen, überall erklang Lachen und die Stimmung hätte nicht besser sein können. Nach einer Weile entschieden sich George und Pattie, nach Hause zu gehen. Das mag vielleicht das Zeichen für die britische Polizei gewesen sein, das Anwesen zu stürmen. (Sie trauten sich damals noch nicht, einem Beatle zu nahe zu kommen). Kurz nachdem Harrison verschwunden war, tauchten 19 Polizeibeamte auf, klopften an der Tür und gaben bekannt, dass sie einen Durchsuchungsbefehl für das Haus und das Grundstück hatten. Richards blickte zu Jagger und meinte: „Wir werden gefilzt.“

Um die Situation angemessen zu gestalten, stellte Richards ein Stroboskop an. Faithfull, nur mit einem flauschigen Pelz bekleidet, ließ diesen wie zufällig fallen, damit die Beamten sich ein eindeutiges Bild von dem „Tatort“ machen konnten, woraufhin Richards Bob Dylans „Rainy Day Women #12 & 35“ auf den Plattenteller legte.

Die abgelenkten und verwirrten Beamten fanden schließlich ein wenig Cannabis-Asche. Bei Mick Jagger stellten sie vier illegale Speed-Kapseln sicher. Robert Fraser konnte mit zwölf Jacks aufwarten, kleinen Dosen Heroin. Schneidermann hingegen durfte unbehelligt seiner Wege ziehen, denn er hatte die Polizei überzeugt, ein bedeutender Pressefotograf aus New York zu sein, dessen Fotos zerstört würden, wenn er die Aktentasche öffnete.

Jagger und Fraser wurde der Drogenbesitz zur Last gelegt, Richards musste sich aber einem Gerichtsverfahren unterziehen, da er den Cannabiskonsum auf seinem Grundstück gestattet hatte.

Alle wurden verurteilt! Jagger erhielt drei Monate und Fraser sechs. Als sich der Ankläger beim Prozess lauthals über Marianne Faithfulls Nacktheit beschwerte, gab Richards die berühmt gewordene Antwort: „Wir sind keine alten Männer und lassen uns nicht von überholten Moralvorstellungen nerven." (Vgl. „Die besten Zitate aller Zeiten"). Als Dankeschön erhielt er ein Jahr Knast und eine geringe Geldstrafe. Ein lange zirkulierendes Gerücht hat sich aber als definitiv falsch erwiesen. Angeblich soll Faithfull mit einem Mars-Schokoriegel penetriert worden sein, der bei der Razzia noch in ihrer Vagina steckte. Keith Richards stellte dies 1988 richtig: „Uns waren an dem Abend gerade die Marsriegel ausgegangen."

Jagger trug am Tag der Gerichtsverhandlung ein androgynes Hippie-Outfit und zeigte vor laufenden Fernsehkameras gut gelaunt seine in Handschellen gelegten Hände – dieses Bild sollte zu einem Symbol der Flower-Power-Ära werden.

Nach einigen Tagen im Knast, wo Richards von seinen begeisterten Haftgenossen mit Unmengen der besten Drogen versorgt wurde, setzte man den Gentleman auf freien Fuß. Die Londoner *Times* publizierte einen langen Leitartikel mit der Überschrift „Who Breaks a Butterfly on a Wheel", worin sich der Autor mit aller Entschiedenheit gegen die schlechte Behandlung der Rockstars seitens der Behörden aussprach. Bei der Revisionsverhandlung ließ man die Strafe gegen Richards fallen und Jagger erhielt eine bedingte Strafaussetzung.

Seitdem mussten sich Richards und andere Musiker sicherlich mit größeren Razzien und folgenschwereren Strafen auseinandersetzen. Der Redlands-Razzia aber wird so ein großer Stellenwert zugeschrieben, weil sie den kulturellen Krieg zwischen dem neuen Hedonismus und dem Establishment in den Sixties exemplifizierte.

2004 gab man bekannt, dass diese Episode mit Nigel Havers in der Hauptrolle verfilmt werden sollte. Wir warten immer noch!

Keith Richards zu den Razzien von Rock-Superstars im Großbritannien der sechziger Jahre: „Sie zeigten uns ihre Schwäche. Ein Land, das seit 1000 Jahren bestand, machte sich Sorgen um zwei Stoffel, die mit

Gitarren rumrannten und einen Sänger. Sie sahen plötzlich ziemlich schlecht aus – besonders, als sie John Lennon drankriegten. Nachdem man ihm den MBE verliehen hatte, versuchten sie ihn hochzunehmen! Da merkst du plötzlich, wie zerbrechlich unsere kleine Gesellschaft ist. Die Regierung zeigte ganz klar ihre Blöße. Die ließen uns einfach unter ihre Röcke sehen – ooh, schon wieder eine Pussy. Für mich gab es keine andere Chance. Ich hätte mich nicht anpissen lassen."

2. Die Toronto-Razzia – Kanada, 1977

Welch einen Unterschied ein Jahrzehnt ausmacht! Ein deutlich gealterter, dekadenterer, lakonischer und fertiger Keith Richards kommt im Februar 1977 zusammen mit seiner coolen Frau Anita Pallenberg und dem Sohn Marlon am Flughafen Toronto an. Sie haben – gut verteilt – zehn Gramm Haschisch, ein bisschen Heroin und Koks sowie eine Nadel und einen Löffel dabei. Beim Zoll wird Pallenberg, die das Haschisch bei sich trägt, festgenommen, aber augenblicklich wieder freigelassen. Die harten Drogen bleiben unentdeckt.

Später am Nachmittag präsentieren die kanadischen Mounties einen Durchsuchungsbefehl für das Hotelzimmer des Paares und finden das Heroin und weiteres Haschisch. Sofort schleppt man Richards in den Knast, den er aber wieder unverzüglich auf Kaution verlassen kann. Zurück im Hotel leidet er unter einem heftigen Heroinentzug und wälzt sich kotzend auf dem Boden hin und her. Glücklicherweise finden Bill Wyman und Ronnie Wood genügend Stoff, damit sich Richards gerade so eben über Wasser halten kann.

Die Medienmaschinerie in Toronto läuft auf Hochtouren, und wer taucht plötzlich im Lager der Stones auf? Ausgerechnet Margaret Trudeau, die skandalumwitterte, junge Hippie-Frau des liberalen Premierministers Pierre Trudeau. Das komplette Szenario explodiert – und eine nationale Krise lodert auf. Der kanadische Dollar fällt im Wert, an den Finanzmärkten bricht eine Panik aus und im kanadischen Parlament wird der Rucktritt des Premierministers wegen seiner „schlechten" Partnerwahl gefordert. Und bei den Stones? Sogar Mick Jagger muss eine empfindliche Schlappe hinnehmen, denn das Plattenlabel RSO zieht einen Vertrag über sieben Millionen Dollar zurück, den er sorgfältig unter Dach und Fach gebracht hatte.

Aber wie sagt man so schön – the show must go on! Nachdem die Stones den Song „Starfucker“ in einem kleinen Club in Toronto gespielt haben, blickt Jagger anzüglich ins Publikum, wo sich auch Kanadas erstes Mädchen befindet, und meint: „Alles klar, Margaret?“

Richards musste sich mit der Gefahr einer lebenslangen Haftstrafe auseinandersetzen. Stones-Fans auf der ganzen Welt hielten in der Zeit vor der Verhandlung den Atem an. Aber der Stones-Gitarrist war – wie eigentlich immer – vom Glück gesegnet! Nachdem er in aller Öffentlichkeit seine Ablehnung von Heroin und einen Entzug verkündet hatte (das geschah natürlich nicht nur einmal, *war* aber ein Geheimnis, das man nicht so schnell publik machte), wurde Richards dem milde gestimmten Richter Graburn vorgeführt. Graburn verdeutlichte seine Ansicht, dass Heroinabhängige nicht eingesperrt werden sollten, es sei denn, sie hätten Straftaten begangen, bei denen andere Menschen zu Schaden gekommen waren. Er war stolz auf Keiths Einstellung, sich vom Heroin radikal abzuwenden. Zur Strafe musste Richards ein Benefiz-Konzert für das Canadian Institute for the Blind geben.

Zum Abschluss der Gerichtsverhandlung meinte Graburn: „Vielleicht haben die Rolling Stones in ihren Songs zum Drogenkonsum ermutigt. Dennoch sind bei ihm Bemühungen zu erkennen, sich von der Drogenkultur abzuwenden, und ich kann jene nur unterstützen, die ihm nacheifern.“ Prozessbeobachter meinten, in Richards Gesicht ein leichtes Zucken wahrgenommen zu haben, das einige Reporter als unterdrücktes Lachen interpretierten.

Nicht lange nach dieser Feuerprobe erzählte Richards die Story mit der ihm eigenen, amüsierten antiautoritären Haltung in einer neuen Fassung. Er beschrieb die kanadischen Mounties, die ihn festgenommen hatten, als „all diese alten Trapper mit den herunterhängenden Schnurrbärten und kahlen Köpfen“. Er meinte dann noch, dass er zuerst gedacht hatte, sie wären Typen von der Plattenfirma. Die gesamte Geschichte wurde darüber hinaus neu geschrieben: „Wir kamen gerade in Kanada an, mit einem dicken und komfortablen Bentley, und dieser verdammte, riesengroße Mountie streckte seine Griffel aus und berührte Anitas Schulter, als würde er nach einem Fussel suchen. Dann nahm er etwas zwischen Daumen und Zeigefinger, und – zack! – steckte er es sich in den Mund! ‚Schnee‘, frohlockte er, ‚peruanischer Schnee, wenn ich richtig liege. Wahrscheinlich gibt's hier noch mehr davon. Funk das Hauptquartier an. Wir ziehen uns das hier mal rein!'"

3. Paul McCartney – Tokio, 1980

Wohlstand und Ruhm können schnell zum Gefühl verleiten, dass Gesetze und Regeln nur für die anderen gelten. Da Paul und Linda McCartney in den Siebzigern aber schon öfter wegen Gras verhaftet wurden, würde man nicht von ihnen erwarten, dass sie ein halbes Pfund Marihuana gleich oben im Koffer befördern. Es gehört zu den süßen Ironien des Lebens, dass der niedliche Beatle, der skurrile Typ, der britische Varieté-Songs wie „When I'm Sixty-Four" ins Repertoire einbrachte, tatsächlich mehr Zeit im Knast verbracht hat als Keith Richards – zehn Tage in einem japanischen Gefängnis (Vgl. „Die Beatles und die Drogen").

4. Whitney Houston – Hawaii, 2000

Wer weiß es schon? Als das Sicherheitspersonal des Flughafens Gras in Whitneys Gepäck fand, ließ sie die Tasche einfach stehen und ging zum Flugzeug. Sie erhielt nur eine geringe Geldstrafe, aber es war der erste Hinweis, dass Ms. Houston manchmal gerne high ist. Schon bald sollten wir mehr über den Lebensstil von ihr und ihrem Ehemann Bobby Brown erfahren, als uns lieb war (Vgl. „Dope-Paare").

5. John Phillips (The Mamas and the Papas) – Los Angeles, 1980

Im Los Angeles der Siebziger hatte sich Phillips sogar bei den Freaks einen zweifelhaften Ruhm erworben. Er hielt sich in einer dekadenten Szene auf und umgab seine Person mit einer Vampir-ähnlichen Aura. Aber der Mann, der mit seinem Auftritt beim Monterey Pop Festival 1967 den Rock-Mainstream mit Flower Power bereichert hatte, sollte in Ungnade fallen – und zwar 1980. Der ehemalige „Papa" John Phillips wurde bei einer Verkehrskontrolle erwischt. In seinem Wagen befanden sich „tausende Blister verschreibungspflichtiger Medikamente".

Phillips entwickelte sich zum Kreuzritter einer Anti-Drogen-Kampagne und bekam nur 30 Tage Knast aufgebrummt statt der angedrohten acht Jahre, da er zugesichert hatte, 250 Stunden über die Suchtgefahr von Drogen zu reden. Seine Tochter, MacKenzie Phillips, musste sich ebenfalls mit einem heftigen Drogenproblem herumschlagen und unterstützte ihren Vater bei dem Feldzug.

Ehrengäste

Brian Jones, 1967

Der zerbrechliche Stone erlebte seine erste und schlimmste Drogenrazzia am selben Tag, an dem Keith Richards vor Gericht erscheinen musste, um Rede und Antwort im Redlands-Prozess zu stehen. Jones wurde der Besitz von Kokain, Meth und Haschisch zur Last gelegt. Er starb noch vor der Verhandlung unter mysteriösen Umständen in seinem Swimmingpool, möglicherweise durch eine Überdosis Downers. Gerüchten zufolge soll er ertränkt worden sein.

Brian Wilson, 1988

1988 schleppten ihn seine Beach-Boys-Kumpels zu einer Wahlveranstaltung der Republikaner. Wilson wurde rausgeschmissen und beinahe festgenommen, weil er eine beträchtliche Menge Schlaftabletten bei sich hatte, für die er kein Rezept besaß. Meiner Meinung nach wäre das ein klassischer Fall für den „Rave Act" gewesen.

Darrin Dean, 2007

Ein weiteres Schwergewicht in unserem kleinen Wettbewerb. Der Geschäftsführer des Rap-Labels Ruff Ryder Records wurde mit 1,5 Kilogramm Koks in New Jersey geschnappt.

David Crosby, 1982

Aus Protest zünde ich jetzt Atombomben in meinem Gehirn! Auf dem Weg zu einer Anti-Atomwaffen-Demonstration im März 1982 fuhr David Crosby seinen Wagen zu Schrott. Die Polizei fand Kokain und eine Waffe. Drei Wochen später wurde er in der Garderobe eines texanischen Clubs beim Koks-Rauchen ertappt. Die Beamten stellten eine weitere Waffe sicher.

David Crosby, 2006

Nach all den Jahren bekam er erneut Besuch von den Drogenfahndern.

Diesmal hatte er 30 Gramm Gras bei sich und eine Waffe. Was hast du nur mit all den Waffen am Hut, David? (Vgl. „Ab in die Reha“).

Donovan, 1966

Der locker-lässige Flower-Power-Folkrocker Donovan war der erste britische Popstar, der in den Sechzigern wegen des Besitzes von Marihuana festgenommen wurde. Wahrscheinlich kamen ihm die Beamten auf die Schliche, weil die BBC in dem Jahr ein Donovan-Special ausgestrahlt hatte, bei dem er und seine Kumpel kifften. Hail Atlantis!

Grateful Dead, 1967

Vgl. „Ich protestiere! Rockstars gegen Drogengesetze“.

Grateful Dead, 1970

Die zweite Razzia bei der Dead-Familie fand während einer Tournee in New Orleans statt. Die Nacht hatte einen deprimierenden Verlauf genommen, da jeder glaubte, von der Vorgruppe, einer aufstrebenden Band aus Los Angeles namens Fleetwood Mac, übertrumpft worden zu sein. In einer typisch überzogenen Art und Weise stürmte eine sprichwörtliche Armee der lokalen Drogenfahnder die Hotelzimmer der Dead – bewaffnet mit Durchsuchungsbefehlen. Ihnen ging ein wenig Gras und Haschisch in die Netze. Drummer Mickey Hart, der berühmte LSD-Chemiker und Tontechniker der Grateful Dead, Augustus Owsley Stanley (Vgl. „Rockstars auf Acid“), und der Roadie der Band, Ram Rod, mussten in den Knast. Jerry Garcia hingegen hatte Glück. Wie schon bei der ersten Razzia kam er erst dazu, als die Durchsuchung im vollen Gange war, und konnte sich klammheimlich davon schleichen und so einer Verhaftung entgehen. In einem ihrer bekanntesten Stücke, „Truckin'“, wird die Razzia erwähnt.

Jerry Garcia, 1983

Was war nur aus dem großartigen, psychedelischen Philosophen der Rockmusik in all den Jahren geworden? Er kam vor die Hunde, denn die Polizei verhaftete ihn im Golden Gate Park von San Francisco, wo Garcia in seinem BMW (!) Crack rauchte.

Jimi Hendrix, 1969

Bei einer Razzia am Flughafen von Toronto (hätte eigentlich für Richards eine Warnung sein sollen) schnappten ihn die Beamten mit Haschisch und Heroin. Hendrix konnte keine Schuld nachgewiesen werden, nachdem er behauptet hatte, nicht zu wissen, wie die Drogen in sein Gepäck gekommen seien.

Lemmy Kilmister, 1975

Als Lemmy von Motörhead noch mit der psychedelischen Rockband Hawkwind spielte, wurde er in Kanada wegen des Besitzes von Methamphetamin festgenommen. Die Acidheads warfen ihn aus der Gruppe.

Irv und Chris Lorenzo, 2005

Die beiden Rap-Impresarios Irv und Chris Lorenzo haben die Karrieren von Ashanti und Jah Rule unter dem Labelnamen Murder Incorporated gemanagt. Sie selbst legten sich den Spitznamen „The Gotti Brothers" zu, eine Anspielung auf die Mafia. Erst kürzlich wurden die beiden angeklagt, ihr Plattenlabel zur Geldwäsche für einen gewichtigen Drogendealer benutzt zu haben.

Perry Farrell, 1991

Die Polizei nahm Farrell 1991 in einem Hotel in Santa Monica fest. Die Polizei fand Kokain, Injektionsnadeln und Crack-Pfeifen. Laut eigener Aussage wollte er es sich so richtig geben, um einen Grund für einen Urlaub zu haben – in einem Krankenhaus. Und du dachtest, die Festival-Tournee „Lollapalooza" wäre das reine Vergnügen!

Rell, 2007

Mit einem „Übergewicht" von 50 Pfund avancierte der R & B-Sänger Rell zum König der Razzien. Er wurde in Südkalifornien mit 50 Pfund Gras gepackt.

Rick James, 1993

Er folterte eine Frau mit einer heißen Crack-Pfeife und wurde deswegen verhaftet. In diesem Fall sprach man ihn zwar frei, aber er musste trotzdem in den Knast, weil er eine weitere Lady gefoltert hatte (Vgl. „Musiker auf Kokain").

Trey Anastasio, 2006
Phish zählen zu den Favoriten von Fans der Neo-Deadhead/Jam-Band-Szene. Sie haben immer bekräftigt, dass die Dead sie sehr beeinflusst haben, aber auch nicht *soooo* sehr. Scheinbar hat der Ex-Phish-er Trey Anastasio jedoch versucht, in Jerry Garcias Fußstapfen zu treten. Als er an einer Ampel in Whitehall, New York angehalten wurde, fand man bei ihm Heroin, Vicodan und Percocet.

Wie oft haben sie es getrieben? Drogen-Razzien in Zahlen (Zulassungsbeschränkung: 3 oder mehr!)

Pete Doherty 7 (sogar zwei Razzien an ein und demselben Tag)
Keith Richards 6
David Crosby 5
Snoop Dogg 5
Paul McCartney 4
Linda McCartney 4
Amy Winehouse 3
Boy George 3
James Brown 3
Jerry Lee Lewis 3
Ray Charles 3
Scott Weiland 3
Courtney Love 3
George Michael 3

Der, der es verdealte

Doc McGee
1988 wurde der Manager von Bon Jovi, Kiss, Mötley Crüe und den Scorpions bei dem Versuch erwischt, 40.000 Pfund Gras aus Kolumbien in die USA einzuschmuggeln.

Happy Mondays

Die Stars der Manchester-Szene der späten Achtziger verkauften Pot und Heroin aus ihrer gemeinsamen Wohnung heraus. Während sie Heroin als die schlimmste Droge überhaupt verdammten, dealten sie mit dem besten Zeug, das man finden konnte, wie Shaun Ryder behauptet.

Ice-T

Als Mitglied der Crips verdealte er Crack.

Iggy Pop und Wayne Kramer (MC5)

Iggy und Wayne führten zusammen ein Kleinunternehmen in Detroit und verkauften Heroin an College-Kids. Wayne wurde bei einem Koks-Deal hochgenommen.

Ike Turner

Kokain-Dealer.

John ‚Scooter' Herring

Der Roadmanager der Allman Brothers war zugleich der Lieferant von Gregg Allman (Vgl.„Hinter Schloss und Riegel" und „Bekannte Drogen-Verpfeifer").

John Phillips

Handelte meist mit verschreibungspflichtigen Medikamenten in Los Angeles, um damit seine eigene Sucht zu finanzieren.

Jon Bon Jovi

Der durch und durch amerikanische Rockstar verkaufte in seinen High-School-Tagen Gras.

Larry Williams

Star in den Fünfzigern, der mit Heroin dealte (Vgl. „Die fünfziger Jahre").

Liam Kelly

Der Roadie von Thin Lizzy war auch ein Koks-Dealer.

Was haben diese Augen schon alles gesehen?

LaMonte Young
Avantgarde-Komponist und Freund von Velvet Underground. Seine Arbeiten beeinflussten auch Philip Glass. Mitte der Sechziger verkaufte er Acid, Gras und Opium an die Gefolgschaft von Andy Warhol und Bob Dylan.

Smash Mouth
Sänger Steve Harwell und Drummer Kevin Coleman erzählten in *High Times*, dass sie Pflanzen von Marihuanazüchtern gestohlen, sie getrocknet und anschließend das Gras samt Topf (!) verkauft haben.

Snoop Dogg
Der frühere Calvin Broadus dealte als junger Gangsta mit Koks.

Too Short
Der Rapper aus Oakland handelte mit Gras und soll angeblich zusammen mit einem Koks-Dealer ein Aufnahmestudio eröffnet haben.

Hinter Schloss und Riegel

Die folgenden Künstler verbrachten mindestens 30 Tage bei freier Kost und Logis

James Brown: 3 Jahre
Wegen tätlichen Angriffs, Drogenbesitzes und der Flucht vor dem Gesetz.

Auf Grund einer Anfrage, die auf dem Freedom of Information Act basierte, veröffentlichte das FBI 2007 die Akte des Musikers. Daraus ging hervor, dass Browns Verhalten während des Zwischenfalls – er war im Besitz von PCP und hatte die Polizei in eine wilde Verfolgungsjagd durch zwei Bundesstaaten verwickelt – möglicherweise übertrieben dargestellt wurde. Es besteht zudem der Verdacht, dass Brown von den Beamten unnötig hart behandelt wurde und sein Verhalten zumindest teilweise darauf zurückzuführen war.

John ‚Scooter' Herring: 30 Monate
Er erhielt seine Haftstrafe, weil er den Sänger und Keyboarder Gregg Allman mit Drogen – darunter Heroin und Kokain – versorgt hatte.

Wayne Kramer (MC5): 2 Jahre
Wegen des Verkaufs von Kokain. Der Richter erklärte: „Ich würde Ihnen mehr Respekt entgegenbringen, wenn sie sich eine Waffe genommen und einen Mann erschossen hätten."

Liam Kelly: 2 Jahre
Zwei Jahre hinter schwedischen Gardinen, weil er den Bassisten und Leadsänger von Thin Lizzy, Phil Lynott, mit Kokain versorgt hat. Kelly behauptete, dass das Kokain Lynott beim Entzug von Heroin helfen sollte, was jedoch nicht sonderlich funktioniert, da Koks stark anregend wirkt und Heroin wohl das effektivste Relaxans ist.

David Crosby: 18 Monate
Er verließ ein Rehabilitationsprogramm, an dem er wegen des Besitzes von Kokain und illegalen Waffenbesitzes teilnehmen musste.

Ike Turner: 18 Monate
Wegen des Besitzes und Verkaufs von Kokain.

KRS-One (Kris Parker): 7 Monate
Wegen des Besitzes von zehn Mülltüten voller Gras. Die Straftat beging er als Jugendlicher, lange bevor er sich zur „Vernunft" bekannte.

Snoop Dogg (Calvin Broadus): 6 Monate
Wegen des Verkaufs von Kokain, lange bevor er zum Rap-Star aufstieg.

Hugh Cornwall (The Stranglers): 6 Wochen
Wegen des Besitzes von ca. 15 Gramm Haschisch, 1,5 Gramm Kokain und einer geringen Menge von Heroin und Marihuana.

Die Razzien bei den Rolling Stones

1967: Richards und Jagger bei der legendären Redlands-Razzia. **Marianne Faithfull** gehörte auch noch zu den Personen, die durchsucht wurden. Cannabis-Reste und Speed-Pillen (Vgl. „Die Top 5 der Razzien").

1967: Brian Jones. Speed, Kokain und Haschisch (Vgl. „Die Top 5 der Razzien: Ehrengäste").

1968: Brian Jones. Cannabis.

1969: Mick Jagger und Marianne Faithfull. Haschisch.

1972 (Frankreich): Keith Richards. Kokain, Haschisch und Heroin.

1972 (Jamaika): Anita Pallenberg, Richards vor dem Gesetz anerkannte Lebensgefährtin. Marihuana.

1973: Keith Richards. Cannabis, Heroin, Mandrax und nicht zugelassene Waffen.

1975 (USA): Keith Richards und Ronnie Wood. Kokain. Die beiden wurden mit Koks in Dallas, Texas erwischt, jedoch ließ man die Anklage unverzüglich fallen.

1975: Chrissie Wood (Ronnie Woods Frau). Kokain.

1976: Keith Richards. Kokain und LSD.

1977 (Kanada): Keith Richards und Anita Pallenberg. Heroin und Haschisch – die legendäre Toronto-Razzia.

1980 (St. Maarten): Ron Wood. Koks.

1987 (Barbados): Jerry Hall, Mick Jaggers Freundin und spätere Ex-Frau. Marihuana. Ein Koffer mit zwanzig Pfund Pot: Sie behauptete, er würde ihr nicht gehören, was schließlich zur Einstellung des Verfahrens führte.

Bekannte „Drogen-Verpfeifer“

1. Gregg Allman (The Allman Brothers Band)

Du wirst den „Midnight Rider“ nie fassen, aber falls es doch gelingen sollte, wird sein persönlicher Assistent die Zeit im Knast für ihn abbrummen.

Im Rock'n'Roll gibt es eine lange Tradition. Regelmäßig werden Roadies für die ehrenvolle Aufgabe ausgesucht, die notwendigen Drogen für die Stars zu beschaffen. Im Fall des Keyboarders und Sängers der Allman Brothers Band, Gregg Allman, war sein „Freitag“ John ‚Scooter‘ Herring. Er versorgte den Musiker mit Heroin, Kokain, Gras, exotischen psychedelischen Drogen und verschreibungspflichtigen Medikamenten. Als Allmans Name bei einer staatlichen Untersuchung von Apothekern, die mit Medikamenten dealten, in Macon, Georgia auftauchte, akzeptierte er einen Deal – ihm wurde Straffreiheit zugesichert, wenn er sich dazu bereit erklärte, seinen Lieferanten ans Messer zu liefern. Gregg Allman sagte aus, dass sein Assistent ihm mindestens fünfzehn Mal illegale Drogen beschafft habe. Herring erhielt eine 75-jährige Haftstrafe.

1979 kam der Fall bei einem Berufungsgericht zur Neuverhandlung, mit dem Ergebnis einer verringerten Anklage, woraufhin Scooter aber immer noch eine fünfjährige Haftstrafe absitzen musste. Glücklicherweise begnadigte ihn Jimmy Carter, ein Kumpel der Allman Brothers.

2. Zal Yanovsky (Lovin' Spoonful, Mugwumps)

Aufgeflogen 1967 mit Pot, musste Zal mit einer Ausweisung nach Kanada rechnen, was seine aufblühende Karriere mit Lovin' Spoonful zunichte gemacht hätte. So entschloss er sich zu einem Deal, der ihm Straffreiheit garantierte, wofür er aber im Gegenzug seinen Dealer verpfeifen musste. Nachdem alles unter Dach und Fach war, entschlossen sich die Spoonful dazu, die Anwaltskosten des Dealers zu übernehmen, was aber auch nichts brachte, denn letztendlich musste er in den Knast. Im selben Jahr löste Yanovsky die Band jäh auf, zog nach Kanada (!) und begann dort eine Laufbahn als Restaurator.

Sgt. Pilcher's Lonely Busts Club Band

Sgt. Pilcher leitete in den späten Sechzigern den Scotland Yard. Er machte es zu seiner ersten Aufgabe, alle Rockstars zu verhaften, die sich damals wie Acid-Hippies verhielten. Pilcher inszenierte die Redlands-Razzia und koordinierte diese Invasion zusammen mit dem lokalen Blättchen *News of the World*. Als Lennon und Ono, George Harrison, Mick Jagger und Marianne Faithfull 1969 wegen Haschisch-Besitzes festgenommen wurden, steckte auch ein gewisser Mr. Pilcher dahinter. Ein Versuch, Eric Clapton festzunageln, schlug fehl, da der Gitarrist zuvor gewarnt worden war. Claptons Autobiografie zufolge nahm sich der Sergeant dafür seine Mitbewohner zur Brust und schob ihnen eine Menge Haschisch unter.

Lennon, Harrison und Jagger behaupteten alle, dass Pilcher ihnen Drogen untergejubelt habe, um einen Grund für seine Razzien zu haben. 1972 wurde der Sergeant wegen einer konspirativen Verschwörung zur Rechtsbeugung angeklagt und verurteilt – die Anschuldigungen bezogen sich aber nicht auf seine Razzien bei Rockmusikern. Pilcher musste eine vierjährige Haftstrafe verbüßen. Die Comedy-Gruppe Monty Python parodierte ihn als den „schwierigen Norman".

Die originellste Anzeige gegen den Drogenwahn der Gesetzeshüter

CBS Records, 1968

1968 schaltete die Plattenfirma CBS Anzeigen in Rockmagazinen und Publikationen der Gegenkultur und Underground-Presse. Auf dem abgebildeten Foto sah man einen Haufen langhaariger Hippie-Typen hinter Gittern. Die Überschrift lautete: „Die Musik können sie nicht verhaften."

15 Heroin und andere Opiate

„Ich habe niemals Heroin genommen. Ich würde es nicht empfehlen. Meiner Plattensammlung hat es aber nicht geschadet.“ – Bill Mahler

Die Beziehung von Musikern zu Heroin besteht auf verschiedenen Ebenen. Möglicherweise liegt der Grund hierfür in der Wirkung der Droge, die alle Probleme aus der Wahrnehmung filtert und den Musiker in einem Kokon aus Klang und Gefühl einhüllt. Vielleicht ist auch die physische Wahrnehmung eines behaglichen Gefühls, die Heroin beim Konsumenten verursacht, eine Analogie zu der Art, wie Musik das Bewusstsein und den Körper anspricht.

Zwischen dem Stoff und der Ästhetik des coolen Hipsters (der Jazzmusiker Miles Davis ist hierfür das beste Beispiel) besteht eine lange, unauslöschliche Verbindung. Heroin und andere Opiate vermitteln dem Konsumenten eine bestimmte Distanziertheit – eine Abkehr vom Gewöhnlichen und Durchschnittlichen, ein „Scheißegal-Gefühl“, das, zumindest für eine kurze Zeit, die musikalische Kreativität steigern kann.

Auf Heroin zu sein, vermittelt ein flauschiges Gefühl, so als wäre man in Watte eingepackt. Dadurch steht es im Gegensatz zur vom Kokain ausgelösten nervösen und gesteigerten Aufmerksamkeit und der erhöhten Sinneswahrnehmung, die von Konsumenten von Marihuana und psychedelischer Drogen gesucht wird.

Aber auch Pot und psychedelische Drogen vermitteln den Konsumenten das Gefühl, den Bezug zur Realität transzendiert zu haben, also besteht eine gewisse Ähnlichkeit zwischen den Drogen. Abhängige von Heroin und anderen Opiaten müssen sich unglücklicherweise mit einem eindeutig *realen* Problem auseinandersetzen – dem intensiven, physiologischen Bedürfnis nach der Droge.

Na klar, wahrscheinlich intellektualisiere ich das Ganze zu sehr. Die meisten Rock'n'Roll-Junkies waren (und sind) wahrscheinlich einfach Idioten, die eine dämliche Droge nehmen. Zuerst haben sie den Stoff genommen, um cool zu sein. Und dann haben sie herausgefunden, dass sie nicht mehr aussteigen konnten.

Eine Menge guter Musik wurde unter Heroin-Einfluss produziert. Andererseits haben viele ausgezeichnete Musiker mit ihrer Kunst (und mit dem Atmen) aufgehört, weil sie Heroin genommen haben. Insgesamt gesehen stellt die Auswirkung von Heroin auf die Rockkultur einen traurigen, tragischen und riesigen Verlust dar.

Die Top 10 der Rockstars auf Heroin

1. Johnny Thunders (The Heartbreakers)

Ein Versuch, den Junkie zu finden, der sich den meisten Stoff durch die Venen gejagt hat, würde einer vergeblichen Liebesmüh gleichkommen, doch bei einem rein intuitiven Nachdenken fällt mir als erster der Name Johnny Thunders and the Heartbreakers ein. Die meisten Bands können ein, zwei Junkies verkraften, wenn diese gute Musiker sind, doch die Heartbreakers formierten sich nur wegen ihrer gemeinsamen Liebe zum Heroin. Das hatte ganz klar den Vorteil, sich nicht mehr mit verständnislosen Mitmusikern herumschlagen zu müssen, die das Verhalten und den nötigen Freiraum von Fixern nicht abkonnten. Zunächst wollte sich die Gruppe sogar „The Junkies“ nennen, aber ein Manager mit einem klareren Verstand konnte diese Idee abblocken. In der Urbesetzung spielte Richard Hell (s.u.) in der Band.

Johnny Thunders gründete The Heartbreakers nach dem Split der unvergesslichen New York Dolls, bei denen er die Rolle von Keith Richards und David Johansen die von Mick Jagger übernommen hatte. (Spindeldürrer Junkie-Gitarrist mit Stromfrisur und rebellischer Haltung trifft auf spindeldürren, hyperaktiven und androgynen Leadsänger mit dicken Lippen und einer süffisanten, sexy Grundhaltung. Meine Kinder – seht euch dieses Paar genau an, denn es wird bis zum Ende aller Zeiten wieder und wieder auftauchen).

Mit Songs wie „Too Much Junkie Business" und „Chinese Rocks" (den letztgenannten Titel schrieben Hell und Dee Dee Ramone. Er ist nach einer extrem starken Heroin-Sorte benannt) glorifizierten die Heartbreakers ihren Ruf als die ultimative, mit Heroin zugeknallte Rockband. Als sie 1977 in London auftraten, hinterließen sie einen so starken Eindruck, dass einige Londoner Punks – unter ihnen auch Sid Vicious – dem Lifestyle der Band und dem von Opium gesäumten Pfad folgten.

Zitat: „Ich nehme Smack, weil ich es mag, und ich genieße dieses ganze Gefühl. Ich nehme es nicht, um mit dem Publikum eins zu sein – mit dem Stoff kann ich aus mir rausgehen."

2. Keith Richards

Zweifellos ist Keith Richards der legendärste Junkie der Rockmusik, aber die Zeit seiner schlimmsten Heroinabhängigkeit beschränkte sich „nur" auf die Jahre 1969 bis 1977. Dennoch war es eine ziemlich lange Zeit für das menschliche Riff. In den frühen Tagen der Abhängigkeit schrieb er die Musik zum Album *Sticky Fingers*. Als nächstes kreierte er fast selbstständig die von vielen Kritikern als ihr größtes Rockalbum bezeichnete Doppel-LP *Exile On Main Street* in der Villa Nellecôte in der Nähe von Nizza. Das geschah in einem Rausch riesiger Mengen extrem starken französischen Heroins, kombiniert mit ordentlichen Dosen Acid, Koks, Gras und Alkohol. Während der ganzen Zeit wurde er von der Drogenfahndung gestresst. Er selbst stresste den Rest der Stones nebst Entourage und trieb sie mit seinem unvorhersehbaren Arbeitsverhalten fast in den Wahnsinn. Tagelang zog er sich mit Anita in sein Schlafzimmer zurück, während die anderen einfach so rumsaßen und soffen, Gras rauchten und darauf warteten, dass es mit den Aufnahmen weiterging.

Dann tauchte er plötzlich auf, oft um vier Uhr morgens, und verlangte von allen, ins Studio zu kommen. Sie nahmen dann einige der bizarren Meisterstücke der Platte auf, woraufhin Keith mit der verführerischen Anita wieder für einen weiteren, ausgedehnten Aufenthalt in die okkulte Heroin-Haschisch-Acid-Dimension verschwand. Mick Jagger, völlig genervt, war die meiste Zeit abwesend und nahm den Gesang später in einem professionellen Studio auf.

Nach der Fertigstellung von *Exile* 1971 ging die ganze Sache allerdings nach hinten los. Richards' Heroin-Muse verweigerte ihre Gunst und verminderte seine kreative Energie und den Fokus. Für die Stones begann eine Periode, die sie selbst als „sucking in the seventies" bezeichneten.

Richards und Anita versuchten, von der Heroinsucht loszukommen, und inszenierten ein spirituelles Ritual. Sie umgaben sich mit Kerzen, verbrannten Räucherstäbchen und hängten überall bunte Tücher und Schale auf, um eine zeltähnliche Atmosphäre um ihr Bett herum zu schaffen. In einem ganzseitigen Foto im *Rolling Stone* posierte Richards 1975 wie ein psychedelischer Beduine. Trotz aller Bemühungen nahm das Paar weiterhin ordentlich Acid und Hasch zusammen mit Unmengen starken Heroins. Ihr Bewusstsein erweiterte sich nicht, sondern zog sich zusammen. Später beschrieb Richards diese Zeit mit der Metapher, die Welt durch ein winziges Loch zu betrachten, das stetig kleiner wird.

Eine der bekanntesten Richards-Legenden dieser Periode ist die Geschichte, dass er ständig sein Blut austauschen ließ. Während Richards das witzelnd als den „Vampirbiss" bezeichnet, zeigte sich die Realität weniger prosaisch. Als er 1972 versuchte, sich von der Sucht zu befreien, unterzog er sich einer Blutwäsche, bei der eine künstliche Niere Rückstände und Toxine aus dem Blut filtert. Nur wenige Monate später war Keith aber wieder drauf. Da die Einreisebehörde der USA von ihm eine medizinische Untersuchung verlangte, noch bevor er einen Fuß auf amerikanischen Boden setzen, geschweige denn mit den Stones touren durfte, wurden der Hämatologe und seine Maschine heimlich nach London eingeflogen, um „Keith, den Pfähler" ein zweites Mal zu behandeln.

Nach der Razzia in Montreal (Vgl. „Heiße Razzien und dicke Geschäfte") – der Gitarrist hatte seine Lehre daraus gezogen – gelang es Richards, eine eher zufällige und gelegentliche „Beziehung" zum Heroin aufrecht zu halten.

3. Iggy and the Stooges

Kurz nach den Aufnahmen ihres Debütalbums *The Stooges* bog die gesamte Proto-Punk-Band, mit Ausnahme des Gitarristen und Songwriters Ron Asheton, 1969 auf die Überholspur der Heroin-Autobahn ab (Vgl. „Unglaubliche Dope-Geschichten"). Ihr Sänger Iggy Pop, der sich schon zuvor einen zweifelhaften Ruf erworben hatte, weil er sich auf dem Bühnenboden in Glasscherben suhlte, trieb es jetzt noch härter. Er fiel auf der Bühne um, und manchmal erbrach er einen Schwall Kotze zielgenau ins Publikum. Einige Male kollabierte er sogar schon zur Hälfte der Show, unfähig, den Auftritt zu beenden.

Doch 1976 änderte er sein Leben und begab sich auf eigenen Wunsch in die Psychiatrie. Vorausgegangen war ein Zwischenfall, bei dem er zuerst auf dem Boden eines Restaurants in Los Angeles herumgekrochen, anschließend draußen im Regen in Ohnmacht gefallen und dann durchnässt auf der Straße zu Bewusstsein gekommen war. Sein Freund David Bowie, der gerade seine Kokainsucht erfolgreich bekämpft hatte, half Iggy beim Entzug.

4. Kurt Cobain

Der König des Post-Punk, der Generation X und Sinnbild des lethargischen Selbstmitleids, Kurt Cobain, entwickelte sich zur führenden Persönlichkeit der von Seattle ausgehenden Grunge-Bewegung.

Na ja, Heroin verursacht ein schmuddeliges Gefühl, also warum nicht?

Cobain begann 1990 regelmäßig zu fixen und behauptete, dass ihm Heroin gegen die konstanten Schmerzen eines nicht diagnostizierten Magenproblems helfen würde. Obwohl er einige Entzugsversuche unternahm, stand er während des ganzen, unglaublichen Erfolgs von Nirvana ständig unter Strom. Trotzdem gelang es Cobain, eine Menge Songs für das emblematische Album *Nevermind* sowie für die merkwürdige, aber interessante LP *In Utero* zu schreiben.

Nach mehreren Überdosen beging Cobain 1994 Selbstmord, was zu ungewöhnlich intensiven, öffentlichen Trauerbekundungen führte.

Von John Lennon mal abgesehen, hatte die Welt noch nie eine so hohe Anteilnahme erlebt, wenn ein Rockmusiker gestorben war.

Zitat: „Es ist eine wirklich böse Droge. Opiate sind der direkte Draht zu Satan.“

(Vgl. „Dope-Paare“).

5. Nico (Velvet Underground)

Wunderschön und tragisch, manchmal wurde sie die „Nordische Eisprinzessin“ genannt – Nicos Image war so atemberaubend und aufregend, dass die Leute ihre mit den gleichen Attributen vergleichbare Stimme vergaßen.

Nachdem sie 1959 eine Hauptrolle in Federico Fellinis *La Dolce Vita* gespielt hatte, begann Nico eine Reihe von Affären mit „bösen“ Rockmusikern und Künstlern, wobei Brian Jones und Bob Dylan zu den ersten Dates gehörten. 1966, zu dieser Zeit managte Andy Warhol Velvet Underground, drängte er der Gruppe Nico als Leadsängerin auf. Es stellte sich als eine kreativ fruchtbare, aber persönlich unglückliche Entscheidung heraus. Ihre Beiträge zu „All Tomorrow's Parties“ und „I'll Be Your Mirror“ auf dem Klassiker *Velvet Underground And Nico* überleben die Zeit als Höhepunkte der Geschichte des Art Rock. Doch es gab eindeutige Schattenseiten, denn Lou Reed quälte sie und machte ihr das Leben mit den Velvets zur Hölle.

Ungefähr zu dieser Zeit entwickelte Nico eine Heroin-Abhängigkeit, aus der sie sich in den nächsten 20 Jahren nicht befreien konnte. Die Sucht in Verbindung mit ihrer „germanischen“ Kühle mag einiges zu der düsteren Stimmung ihrer unterschätzten Soloarbeiten beigetragen haben. Als das Kapitel Velvet Underground beendet war, stürzte sich Nico wieder in Beziehungen zu den unsteten und verwegenen Charakteren der Musikszene – Jim Morrison, Iggy Pop und dem ehemaligen Bandkollegen John Cale (dazu zählte auch das nicht so „böse“, sondern eher süße Jüngelchen Jackson Browne). 1976 trat sie in dem Film *Le Berceau de crystal* auf, in dem auch die dem Okkultismus und den Drogen verfallene, tragisch anmutende Anita Pallenberg mitspielte, die dem Image eines „bad girls“ wirklich gerecht wurde. 1988, kurz nachdem sie sich von der Sucht befreit hatte, starb Nico bei einer Fahrradfahrt auf Ibiza an einem Herzinfarkt.

6. Slash (Guns N' Roses, Velvet Revolver)

Die Welt der Stones-beeinflussten Bands ist übersät mit Körpern von Gitarristen, die den Lebensstil eines Keith Richards nachahmen wollten. So kann hier nur der ehrenwerte Slash zu Worte kommen, ein Überlebender des imitierten Lifestyles.

Als Kind von Eltern, die der Boheme-Szene von Los Angeles entstammten, wuchs Slash mit einer Mutter auf, die regelmäßig David Bowie und Joni Mitchell einlud. Master Bowie erklärte dem jungen Grashüpfer: „Rockstar zu sein, zielt genau auf die Schnittstelle ab, der zu sein, der man ist, und der man sein möchte."

Für Slash bedeutete das offensichtlich, einen starken Drang nach Zerstörung auszuleben. Er und Guns N' Roses entwickelten eine krasse Heroinabhängigkeit, die Slash jeden Tag mit mehreren Litern Wodka herunterspülte. Für dich und mich würde das „zünftiges Kotzen" bedeuten, aber in der Zeit mit den Gunners gehörte das für Slash zum normalen Tagespensum.

Irgendwann wurde der Slashster dann doch clean und schrieb eine Autobiografie über seine Erfahrungen.

Zitat: „Ich hätte den kleinen Dämonen malen sollen, den ich nie so richtig erkennen konnte, oder vielleicht auch auf Film bannen. Ich hab's versucht. Als ich anfing, regelmäßig Speedballs einzuwerfen, waren diese kleinen Typen einfach überall. Ich sah die winzigen, drahtigen und durchsichtigen Typen aus der Ferne, bis sie schließlich jedes Mal bei einem High meine Jacke hoch krochen." (Speedballs sind eine Mischung aus Heroin und Kokain oder Speed).

7. Richard Hell (Richard Hell and the Voidoids, Television, The Heartbreakers)

Falls jemals ein Mensch das Image des romantischen, heroinsüchtigen Rockstar-Poeten und Autoren bis ins Detail gelebt hat, so ist das Richard Hell. Als die New Yorker Punk-Szene 1975 im CBGB startete, gehörte er zu den ersten Musikern, die dort ein- und ausgingen. Seine Laufbahn begann mit Television, dann wechselte Hell zu den Heartbreakers, bis er schließlich der Leader der Band Richard Hell and the Voidoids wurde. Der mit Heroin zugeknallte Hell schrieb einige der brillantesten und poetischsten Rocktexte (z.B. „Blank Generation", „Betrayal Takes Two" und „The Plan" vom 77er-Album *Blank Generation*. Die zerrissene, auf Gitarrenakkorden basierende Musik ist gleichermaßen ehrfurchteinflößend und erinnert an John Lennon in seiner aggressivsten Periode, der aber das Dreifache an Speed genommen haben muss). Hells Erscheinungsbild – zerrissene Klamotten, ein mit Nieten verziertes Hundehalsband und eine Lederjacke – inspirierten den Rockimpresario Malcolm McLaren so sehr, dass er den Look nach Großbritannien importierte und der aufkeimenden Punkkultur aufdrückte.

Hell ist schon lange clean und veröffentlicht seit einiger Zeit von Kritikern umjubelte Romane, darunter *Go Now*, ein Werk, das in seinen Erfahrungen als heroinabhängiger Punk-Rockstar verwurzelt ist. Er ist mittlerweile ein angesehener Essayist und hat auch in dieser Textgattung seine Heroinabhängigkeit thematisiert.

8. Sid Vicious

Wer könnte schneller abstürzen, als ein Sid Vicious? Wohl niemand! Der schlaksige, merkwürdig unschuldige und jungfräuliche Londoner Punk-Enthusiast begann erst zu fixen, als er mit dem New Yorker Groupie Nancy Spungen zusammenkam. Schneller als man den Satz „Hey, was soll das mit dem Hakenkreuz, Sid?" aussprechen konnte, hatte er eine monströse Sucht entwickelt. Er wachte heroinbenebelt im New Yorker Chelsea Hotel auf und fand seine Freundin Nancy, die mit einem Messer ermordet worden war. Er wurde für diesen Mord in den Knast geworfen. Auf Kaution entlassen, starb Sid an einer Überdosis Heroin, für die ihm seine Mutter offenbar das Geld gegeben hatte. Es war ein ereignisreiches Jahr für einen zugedröhnten Typen gewesen (Vgl. „Dope-Paare", „Die Todesliste").

9. Janis Joplin

Sie zählt zu den legendärsten Musikerinnen der späten Sechziger. Die verstorbene Hippie-Blues-Mama verlor bei jedem Auftritt tatsächlich einen Teil ihres Herzens. Falls, wie es Jerry Lee Lewis ausdrückte, man entweder heiß oder kalt sein musste, um nicht aus dem Munde des Herren ausgespuckt zu werden, dann verkörperte Janis die glühende, gleißende Hitze. Jeder Titel entwickelte sich zu einem verzweifelten Hilferuf nach Erlösung und menschlichem Kontakt. Sie agierte bei jeder Performance, als ginge es um Leben oder Tod.

Janis Joplin zeigte sich als raue Partygeberin und symbolisierte Herz und Seele der psychedelischen Renaissance von San Francisco. Sie war berühmt dafür, ihren geliebten Southern Comfort runterzukippen, und nahm auch ein wenig Speed oder Heroin, wenn ihre Kumpels auf einen Trip in den Kosmos abhoben. Aber 1969, als der Erfolgsdruck sehr groß wurde, verfiel Joplin der Heroinsucht, die sie ihr weiteres Leben über begleiten sollte. Beim Woodstock-Festival 1969 zählte sie zu den wenigen Leuten, die auf Heroin waren.

10. Nikki Sixx (Mötley Crüe)

Der Bassist und Songwriter von Mötley Crüe erhält den Preis für das eindringlichste und quälendste Buch zum Thema Heroinsucht im Rock'n'Roll-Leben – *The Heroin Diaries: A Year in the Shattered Life of a Rock Star*. All die Überdosen und Nahtoderfahrungen finden sich in dem Buch, darunter auch das *Pulp-Fiction*-Szenario des Adrenalinschusses direkt ins Herz. Sixx setzte sich sogar einen Schuss Whiskey, als ihm der Stoff ausgegangen war. Aber eine Story hebt sich von allen anderen ab. Es ist der Augenblick, in dem er beschreibt, wie Ozzy Osbourne sich Ameisen die Nase hochzieht.

Ehrengäste

Bob Dylan

Es ist ja eigentlich nur ein Gerücht, aber…

Er wurde niemals festgenommen und handelte niemals unbedacht (mal diese Sache mit dem überzeugten Christentum in den frühen Achtzigern ausgenommen). Zwar hat er Mitte der Sechziger einige deftige Sprüche vom Stapel gelassen, aber seitdem verhielt sich Mistah Dylan sehr vorsichtig, was Informationen über seine privaten Gewohnheiten oder Gedanken zu Drogen anbelangt. Irgendwie scheinen auch seine Freunde und Bekannten diese listige und raffinierte Politik zu respektieren.

Über die Jahre hinweg hat es dennoch viele Mutmaßungen über Dylan und seinen angeblichen Heroinkonsum gegeben. In den frühen Siebzigern verbrachte ein schräger Vogel namens A.J. Weberman aus dem New Yorker East Village, der mit den Yippies assoziiert wird, seine

Zeit damit, Dylans Müll zu durchwühlen. Er interpretierte seine Texte, um nachzuweisen, dass der Musiker die politische Protestphase wegen einer Heroinsucht aufgegeben hatte.

Clinton Heylin nähert sich in seiner 1991 veröffentlichten Biografie *Bob Dylan: Behind The Shades* der Wahrheit genau so weit wie eigentlich jeder andere. Mit der Ausnahme der Zeugenaussage des befreundeten Folksängers David Van Ronk, der bekräftigte, Dylan sei Mitte der Sechziger auf Heroin gewesen, gibt es nicht viel Neues. Heylin belegt zwar, dass Dylan in verschiedenen Drogenkreisen verkehrte, kann aber nicht den kleinsten Nachweis liefern, dass der Mann sich Stoff in die Nase zog oder in die Vene injizierte. Aber … es sind Aufzeichnungen vorhanden, die davon berichten, dass in dem Big-Pink-Haus in Woodstock, in dem Dylan zusammen mit The Band aufnahm, alle nur erdenklichen Drogen vorhanden waren. Es gibt aber auch verlässliche Aufzeichnungen über Drogen-Burnouts und Junkie-Geschäfte während seiner Rolling-Thunder-Tour 1975. Und auch aus dem Grateful-Dead-Lager wurden Stimmen laut. Dylan spielte mit der Band Ende der Achtziger und soll angeblich Heroin gefixt haben – aber niemand gibt eine verlässliche Auskunft. Bob Dylan ist für seine Prozessfreudigkeit bekannt. Deshalb lautet mein offizieller Kommentar zum Thema Dylan und Heroin: *Paah! Das ist doch alles Blödsinn!*

Boy George

Der Junge trat vehement gegen Drogen auf und war plötzlich heroinabhängig. Seitdem ist für ihn nicht allzu viel gut gelaufen.

Dion DiMucci (Dion and the Belmonts)

Der Typ hinter den tollen Pop-Hits aus den Fünfzigern („The Wanderer“ und „Teenager In Love“) verbrachte die Jahre 1962 bis 1967 total auf Heroin. Die Abhängigkeit zerstörte seine aufstrebende Karriere fast völlig. 1968 ließ er sich noch einmal mit einem unbedeutenden Hit blicken – dem rührseligen „Abraham, Martin And John“.

Eric Clapton

Seit den Zeiten mit Cream hat seine Musik den gleichen Effekt wie Heroin – man pennt ein.

Ginger Baker
Der Prototyp des Junkie-Musikers war schon bei der Gründung von Cream 1966 abhängig und musste danach noch lange Zeit gegen die Sucht ankämpfen.

Gram Parsons (The Byrds, Flying Burrito Brothers)
Legendärer, romantisierter Heroin-Junkie mit einer Fangemeinde, die ihn kultisch verehrt. Er war 1968 mit Keith Richards befreundet und ist 1973 gestorben (Vgl. „Die Todesliste").

James Taylor
Ein Angehöriger der sensiblen Singer/Songwriter-Gilde. Auch diese brauchen Entspannung von ihren seelischen Schmerzen.

Jerry Garcia
Jerrys riesiger Koks- und Heroinbedarf führte zu einem wahrlich tragischen Ableben einer Hippie-Legende. Man könnte sogar der Meinung sein, dass er der psychedelischen Bewegung Schaden zugefügt hat, indem er so vor die Hunde ging.

John Phillips
Vgl. „Heiße Razzien und dicke Geschäfte".

Johnny Winter
Weiß zu sein, ist nicht leicht. Ich meine wirklich weiß!

Lou Reed (Velvet Underground)
Lou schrieb die absoluten Heroin-Klassiker, versank aber nie zu tief in der Welt dieser Droge. Er bevorzugte andere (Vgl. „Speed"). Trotzdem hat er sich einige Punkte dafür verdient, bei Konzerten Mitte der Siebziger während „Heroin" so zu tun, als würde er sich einen Schuss setzen. Sein Aussehen unterstützte die Darbietung, denn mit dem Lippenstift und weiterem Make-Up sah er tatsächlich aus wie Frankensteins Monster.

Marianne Faithfull
Ihr Sturz als Hippie-Grazie zusammen mit Mick in den Sechzigern zählt zu den klassischen Geschichten der Dekade, die von Marianne in ihrer Autobiografie *Faithfull* bestens erzählt wird. Angesagter und brillanter als ihr Ex wird Marianne von Kritikern nun in der gleichen Liga genannt wie Tom Waits, Nick Cave, Leonard Cohen und andere ergraute Eminenzen.

Nick Cave
Ein weiterer Eintrag in die Liste der romantischen Junkie-Lyriker und -Autoren. Auch wenn er dem Stoff mittlerweile abgeschworen hat, ist er immer noch genauso poetisch, melancholisch und wunderbar.

Ozzy Osbourne
Heroin – plus das Schnupfen von Ameisen! (Vielleicht versuchte er auch nur, diese Fledermaus zu füttern).

Pete Townshend

Ray Charles
Vgl. „Die fünfziger Jahre".

Die wichtigsten Heroin-Songs

1. „Heroin" – Velvet Underground (1967)
Eindeutige Entscheidung? Vielleicht, denn viele behaupten, dass „Waiting For The Man" der überragende Heroin-Song von Lou Reed ist. „Heroin" hingegen gräbt sich tiefer in die kaum bekannte Motivation eines Junkies, sich den Stoff zu spritzen. Der nichts bereuende britische Junkie-Philosoph und Situationist Alexander Trocchi interpretierte Heroin als den ultimativen Protest eines Individuums gegen das Schreckliche und Trostlose des Menschen und der Gesellschaft. Für Trocchi drückte der Heroinkonsum folgendes aus: „Ich gehöre nicht dazu, und ich möchte auch nicht dazugehören." Statt eines Freitods wählte der Junkie aber das Leben – als gequälter (und manchmal diebischer) Geist. Ein blasser Alien

unter Menschen, ein Dorn gegen die Scheinheiligkeit. All diese Aspekte werden von Lou Reed in seinem Song vermittelt. Auch die Musik unterstützt die Aussage, denn sie schießt scheinbar mit einer wahnsinnigen und allumfassenden Geschwindigkeit durch die Vene direkt ins Herz.

2. „The Jungle Line“ – Joni Mitchell (1975)
Mit diesem Song kreierte Mitchell ein erstaunlich plastisches Bild von der Kraft des Mohns. In der Musik werden merkwürdigerweise schon Elemente des Sounds von Siouxsie & the Banshees und der Arbeiten von Bowie in den späten Siebzigern vorweggenommen. *Joni Mitchell? Wirklich?* Ja! Am besten selbst anhören!

3. „Waiting For The Man“ – Velvet Underground (1967)
Genau, der andere Lou-Reed-Song – ein perfekter Schnappschuss eines durch das Ghetto schleichenden, verstörten Junkies auf der Suche nach seinem Stoff. „You always gotta wait.“ Der Mann bringt's auf den Punkt. Außerdem rockt die Nummer noch gewaltig.

4. „Freddie's Dead“ – Curtis Mayfield (1972)
Mayfields trauriger Song über den Tod eines Junkies erschien zu einer Zeit, als Heroin sich zu einer Plage in den Ghettos der Afroamerikaner entwickelte.

5. „Chinese Rocks“ – The Heartbreakers (1977)
„Jetzt ist alles im Pfandhaus!“ Die Ramones veröffentlichten auch eine gute Version, aber dieser Track transportiert die Stones/Dolls-Energie, die das Thema einfach besser untermalt – ein Leben auf Heroin … während der harte Rock'n'Roll den Takt angibt.

6. „Comfortably Numb“ – Pink Floyd (1979)
Hier steht die Heroin-Erfahrung als Metapher für eine heranwachsende Generation, die aufgibt und ihre Träume verkauft. Und umgekehrt.

7. „Time Out Of Mind“ – Steely Dan (1980)
Mit dem Song wird das Rauchen beschrieben – das Verdampfen von Heroin (Schwarzer Teer) oder Opium, um danach den aufsteigenden

Rauch durch ein Röhrchen oder etwas Ähnliches zu inhalieren. Becker und Fagen kodieren ihren Drogen-Mystizismus und den Downer-Surrealismus auf eine ganz besondere Art und verbinden den Text gekonnt mit facettenreichen und brillanten Jazz-Rock-Perlen. Gleichzeitig war die Musik in den Achtzigern bei einem ganz normalen Yuppie-Abendessen zu hören. Das lässt mein Hipster-Herz umso höher schlagen, da ich mir sicher bin, dass der Titel bei all den ganzen hochnäsigen, intellektuellen und degenerierten Typen die gleichen Emotionen ausgelöst hat. Doch sie verstanden nicht die Bedeutung!

8. „Jane Says" – Jane's Addiction (1988)

Wir treffen Jane und wissen, was sie so dringend braucht. Perry Farrell hat einen sehr menschlichen und mitfühlenden Song über ein Mädchen geschrieben, das auf der Straße lebt und verzweifelt einen Schuss sucht.

9. „Tonight" – Iggy Pop (1977)

Der zusammen mit David Bowie komponierte Song erschien auf dem Album *Lust For Life*. Er thematisiert den Frieden eines Junkies, der über das bewusste Verstehen hinausgeht. Auf Heroin schließt der Konsument all die Geräusche, Aktivitäten und Gefühle von seiner Wahrnehmung aus und kann somit alles „anhalten". Wenigstens für eine Nacht.

10. „Surfing On Heroin" – Forgotten Rebels (1983)

Eigentlich gehört der Titel nicht auf die Liste, aber ich stelle mir einfach gerne vor, wie diese Typen auf Heroin surfen.

Ehreneinträge

„Knockin' On Heaven's Door" – Bob Dylan (1973)

Der Song wurde für Peckinpahs Film über Billy the Kid geschrieben, aber Dylan veränderte den Song während einiger Tourneen, indem er die Refrain-Zeile „knockin' on heaven's door" durch „just so many times before" ersetzte. Kapito? Um es noch mal zu wiederholen: Dylan und Heroin, das ist doch alles Blödsinn.

„Mr. Brownstone" – Guns N' Roses (1987)

„Turn Blue" – Iggy Pop (1977)

„King Heroin“ – James Brown (1972)
„Belly Button Window“ – Jimi Hendrix (1971; posthum veröffentlicht)
„Rainy Day, Dream Away“ – Jimi Hendrix Experience (1968)
„Cold Turkey“ – John Lennon and Plastic Ono Band (1969)
„Milk Me“ – Johnny Thunders and the Heartbreakers (1979)
„Times Square“ – Marianne Faithfull (1990)
Das Stück handelt von einem Heroinentzug, ohne dass dieser direkt erwähnt wird. Stattdessen wird eine Flucht in den Alkohol oder sogar der Tod beschrieben.
„Under The Bridge“ – Red Hot Chili Peppers (1992)
„Sister Morphine“ – Rolling Stones (1971)
Zusammen mit Marianne Faithfull komponiert, die eine Version des Songs 1969 als Single veröffentlichte, die allerdings erfolglos blieb.
„Moonlight Mile“ – Rolling Stones (1971)
Textliche Referenzen an Koks („Snow“), aber besonders interessant ist die Musik. Man sollte sich den „Schuss“ Violinen am Ende der Nummer anhören.
„Golden Brown“ – The Stranglers (1981)
„We Will Fall“ – The Stooges (1969)
„Carmelita“ – Warren Zevon (1976)
„Peter the Dealer“ – Yoko Ono (1972)

16 Dope-Pärchen

Liebe ist die Droge. So oder so ähnlich lauteten die Worte eines weisen und weltgewandten (oder zumindest gut gekleideten) Briten. Im Umkehrschluss könnte das vielleicht bedeuten, dass Drogen der Liebe wert sind. Wie auch immer, die Biologen haben uns den Zusammenhang zwischen partnerschaftlichen Beziehungen und den dafür verantwortlichen biochemischen Grundlagen erklärt. Es sieht aber so aus, als könnte man diese Chemikalien manchmal auch beim Underground-Dealer deiner Wahl kaufen.

Die Top 5 der bekanntesten Drogen-Pärchen

1. Keith und Anita

Langweile ich dich? Sorry, aber Keith Richards und Anita Pallenberg waren einfach die Vorreiter des von Drogen umnebelten Rock-Mystizismus. Ohne seine Anna hat Keith in den letzten Jahrzehnten sicherlich den Standard eines unbeschwerten und freien Mega-Millionärs-Gitarristen erlangt, der das macht, was ihm gefällt. Im Kontrast zu den Siebzigern aber, als die beiden *das* bedeutendste und magischste Heroin-Pärchen waren, ist er ein Mister Normal. Anita ist damals aufgefallen, dass Keith auch eine konservative Seite hat, manchmal sogar ein Familientyp ist. Von ihr kann man das wirklich nicht behaupten, dafür stand sie für alle nur erdenklichen, verwegenen Charakterzüge. So gaben die beiden ein interessantes Paar ab – mit Jagger, Faithfull und Brian Jones, die alle erotische Sequenzen und Hauptrollen in dem Drama spielten (Vgl. „Musiker auf Kokain", „Heroin", „Musikfilme und Drogen").

2. Sid und Nancy

Nancy Spungen war eine Stripperin aus New York, Gelegenheitsprostituierte und ein Groupie mit Liebe zum Heroin. Nachdem sie schon sämtliche Bands der Stadt abgearbeitet hatte, zog sie nach London, mit dem festen Entschluss sich einen Rockstar zu angeln. Schon bald kam sie mit Sid zusammen, dem jungfräulichen, bösen Buben des Punk und neuen Bassisten der Sex Pistols (der aber nicht Bass spielen konnte), einer Gruppe, die sich zur heißesten Band und zum wichtigsten soziologischen Phänomen der Dekade entwickelt hatte. Sid war schon auf den Drogen-Geschmack gekommen, aber zusammen mit Nancy versank er tief in dem Verhaltensmuster des Heroin-Missbrauchs. Ihre öffentlichen Tobsuchtsanfälle und der schlechte Einfluss auf den Musiker nahmen solche Dimensionen an, dass der Sex-Pistols-Manager Malcolm McLaren sich mit Helfern verbündete, die irritierte New Yorkerin kidnappte, und sie in einen Flieger nach Hause verfrachtete. Doch Nancy entkam und flehte die Polizei an: „Hilfe. Die Sex Pistols haben mich gekidnappt."

Die ganze Affäre endete, wie schon zuvor erwähnt, im Stil einer Tragödie von Shakespeare (Vgl. „Heroin", „Die Todesliste").

3. Bobby und Whitney

Houston, wir haben ein Problem.

Bobby Brown und Whitney Houston veränderten die Wahrnehmung bezuglich Drogen und Rockmusik auf eine besondere Art. Bevor das nichts sagende Pärchen als reguläres Futter für die Regenbogenpresse auftauchte, wurde der Drogenkonsum von Rockstars immer noch mit einer Coolness assoziiert, die vage in der rebellischen Haltung der Gegenkultur der Sechziger wurzelte. Bobby und Whitney waren aber weder cool noch rebellisch, auch wenn man die geringsten Maßstäbe dafür ansetzt. Sie nahmen einfach Drogen, Unmengen an Drogen, und lebten das in der Öffentlichkeit aus.

2002 hatte Whitneys exzentrisches Verhalten einen legendären Ruf erreicht. Sie sah aus wie ein Skelett mit Lippen. Ein Auftritt bei den Academy Awards wurde abgesagt, weil Houston bei den Proben ständig vergaß, welchen Song sie eigentlich singen sollte. Dabei war der Titel ihrem psychischen Zustand angemessen – „Somewhere Over The Rainbow".

Das Brown-Houston-Team ließ sich 2007 scheiden, wobei einer cleanen und nüchternen Whitney Houston das Sorgerecht für die Tochter zugesprochen wurde. Im Moment hat sie ihre Karriere wieder in die richtige Bahn gelenkt, und so können wir uns noch auf viele banale Mainstream-Songs freuen, bei denen die Feuerzeuge in die Luft gehalten werden und eine merkwürdige hohe Stimme trillert.

4. Kurt und Courtney

Hier wird ein Beispiel kopiert: Man nehme die Sid & Nancy-Story und ersetze die Protagonisten durch zwei Grunge-Musiker, die kreativ, talentiert und intelligent sind – aber sich fast ebenso intensiv in den Schlingen mieser Drogen verfangen haben. Der Typ muss allerdings von eigener Hand sterben. Dann wird der Fokus auf sie gerichtet. Die Dame sollte sich ziemlich verrückt verhalten, manchmal aber auch einen klaren Moment haben. Sie muss eine gesunde Portion Humor mitbringen und auch schauspielerisches Talent. Man gebe ihr noch großartige Sprüche und ein tolles Album, dem ein Abstieg in die musikalische Durchschnittlichkeit folgt. Wichtig ist auch noch eine Szene, in der sie bei einer MTV-Show Madonna sturzbetrunken anmacht. Schließlich sollte sie dafür berühmt sein, berühmt zu sein … und abgefuckt, was eine anständige Präsenz in der Medienwelt nach sich zieht, in der bizarres Verhalten von Prominenten beinahe schon religiös verehrt wird. Nein! So eine Geschichte würde einem doch niemand glauben.

5. John und Yoko

Es war die beispiellose Liebesgeschichte der Sixties-Generation. John und Yoko verschmolzen auf einem Acid-Trip und diese Verbindung konnte nicht mehr gebrochen werden. Sie glaubten mit ganzem Herzen an die psychedelische Vision eines erweiterten Bewusstseins und der Friedfertigkeit. Ihre emotionalen Schmerzen betäubten die beiden mit moderaten Dosen Narkotika, sie waren aber auch nicht so heilig, gelegentlich nicht doch eine Line Koks zu sniefen. Doch die Beziehung zwischen John und Yoko beschränkte sich nicht auf eine chemische Romanze. Sie teilten gleiche Ansichten und hatten dasselbe Einfühlungsvermögen in Bezug auf Kunst, Politik, Psychologie und Philosophie. Was auch immer sie zu sich genommen haben – die Welt könnte mehrere solcher Persönlichkeiten gebrauchen.

Ehrengäste

David und Angie

Sie trafen sich 1969, als sie Davids Aussagen zufolge „den gleichen Typen fickten". Angie, Ex-Model und David Bowies Ehefrau, trug einen erheblichen Teil zur künstlerischen Figur ihres Mannes bei – sie vermittelte ihm Ideen, beriet ihn in Kleidungsangelegenheiten und zeigte auf, für was er stehen sollte. Das androgyne, junge Bowie-Pärchen, berstend vor jugendlicher Exotik, Idealismus und Stimulanzien, machte in den Siebzigern eine exzellente Figur in der Pop-Welt. Angelas öffentliches Eintreten für sexuelle Befreiung und Bisexualität ließ sie zu einer der eher authentischen Persönlichkeiten in der Glam-Rock-Szene aufsteigen. Angeblich soll sie eines Tages ihren Mann zusammen mit Mick Jagger im Bett angetroffen haben, was sie aber überhaupt nicht aus der Fassung brachte.

David und Angela nahmen beide Koks und tickten ab, jedoch dauerte diese Phase bei ihr ein wenig länger. Ihr gefährliches Verhalten gegenüber dem gemeinsamen Sohn Zowie (der seinen Namen später zu Joey und dann zu Duncan änderte) veranlasste David zu einer Klage, die in einer hässlichen Scheidung mündete. Während der Verhandlung nahm Angie in ihrer Badewanne eine Überdosis und musste in aller Eile ins Krankenhaus gebracht werden. Seit damals hat sie zwei tendenziell gemeine Biografien über ihr Leben mit dem „Thin White Duke" verfasst. Erst kürzlich tauchte sie mit einer CD, die keine positiven Kritiken erhielt, und neuen philosophischen New-Age-Ansätzen wieder im öffentlichen Bewusstsein auf.

Paul und Linda
Ein glückliches Pothead-Paar, das sein Gemüse aß.

Paul und Grace
Das unglückliche Pothead-Paar aß wirklich alles. Die Acid- und Cokeheads Paul Kantner und Grace Slick (Jefferson Airplane, Jefferson Starship) unterstützten Dope und die Revolution und kaperten in den frühen Siebzigern ein Raumschiff. Die Ehe dauerte nicht lange, aber dabei kam China heraus (ein Mädchen, nicht irgendwelches Porzellan). Von diesem Paar könnte die Welt auch noch einige Kopien vertragen.

17

Die Todesliste

Bei der Betrachtung der zahlreichen Toten scheint das ganze „Sex & Drugs & Rock'n'Roll"-Ding gar nicht mehr so lustig zu sein – es sei denn, du gehörst zu jenen Zeitgenossen, die den Tod für einen Spaß halten. Tatsächlich gibt es wissenschaftliche Nachweise, dass während des Gehirntods eine Substanz ausgeschieden wird, die dem Ketamin (Special K) sehr ähnlich ist. Das mag all diese Nahtod-Geschichten erklären, bei denen die Leute erzählen: „Ich ging auf das Licht zu. Es war wunderschön – und ich glaubte, Pete Doherty lachen zu hören."

The Who hofften 1966 noch zu sterben, bevor sie alt werden. Diese Vorgabe stellte später für viele zukünftige Rockmusiker ein leicht erreichbares Ziel dar. Bei den Who schaffte zumindest die Hälfte der Band das vereinbarte Pensum. Aber sie gehörten einer Generation an, die fertig gemacht wurde, wenn sie Grenzen überschritt, und demzufolge erhöhte sich der Reiz. Ihr jungen Kids habt es jetzt mit MySpace viel einfacher. Ihr konnt Grenzen überschreiten, ohne euch überhaupt irgendwo hin zu bewegen.

Oh … Ich nehme mal an, dass ich jetzt eine ehrfurchtsvolle Ansprache halten soll – werde ich aber nicht. Und für diejenigen, die schon in der Hölle oder im Himmel sind: Nehmt den Laden auseinander! Das ist schon okay. Euer Manager zahlt die Rechnung.

Die Top 5 der toten Musiker

1. Gram Parsons (The Byrds, Flying Burrito Brothers)

Gram Parsons hatte das Gesicht und die Stimme eines Engels. Sein cleverer und einfühlsamer „kosmisch-amerikanischer" Country Rock, seine psychedelische und von UFOs inspirierte Spiritualität (in den Siebzigern nicht sonderlich selten), sein Einfluss auf die Rolling Stones (besonders bei *Let It Bleed* – er war bei einigen Aufnahme-Sessions dabei) und die ungewöhnlichen Umstände seines „Begräbnisses" machten aus Parsons eine Kultfigur. Über Werk und Leben wurden sogar schon wissenschaftliche Konferenzen abgehalten.

Parsons' Freundschaft mit Keith Richards grenzte an eine Romanze (in einem Anflug von Eifersucht verbannte Anita Pallenberg den Country-Musiker aus der gemeinsamen Wohnung). Sie besuchten zusammen Stonehenge, um nach UFOs Ausschau zu halten und high zu werden. Es existieren sogar Fotos, auf denen sie händchenhaltend in einem Feld liegen. Und – natürlich – nahmen sie zusammen alle nur erdenklichen Drogen.

Nachdem die Byrds Parsons gefeuert hatten, weil er sich weigerte, in dem von einem Apartheid-Regime regierten Südafrika zu touren (Richards hatte auf der Absage bestanden), spielte der Musiker nie mehr in einer Mainstream-Band. Seine Legende basiert hauptsächlich auf den mysteriösen Umständen seines Todes, denn die Leiche wurde eher unkonventionell entsorgt.

Ähnlich wie Stonehenge war auch der Joshua Tree National Park in Kalifornien einer von Parsons bevorzugten psychedelisch-spirituellen Kraftorten. Im September 1973 wollte er zusammen mit einigen Freunden den Park besuchen – es sollte eine weitere seiner Pilgertouren werden. Bevor sie das Areal betraten, machten Parsons und seine Kumpels Halt im Joshua Tree Inn. Im Laufe des Tages soff der Musiker Unmengen Southern Comfort und mixte den Whiskey mit Morphium und möglicherweise Heroin. Obwohl er schon alle Arten von Drogen getestet hatte, hatte er es in der letzten Zeit eher gemächlich angehen lassen. Er unterschätzte die Stärke des Morphiums. Sein Körper konnte solch eine hohe Dosis, besonders in Kombination mit Alkohol, nicht verkraften. Er starb in dem Motelzimmer.

Und ab hier nimmt die Geschichte einen wirklich absonderlichen Verlauf. Auf Wunsch seines Stiefvaters sollte der Musiker in Louisiana beigesetzt werden. Gerüchten zufolge hatte das mit Eigentumsrechten zu tun, auf die er es abgesehen hatte. Aber Parsons und sein Tourmanager Phil Kaufman hatten einen gegenseitigen Schwur geleistet. Wenn einer von ihnen sterben würde, sollte sichergestellt sein, dass „der Überlebende den Körper nach Joshua Tree bringt, einige Drinks trinkt und ihn dann verbrennt". So setzte Kaufman alle Hebel in Bewegung, Parsons Körper zu stehlen und dem Gelübde gemäß zu bestatten. Er fuhr zusammen mit einem Freund in einem alten, schrottreifen Leichenwagen, den sie sich von einem morbiden Bekannten ausgeliehen hatten, zum Flughafen von Los Angeles. Dort überzeugte Kaufman das Personal der Fluggesellschaft, ihm den Sarg zu übergeben. Nachdem sie zuerst an eine Wand des Parkplatzes knallten (ein Cop beobachtete den Vorfall, unternahm aber nichts), gelang es den beiden schon betrunkenen Typen nach Joshua Tree zu fahren, um dort die Tat zu vollenden – sie ließen den Geist von Gram Parsons gen Himmel ziehen, wie es sich der Musiker gewünscht hatte. Die Zeitungen berichteten über die rituelle Kremation in ihrem Straftatenteil. Schließlich stellte sich Kaufman und erhielt eine geringe Haftstrafe.

Die ganze Geschichte ist das Thema eines unterhaltsamen Films mit dem Titel *Grand Theft Parsons*, der 2004 in die Kinos kam.

2. GG Allin

GG Allin brachte den Nihilismus des Punk zur logischen Vollendung. Er schiss und pisste auf der Bühne, schleuderte Bühnenabsperrungen in sein Publikum (Hey! Hey! Wir sind die Affen!), verletzte sich selbst und griff das Publikum an. Auftritte endeten für Allin meist mit einem Gefängnisaufenthalt, im Krankenhaus oder im Gefängniskrankenhaus.

In der New Yorker Punk-Szene bekannt für seinen überdimensionalen Drogenkonsum, besonders Heroin, versprach GG des Öfteren, auf der Bühne Selbstmord zu begehen – ein Ereignis, dem sowohl seine Kritiker, als auch ein paar Hardcore-Fans entgegenfieberten.

Es gelang ihm aber nicht, da er vorher an einer Heroin-Überdosis in einem Apartment in Manhattan verreckte. Bei seiner Beerdigung konnte die Trauergemeinde in den geöffneten Sarg blicken – Allin hatte seinen letzten Auftritt im gewohnten Outfit: ungewaschen, mit einem Suspensorium und einer Lederjacke. Freunde füllten seinen Mund mit Whiskey und Pillen und posierten mit dem Leichnam. Das komplette Begräbnis wurde auf Video-Tape aufgezeichnet und ist als Bonus-Track auf der GG Allin-DVD *Hated* zu sehen.

3. Sid Vicious

Was kann ich noch über Sids Fahrt die Abwärtsspirale hinunter sagen? Eigentlich wissen wir doch schon alles darüber. Na ja, als Sid auf Kaution aus dem Knast kam, war er auf einem schrecklichen Entzug und litt unter den Symptomen. So besorgte ihm Mama, eine verwelkte Hippie-Dame der Sixties, den Stoff (Vgl. „Dope-Paare" und „Heroin").

4. Elvis Presley

Der King des Rock'n'Roll starb auf dem Klo – sein aufgeblähter Magen war voll mit einer ganzen Palette verschreibungspflichtiger Medikamente. Ein amerikanischer Held.

5. Layne Staley (Alice In Chains)

Dieser gepeinigte, mürrische Trottel war während der frühen Neunziger auf MTV zu sehen – vielleicht zu häufig. Er gehörte zur Heroin-umnebelten Grunge-Szene von Seattle und war schon seit Beginn seiner Karriere drauf. In seinen letzten fünf Jahren zog er sich eine Reihe harter Drogen rein, darunter Heroin und Speedballs. Am 5. April 2002 starb er an einer Überdosis aus Heroin und Koks, doch in den darauf folgenden zwei Wochen wurde er von niemandem vermisst. Erst als sein Buchhalter bemerkte, dass keine Kontobewegungen mehr stattfanden, ging man der Sache auf die Spur. Sein verwesender Körper wurde zusammen mit Kokain und einigen Crackpfeifen gefunden. Elvis hat über das „Heartbreak Hotel" gesungen, Layne Staley hingegen lebte zu lange auf einer einsamen Straße.

In Memoriam

Lester Bangs – Valium und Darvon, 1982. Der Hunter S. Thompson des Rock-Journalismus.
John Belushi (Blues Brothers) – Speedball (Kokain und Heroin), 1982
Mike Bloomfield (Electric Flag) – Heroin, 1981
Tommy Bolin (Deep Purple) – Heroin, 1976
John Bonham (Led Zeppelin) – Alkohol, 1980
Tim Buckley – Heroin, 1975
Brian Cole (The Association) – Heroin, 1972
Vincent Crane (The Crazy World of Arthur Brown, Atomic Rooster) – verschreibungspflichtige Medikamente, 1989
Darby Crash (The Germs) – Selbstmord mit Heroin, 1980
Dimwit (DOA) – Heroin, 1996
DJ Screw – Hustensaft mit Kodein, 2000
Nick Drake – Überdosis Antidepressiva, 1974
John Entwistle (The Who) – Kokain, 2002
Brian Epstein (Manager der Beatles) – verschreibungspflichtige Beruhigungsmittel, 1967
Peter Farndon (The Pretenders) – Heroin, 1983
Brenda Fassie – Crack und Kokain, 2004. Die Diva Südafrikas.
Mary Ann Ganser (Shangri-Las) – Beruhigungsmittel, 1970
Jerry Garcia – Kokain, Heroin, Hamburger (Herzinfarkt verursacht durch multiplen Drogenmissbrauch und Junk Food)
Andy Gibb – Kokain (Herzversagen auf Grund von Kokainmissbrauch), 1988
Dwayne Goettel (Skinny Puppy) – Heroin, 1995
Rick Grech (Blind Faith, Traffic) – Alkohol (Leber- und Nierenversagen), 1977
Tim Hardin – Heroin und Morphium, 1980
Helno (Les Negresses Vertes) – Heroin, 1993
Jimi Hendrix (Jimi Hendrix Experience, Band of Gypsies) – Alkohol und Schlaftabletten, 1970
Gregory Herbert (Blood, Sweat & Tears) – Kokain, 1978
Bob Hite (Canned Heat) – Herzinfarkt, möglicherweise auf Grund

von Drogen. Hite kollabierte 1981 auf der Bühne.
Shannon Hoon (Blind Melon) – Kokain, 1995
James Honeyman-Scott (The Pretenders) – Kokain, 1982
Rick James – Kokain, Methedrin, Valium, Vicodin und weitere Substanzen, 2004
Janis Joplin (Big Brother and the Holding Company) – Heroin, 1970
Paul Kossoff (Free) – unspezifischer, auf Drogen zurückzuführender Herzinfarkt, 1976
Peter Laughner (Pere Ubu) – Alkohol (Bauchspeicheldrüsenkrebs durch übermäßigen Alkoholkonsum)
Jimmy McCulloch (Paul McCartney and Wings) – Heroin, 1980
Robbie McIntosh (Average White Band) – Kokain, 1974
Jonathan Melvoin (Smashing Pumpkins, The Revolution) – Heroin, 1996
Miss Christie (GTOs) – unspezifische Überdosis, 1972
Gabriel Miller (Endeaver, Minute 61, The Invocation, The Requiem) – unspezifische Überdosis, 2006
Keith Moon (The Who) – Sedativa, 1978
Jim Morrison (The Doors) – Heroin (keine offiziell bestätigte Todesursache), 1970
Billy Murcia a.k.a. Billy Doll (New York Dolls) – Methaqualon und Alkohol, 1972
Brett Mydland (Grateful Dead) – Speedball (Kokain und Heroin), 1990
Ryan Noel (A.R.E. Weapons) – Heroin, 2005
Bradley Nowell (Sublime) – Heroin, 1996
Ol' Dirty Bastard (Wu-Tang Clan) – Kokain und verschreibungspflichtige Narkotika, 2004
Bryan Ottoson (American Head Charge) – verschreibungspflichtige Narkotika und Alkohol, 2005
Elin Overskott (Dismal Unity) – Heroin, 2004
Malcolm Owen (The Ruts) – Heroin, 1980
Gram Parsons (The Byrds, Flying Burrito Brothers) – Morphium und Alkohol, 1973

Jon Paulos (The Buckinghams) – unspezifische Überdosis, 1980
Rob Pilatus (Milli Vanilli) – Selbstmord durch Barbiturate, 1998
Elvis Presley – verschreibungspflichtige Narkotika, Beruhigungsmittel und Stimulanzien, 1977
Robert Quine (Richard Hell and the Voidoids, Material) – Heroin, 2004
Carl Radle (Derek and the Dominos, Delaney and Bonnie and Friends) – Heroin und Alkohol (Nierenversagen verursacht durch Heroin- und Alkoholmissbrauch), 1980
Dee Dee Ramone (The Ramones) – Heroin, 2002
David Ruffin (The Temptations) – Crack und Kokain, 1991
Stephanie Sargent (Seven Year Bitch) – Heroin, 1992
Bon Scott (AC/DC) – Alkohol (akute Alkoholvergiftung), 1980
Will Shatter (Flipper) – Heroin, 1987
Hillel Slovak (Red Hot Chili Peppers) – Speedball (Heroin und Kokain), 1988
Rory Storm (Rory Storm and the Hurricanes – Ringo Starrs erste Band) – Beruhigungsmittel, 1972
Vinnie Taylor (Sha Na Na) – Heroin, 1974
Gary Thain (Uriah Heep) – Heroin, 1975
Johnny Thunders (New York Dolls, The Heartbreakers) – Heroin, 1991
Sid Vicious (Sex Pistols) – Heroin, 1979
Gene Vincent – aufgeplatzte Magengeschwüre durch Alkoholmissbrauch, 1971
Kelly Wells (Meat Loaf) – Speedball (Heroin und Kokain), 1984
Danny Whitten (Neil Young and Crazy Horse) – Heroin, 1972
Al Wilson (Canned Heat) – Barbiturate, 1970

18 Ecstasy

Ecstasy oder auch MDMA wurde von der Firma Merck am Ende des 19. Jahrhunderts synthetisiert, aber die Entdeckung der Wirkung als Droge im Jahr 1977 ist auf den legendären, psychedelischen Chemiker Alexander Shulgin zurückzuführen. Wenig später kursierte Ecstasy innerhalb einer kleinen Gruppe von Psychotherapeuten und psychedelischen Vordenkern. Die ersten Ecstasy-Nutzer hatten das Gefühl eines tiefgehenden Friedens und Verstehens – Angst und Paranoia verflogen, Liebe, Mitgefühl und Vertrautheit bestimmten das Empfinden. Fast alle Konsumenten berichteten von diesen Erfahrungen. Eine neue Kategorie musste für die Droge benannt werden – vielleicht Empathogen, also eine Substanz, die empathische Gefühle stimuliert.

Unmittelbar darauf tauchte der Stoff in der Szene der psychedelisch geprägten, elektronischen Dance Music auf, die in Goa aufblühte und von dort aus die aufkeimende Dance-Music-Kultur in Großbritannien inspirierte – die Raves waren geboren.

Viele alte Hippies dachten, mit X endlich die ideale Liebesdroge gefunden zu haben, die den Abwehrmechanismus eines jeden Individuums dahinschmelzen lässt. Wenn nur jeder Ecstasy einwerfen würde, ja, dann würden sich alle in einem riesigen Kumbaya-Kreis aufstellen und

Kriege wie auch Gewalt lösten sich im Nichts auf. Gerüchte machten die Runde, dass man Gorbatschows Leute auf X gebracht hätte. Das sollte in Esalen, einem kalifornischen Zentrum der New-Age-Bewegung, geschehen sein, wo die „Diplomatie der Bürger“ eingeübt wurde, mit der Absicht, die Barrieren zwischen der UDSSR und den USA niederzureißen. (Vielleicht geschah das so? Eventuell funktionierte es. Wie können wir es wissen?).

Zum heutigen Zeitpunkt hat Ecstasy, zumindest innerhalb der amerikanischen Mainstream-Kultur, die ursprüngliche Bedeutung verloren (wie auch alles andere). X wird als Partydroge angesehen, die genommen wird, um gut draufzukommen. Ideal, um nächtelanges Tanzen zu ermöglichen, sexuelle Hemmungen herabzusetzen und die Leute zum übermäßigen Knuddeln zu bringen. Während die Droge noch an Neo-Hippie-Raver und psychedelische Adepten verkauft wird, die die immanenten Ecstasy-Ideale hochhalten, findet sie sich auch bei polytoxischen Konsumenten und Drogenabhängigen, Gangstas, DJs, Extremsportlern, Highschool-Kids und knallharten Geschäftsleuten. Doch leider scheint sich ihre Einstellung zur Welt und zum Leben dadurch meist kein bisschen zu ändern. (Der Gangsta-Rap-Mogul Irv Goti von Murder Incorporated wurde bei einem Konzert von R. Kelly mit einer Dosis Ecstasy und illegalen Viagra-Tabletten festgenommen).

Aktuelle, legal durchgeführte Tests haben bewiesen, dass Ecstasy viel versprechende Anwendungsmöglichkeiten bietet. Es kann als Hilfsmittel bei einer Paartherapie eingesetzt werden und zur Erleichterung der Behandlung des posttraumatischen Stress-Syndroms. Die allerersten Experimente mit der Droge zeigen auch noch andere therapeutische Dimensionen auf. In der Zwischenzeit werden Musiker X aus den richtigen oder falschen Gründen schlucken, abhängig vom Charakter, Tag und dem IQ.

Die besten Ecstasy-Zitate

Shane McGowan (The Pogues): „Junge weiße Psychopathen, junge schwarze Psychopathen, junge pakistanische Psychopathen, junge schwule Psychopathen – die ganzen verdammten Rassen und

Gruppen zusammen auf einem Ecstasyrausch; die tanzen in einer Linie wie eine verfluchte Trommelgruppe … ein gigantischer, wahnsinniger Morast der Menschlichkeit." *Nur ein besoffener irischer Poet kann dieses ganze „Liebesdrogen"-Ding in die richtige Perspektive rücken.*

Marilyn Manson: „Es war das erste Mal, dass ich einen Pavian von Angesicht zu Angesicht sah. Sie rieten mir, ihm auf keinen Fall direkt in die Augen zu starren. Dann durfte ich da rein. Irgendein verantwortungsloser Bastard meinte: ‚Lass uns Marilyn Manson auf Ecstasy zusammen mit einem rotarschigen Pavian in einen Käfig einsperren.'" *Manson in der* Graham Norton Show *über die Ecstasy-Erfahrungen in einem Zoo.*

Eminem: „Zieh dir niemals Ecstasy, Bier, Bacardi, Gras, Vivarin *(koffeinhaltige Tabletten)*, Pepto Bismol, Tums, Tagamet HB *(die drei letztgenannten Medikamente helfen bei Sodbrennen)*, Xanax und Valium am gleichen Tag rein. Nachts hast du dann nämlich Schlafprobleme."

Madonna: „An dem Abend, als ich Michael Rosenblatt traf, der mich bei Sire Records unter Vertrag nahm, knallte ich ihm das Demo-Tape in die Hand, dann warfen wir eine Ecstasy-Pille ein und tanzten die ganze Nacht lang." *Madonna gibt endlich den illegalen Drogenkonsum zu. Doch was sagt die Kabbala dazu?*

America Family Association (Pamphlet): „Ich war Zeuge, als die Security von Marilyn Manson Kindern flüssiges Ecstasy gab und diese Kinder – neun, zehn oder elf Jahre alt – standen dann unter der Wirkung der ‚Liebesdroge', sie wurden gefügig gemacht, um Sex zu haben." *Das stammt von Reverend Wildmons American Family Association. Diese rechten Christen haben schon von Natur aus solch lebhafte, apokalyptische Halluzinationen, dass sie überhaupt keine Drogen mehr benötigen.*

Ecstasy-Kultur

1. Acid House (Raves)

Vgl. „Hört auf! Gegen Musiker auf Drogen"

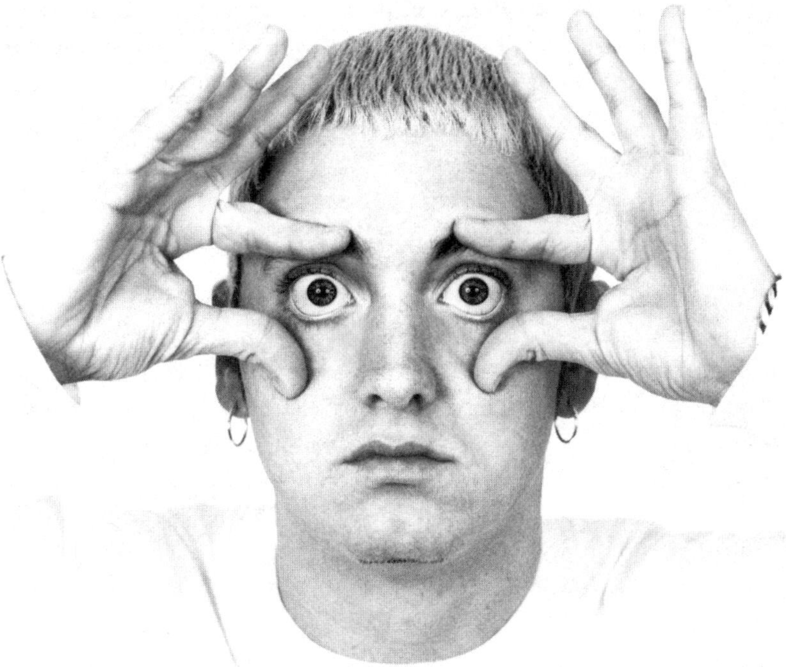

Ein Mix aus Ecstasy und anderen Drogen hält länger wach

2. Hyphy

Eine Art schneller HipHop, der seinen Ursprung in der San Francisco Bay Area hat. Die Szene hängt nicht so stark zusammen, wie es beim konventionellen HipHop der Fall ist. Diese Subkultur, in der alle Rassen vertreten sind, ruft das Publikum dazu auf, verrückt herumzutanzen, und ermuntert sie, verspielt und albern zu sein (was als „Getting Stupid“ bezeichnet wird). Ecstasy und auch Gras und Alkohol sind ein wichtiger Teil der Szene.

Die Top 8 der Ecstasy-Songs

1. „Justified And Ancient (Stand By The Jams)“ – KLF

„Wir sind sehr alt und haben unsere Berechtigung.“ Das hätte ich selbst nicht besser sagen können. KLF ist die Abkürzung für Kalisti Liberation Front. Sie ist ein grundlegendes Konzept innerhalb des Diskordianismus (Informiert euch im Internet, Leute!). Sie nannten sich auch „die rechtmäßigen Alten von Mu Mu“ und „The Timelords“. Diese Typen waren hyperreal, Boten einer anarchistischen/Acid-Ideologie, die sich auf die brillanten und oft urkomischen Schriften des psychedelischen Science-Fiction-Autors und Philosophen Robert Anton Wilson beziehen. Als moderne Hofnarren der Medienwelt lassen sie den Sex-Pistols-Experten Malcom McLaren ebenso verblassen wie Tipper Gore. In einem ihrer wohl extremsten Augenblicke feuerten sie bei den BRIT-Awards, dem britischen Äquivalent zu den Grammys, einige Maschinengewehrsalven Platzpatronen ins Publikum. Andere Performance-Kunst-Gags aus ihrem „Operation Mindfuck“-Spielplan sind weniger erschreckend, vielleicht aber sogar noch witziger.

Anspruchsvoller Stoff. Der musikalische Kern liegt eindeutig im Rave. Es dreht sich darum, die kollektive Party in diese berauschende, neurologische Liebeszone zu transformieren, auch Ekstase genannt. Dieser Titel gehört zu den zahlreichen Songs der Band, der den Hörer dorthin befördert.

2. „Move Any Mountain“ – The Shamen (1991)

Ende der Achtziger und zu Beginn der Neunziger befanden sich The Shamen auf einem etwas ernsthafteren Trip und übermittelten die

„Vibrations“ in die britische Rave-Szene. Mit verschiedenen Songs, in denen Ecstasy – oder sogar MDMA – direkt genannt wurde, und einer gemeinsamen Aufnahme-Session mit dem psychedelischen Pilz-Guru Terence McKenna pressten The Shamen ihren Drogeneinfluss in eine durchsichtige Gelatinekapsel, sodass es die ganze Welt sehen konnte. „Move Any Mountain“ war die erste Hit-Single in Großbritannien und vielleicht auch ihr bester Song – wobei der Remix von Frankie Bones das Original vielleicht noch übertrumpft.

3. „Tarantula“ – This Mortal Coil (1986)
Es gibt Songs von Ecstasy-Bands, die mit allen nur erdenklichen Variationen der House Music assoziiert werden. Und es gibt Songs, die einfach sagenhaft klingen, wenn der Hörer auf Ecstasy ist. Alles in allem bevorzuge ich letztere. This Mortal Coil war ein Projekt von 4AD-Records, an dem sich Bands wie Colourbox, Dead Can Dance, The Wolfgang Press oder Cocteau Twins beteiligten. Die melancholische und düstere Stimmung des Songs von dem Album *Filigree And Shadow* mag an Heroin erinnern, aber der satte Sound und die Schönheit evoziert eher das High und das unbeschwerte Gefühl eines Ecstasy-Trips – egal, ob man auf X ist oder nicht. Ein Ratschlag: Nimm das Doppel-Album plus eine doppelte Dosis mit auf eine einsame Insel!

4. „Glory Box“ – Portishead (1995)
Noch mehr düstere Ecstasy-Musik zum Abheben. Einige Hörer bezeichnen den Sound der Band wie auch den von Mortal Coil als Depri-Musik, aber sie verstehen einfach nicht, dass die wahre Glückseligkeit immer mit einem Hauch Melancholie gefärbt ist.

5. „Hallelujah (Rave On)“ – Happy Mondays (1989)
Die Psychos aus Manchester (Vgl. „Heiße Razzien und dicke Geschäfte“) fühlten Liebe und Ekstase und teilten 1989 diese Emotionen mit ihrem Publikum.

6. „Little Fluffy Clouds“ – The Orb (1990)
Das zugekifft klingende Mädel, das über diese schönen, flauschigen Wolken singt, ist Rickie Lee Jones, eine für kurze Zeit populäre Künstlerin

aus dem Singer/Songwriter-Genre, bekannt für ihre Baskenmütze, ihr Getue, als gehöre sie zu den Beatniks, und den Hitsong „Chuck E's In Love". Hier klingt sie – je nach individueller Stimmung –wie eine verzückte Tusse oder jemand, mit dem man voll auf X auf einem freien Feld liegen möchte. Die Musik transportiert ein rundum positives und angenehmes Gefühl.

7. „The Sensual World" – Kate Bush (1989)
Falls *The Hounds Of Love* bei einem Halluzinogen- oder Ecstasy-Trip gehört wird, ist es *das* Kate-Bush-Album, das den Hörer in eine andere, bedeutendere Region befördert. Falls aber nur ein Song zur Diskussion steht, sollte die Wahl auf „The Sensual World" fallen – der Song durchströmt wohlig den Rezipienten.

8. „Ray Of Light" – Madonna (1998)
Das unbedeutende Mädchen kreiert hier mit Hilfe der Produktionskünste des Elektronik-Künstlers William Orbit einen guten Song. Das komplette, nach dem Song benannte Album ist Madonnas beste Arbeit … *bei weitem!*

Britney Watch

Hast du dich jemals darüber gewundert, warum Britney Spears so warmherzig, freundlich und spielerisch mit den Paparazzi-Haien umging, die jede ihrer Bewegungen während der großen Britney-Krise 2007/2008 verfolgten? Tja, vielleicht waren dem armen Mädchen die Freunde ausgegangen, mit denen sie sich aussprechen konnte? Vielleicht brauchte sie auch nur die Hilfe der Knipser, wenn sie mal wieder einen Wagen zu Schrott gefahren hatte? Aber möglicherweise liegt der Grund in dem Gefühl der Freundlichkeit gegenüber Fremden, das von Britneys Droge der Wahl, Ecstasy, erzeugt werden kann.

Schon lange kursierten Gerüchte, aber erst kürzlich hat ihr Ex-Ehemann Jason Alexander (nein, nicht *der* Jason Alexander), mit dem sie 58 Stunden lang verheiratet war, bestätigt, dass Ecstasy zusammen mit Kokain ihre große Liebe darstellt. Alexander erklärte gegenüber dem

Sunday Mirror: „Nachts warfen wir Ecstasy, um Party zu machen, am Tag Kokain, um wach zu bleiben. Dann nahmen wir Downers wie Valium oder Vicodin, um runterzukommen und uns auszuruhen. Zum Jahreswechsel 2003/2004 blieb Britney drei Tage lang wach. Da konnte ich nicht mithalten." Alexander erzählte dem *Mirror*, dass er und Brit beinahe eine Überdosis Ecstasy genommen hätten, da sie sich zuviel in den Rachen geworfen hatten, ohne es vorher zu wiegen und zu dosieren. „Ich dachte: ‚Diese Schlampe kratzt hier verdammt noch mal vor meinen Augen ab'", erinnert sich Alexander. Achtung, Jason, die Schlampe ist wieder da!

19

Timothy Leary

Er war der LSD-Guru (und hasste diese Bezeichnung) und eine Leitfigur der psychedelischen Gegenkultur. Von ihm stammte der 1966 an junge Leute gerichtete Slogan „Turn On, Tune In, Drop Out". Timothy Leary bevorzugte es aber eher, mit Rockstars und anderen Persönlichkeiten zusammen zu sein, als mit Hippie-Dropouts. Das kann besonders von den Achtzigern und Neunzigern behauptet werden, in denen Leary zu einem Partylöwen der A-Szene in Los Angeles wurde, während er andererseits seine antiautoritäre und Technologie-verherrlichende Botschaft predigte. Der gesellige und vor Energie strotzende Leary hat wahrscheinlich mit Tausenden von Rockmusikern Partys gefeiert. Darüberhinaus nahm er an zahlreichen Aufnahmesessions und Video-Shootings teil. Sein Name ist in unzähligen Songs erwähnt worden. Ich war glücklicherweise in der Lage, mein Gehirn partiell zu aktivieren, um einen Teil der mannigfaltigen Leary-Verflechtungen zu präsentieren.

Songs, in denen Leary oder seine Theorien erwähnt wurden

1966

„Tomorrow Never Knows“ – The Beatles
(Vgl „Die Beatles und die Drogen“)

1967

„Turn On, Tune In, Drop Out“ – The Fugs

1968

„Let The Sunshine In“ – *Hair: The Soundtrack*

„Legend Of A Mind“ – The Moody Blues
„Timothy Leary's dead„ – diese Textzeile stammt von dem in den Sechzigern veröffentlichten Moody-Blues-Album *In Search Of The Lost Chord*. Ray Thomas, der Komponist, erklärte in den Siebzigern, dass er Leary damit „so richtig verarschen wollte“, aber niemand außer dem Doktor selbst den Witz verstanden habe. Alle meinten, in dem Song läge eine bedeutende, psychedelische Botschaft verborgen. Leary und Thomas wurden lebenslange Freunde.

1969

„Give Peace A Chance“ – John Lennon/Plastic Ono Band

„Come Together“ – The Beatles
Ursprünglich kreierten Lennon und Leary den Song. Er basiert auf einem Slogan aus Learys Wahlkampagne für das Amt des Gouverneurs von Kalifornien in den Sechzigern. Seit der Ersteinspielung wurde er unter anderem gecovert von den Rolling Stones, Michael Jackson, Aerosmith, den Supremes, Diana Ross, Joe Cocker, Soundgarden, Robin Williams & Bobby McFerrin, den Brothers Johnson, Enrique Bumberry und Toxic Audio (Vgl. „Die Beatles und die Drogen“).

1970
„The Seeker" – The Who
Townshends Protagonist kann die Antwort auf die Rätsel des Lebens nicht finden und beklagt sich, dass ihm weder die Beatles, noch Bobby Dylan oder Timothy Leary helfen.

1982
„Timothy Leary Lives" – Pop-O-Pies
Der Titel stammt von einer Punk-EP, die auch eine urkomische Fassung des Grateful-Dead-Songs „Truckin'" enthält. In dem Song wird ein für die CIA arbeitender Leary beschrieben, der die Wasserversorgung mit Acid versetzt.

1992
„Technical (You're So)" – The Magnetic Fields
Eine gewiefte Satire auf die Technokultur der frühen Neunziger, mit der Leary eng verbunden war. Sein Name wird auch direkt erwähnt.

1995
„Nevermore" – Nevermore
Ein Song über Leary von einer Metal-Band aus Seattle, die ihn sehr verehrt hat.

1996
„Timothy Leary Lives" – The Moody Blues
Die Jungens spielten eine Neufassung von „Legend Of A Mind" ein, bei der die Zeile „Timothy Leary's dead" in „Timothy Leary lives" umgewandelt wurde. Es sollte eine Hommage an den an Krebs sterbenden Doktor sein.

„The Politics Of Ecstasy" – Nevermore
Das ganze Album basiert auf einem Buch von Leary.

1997
„Ain't Goin' To Goa" – Alabama Three
Der Track beschreibt Leary als „Acid-Händler des FBI".

1998
„Ride My See-Saw“ – Bongwater
Eine Version des Moody-Blues-Songs, bei der Leary im Text erwähnt wird.

2007
„Timothy Leary“ – Guster
Eine Nummer zu seinen Ehren.

Plattenaufnahmen mit Timothy Leary

1968
You Can Be Anyone This Time Around – Timothy Leary
Ein Spoken-Word-Album, auf dem auch Jimi Hendrix, Stephen Stills, John Sebastian (Lovin' Spoonful) und Buddy Miles zu hören sind.

1969
„Give Peace A Chance“ – John Lennon and Plastic Ono Band
(Vgl. „Die Beatles und die Drogen“)

1972
Seven Up – Ash Ra Tempel
Leary schrieb den Text und sang auf dem Album dieser deutschen Psychedelic-Band. Zu dieser Zeit befand er sich auf der Flucht vor der US-Regierung und lebte in der Schweiz. Die Platte basiert auf Learys Theorie der sieben Gehirnkreise (später nannte er acht), die von speziellen Drogen und/oder Technologien aktiviert werden.

1988
„Tune In (Turn On To The Acid House)“ – Psychic TV
Ein Sample von Leary kommt zum Einsatz.

1990
The Origins Of Dance – Timothy Leary and The Grid
Leary bringt hier einen Spoken-Word-Beitrag zu Acid-House-Musik.

1992

„Fist Fuck" – Nine Inch Nails
Leary wird erneut gesamplet.

1993

„Gila Copter" – Revolting Cocks
Leary singt auf dem Track.

1997

Beyond Life – Timothy Leary
Eine Hommage an Leary, nach seinem Tod eingespielt. Meist produzieren oft unbekannte Ambient-House-Musiker Beiträge zu Sprachaufnahmen von Leary. Unter anderem sind auch Musiker der Moody Blues und Al Jourgensen von Ministry mit dabei. Madonna hatte ihre Bereitschaft, an dem Album mitzuwirken, erklärt, aber es sollte nicht sein.

2000

„Third Eye" – Tool
Ein Sample von Learys bekannter Underground-Unterweisung „Think for Yourself and Question Authority" wird genutzt.

„Introduction By Timothy Leary" – Babes In Toyland
Leary stellt die Band bei einem Konzert auf der Lollapalooza-Tour vor. Der Track befindet sich auf einer Collection-CD der Babes in Toyland.

2004

Ancient Lights And The Blackcore – Timothy Leary mit DJ Cheb I. Sabbah, Scorn, Seefeel, Yanomani Shaman
Leary spricht vor einem musikalischen Hintergrund, den verschiedene Künstler schaffen.

Rockfilme und Videos mit Leary

1969
„Give Peace A Chance“ – John Lennon and Plastic Ono Band
Musikvideo (Vgl. „Die Beatles und die Drogen“).

1983
We're All Devo – Devo
Leary in der Hauptrolle, zusammen mit Laraine Newman von der *Saturday Night Live*-Show. In diesem Devo-Film des Regisseurs Jerry Casales spielt er den Dr. Byrthfood.

1987
„Possessed To Skate“ – Suicidal Tendencies
Musikvideo.

1991
„Cracking Up“ – Revolting Cocks
Musikvideo.

1992
Roadside Prophets
Spielfilm, bei dem Abbe Wool Regie führte. Leary mimt einen transzendentalistischen Farmer, der einen Pickup fährt. Adam Horowitz von den Beastie Boys und John Doe von X spielen die Hauptrollen in diesem Indie-Film, der positive Reaktionen erntete.

1993
„Stuff“
Kurzfilm mit Johnny Depp, bei dem John Frusciante (Red Hot Chili Peppers), Gibby Haynes (Butthole Surfers) und Leary mitspielen.

1995
„Galaxie“ – Blind Melon
Musikvideo.

2007

Across The Universe

Dr. Tim wird in diesem witzigen Film zu der Musik von „Being For The Benefit Of Mr. Kite“ als Dr. Geary parodiert. Julie Taymor führte Regie. Der Streifen basiert auf verschiedenen Beatles-Songs (Vgl. „Musikfilme und Drogen“).

Auf Tour mit Leary

1993

Babes In Toyland At Lollapalooza

Leary tritt zusammen mit der Riot-Girl-Band Babes In Toyland im Rahmen der Lollapalooza-Tour auf und sagt sie auf der Bühne an.

Besucher des magischen Schlosses

Von 1965 bis 1968 lebten Leary und seine Crew psychedelischer Forscher in einem magischen Herrenhaus im ländlichen Millbrook, New York. Einige Musiker machten auf ihrem Trip dort Zwischenstation.

Deborah Harry (Blondie)

Etliche Jahre vor der Gründung von Blondie besuchte die junge Debbie Harry einen Workshop von Timothy Leary.

The Grateful Dead

Donald Fagen und Walter Becker (Steely Dan)

Während die beiden zukünftigen Steely-Dan-Musiker noch das Bard College besuchten, spielten sie in einer Band mit Chevy Chase am Schlagzeug. Wie auch viele andere coole Studenten gehörten sie zu der Millbrook-Szene.

Leary brachte sie auf den Acid-Geschmack (durch einen Handlungsreisenden)

Leary hatte in Harvard schon ein Jahr lang an einem Psilocybin-Forschungsprojekt gearbeitet, als ihn ein spitzbübischer Brite namens Michael Hollingshead 1961 mit LSD bekannt machte. Hollingshead gehörte später auch zur Millbrook-Szene. 1966 schickten Leary und seine Acid-Revolutionäre ihn mit einem Gramm LSD zurück nach Großbritannien, um das Land auf den richtigen Trip zu bringen. Der „Handlungsreisende" Hollingshead belieferte Paul McCartney, Keith Richards, Eric Clapton und Donovan mit ihren ersten Trips.

Die Beatles, die Stones, Bob Dylan … und Leary

Die Beatles

John Lennon war der Beatle, der von Leary am stärksten beeinflusst wurde. Zugleich stand er ihm auch am nächsten, und die beiden hatten eine komplexe Beziehung.

Nachdem Lennon „Come Together" für Learys Wahlkampagne geschrieben hatte, wurde der Doc wegen des Besitzes von Marihuana ins Gefängnis geworfen. Nach dem Ende der Kampagne nutzte Lennon den Song für *Abbey Road*. In dem berühmten Interview des Musikers mit dem *Rolling Stone* 1971, das unter der Überschrift „Lennon Remembers" veröffentlicht wurde, bezeichnet der Beatle Learys *Psychedelic Experience* als „das dämliche Buch".

Nichtsdestotrotz konnte Lennon noch als Mitkämpfer Learys bezeichnet werden. Im selben Jahr konnte der Doktor dank der Hilfe des Weather Underground und einer Acid-Gang namens The Brotherhood of Eternal Love aus dem Gefängnis fliehen. Mit einem Zweig der amerikanischen Black Panther Party und seiner Frau Rosemary, die auch den Refrain von „Give Peace A Chance" mitsingt, lebte er im Exil in Algerien zusammen. Die Panther bereiteten Leary eine schwierige Zeit. Durch verborgen agierende Quellen, die dem Weather Underground positiv gesonnen waren, sandte Lennon 5.000 Dollar zur Unterstützung an die Learys. Doch die Leute vom Weather Underground behielten das Geld.

Nachdem Leary gefangen und wieder ins Gefängnis gebracht wurde, begann er sich über Lennons Nutzung von „Come Together" zu beschweren. 1974 schrieb er einen verbitterten Essay mit dem Titel „The Outlaw Industry". Darin beschuldigte er Lennon, Mick Jagger und vor allem Bob Dylan, die Rebellion der Jugendlichen auszubeuten. Dieser Beleidigung noch eine Verletzung hinzufügend, wurde der Artikel vom Herausgeber William F. Buckley in der erzkonservativen *National Review* veröffentlicht. Lennon war hochgradig verärgert.

Später entschuldigte sich Leary in der Öffentlichkeit für die üble Nachrede bezüglich Lennon, Jagger und Dylan, und kreidete es einem schweren Fall von „Prison Blues" an. Zu diesem Zeitpunkt war Lennon aber schon gestorben. Yoko vergab ihm dennoch, und in den Neunzigern waren ihr Sohn Sean, sie und Leary beste Freunde.

George Harrisons Song und das gleichnamige Album *All Things Must Pass* sind möglicherweise auf eine Interpretation des Tao Te King von Timothy Leary zurückzuführen, die der LSD-Guru *Psychedelic Prayers from the Tao te Ching* betitelte.

Die beiden Partylöwen Ringo Starr und Timothy Leary wurden Ende der Siebziger in Los Angeles gute Freunde. Der Beatles-Drummer besuchte die Learys regelmäßig. Bei der Party anlässlich des Erscheinens von Learys Autobiografie *Flashbacks* gehörte Ringo zu den Gästen.

Rolling Stones

Die Beatles waren eindeutig von Leary beeinflusst worden, besonders durch John Lennon. Die Beziehung zwischen Leary und den Stones entwickelte sich hingegen in eine andere Richtung. Obwohl er zu keinem der Mitglieder einen engen Kontakt pflegte, wurde seine Beziehung zu der Gruppe als Teil einer Szene merkwürdig eng.

Leary und Jagger begegneten sich bereits in den Sechzigern. Die beiden kifften zusammen, kurz bevor beim Altamont-Festival die Hölle ausbrach, doch die Leary/Stones-Connection sollte sich beim Doktor noch stärker entwickeln, und zwar in den frühen Siebzigern. Damals lebten Leary wie auch die Band im Exil. Leary stand unter dem zeitlich begrenzten Schutz der Schweizer Regierung, nachdem er den Black

Panthers entkommen war. Er hatte seine Zelte in Lausanne aufgeschlagen, während Keith Richards & Co. im Steuerparadies der Stones in Frankreich verweilten. Leary schlüpfte über die Grenze, um den Gitarristen und Anita Pallenberg (auch sie ein bekennender Leary-Fan) zu besuchen. Später behauptete er, die Anwesenheit des Pärchens hätte ihn zu einem kurzfristigen Experiment mit Heroin angeregt.

Ein noch interessanterer, aber eher indirekter Ansteckungsfaktor zwischen den beiden Exillagern erschien in der Person des eleganten, philosophischen Dealers von Koks und psychedelischen Drogen, der sich selbst Prince Alexis nannte. Er pendelte zwischen Frankreich und der Schweiz. Alexis sollte eine der wichtigsten Personen in Learys okkult-neurologischer Evolutionstheorie werden, die in Ideen und Situationen wurzelte, die die beiden während einer Reihe schwieriger und anspruchsvoller Acid-Trips entwickelten bzw. erlebten.

Und dann war da auch noch Joanna Harcourt-Smith. Die rebellische und außergewöhnlich dekadente Jet-Set-Tochter einer reichen Schweizer Familie fand ihren Weg zu den Stones in Frankreich, wo sie schnell Freundschaft mit Anita Pallenberg schloss. Pallenberg, die sich immer ein wenig als Drahtzieherin im Hintergrund betrachtete, entschied, dass Joanna ihr Glück mit Leary versuchen sollte, den sie ihr in leuchtenden Farben als den wichtigsten Philosophen der Welt anpries. Leary wohnte vorübergehend bei einem reichen, aber gerissenen Gentleman, mit dem Joanna schon eine Beziehung gehabt hatte. Doch es kam, wie es kommen musste. Leary und Harcourt-Smith begegneten sich, nahmen wochenlang ununterbrochen riesige Mengen LSD, was dann tatsächlich in so etwas wie einer Liebesbeziehung resultierte.

Die Affäre zwischen Harcourt-Smith und Leary endete in einem schwer durchschaubaren „Spion-gegen-Spion-gegen-Spion"-Abenteuer, das die Vorlage zu einem guten Drehbuch abgeben könnte, da solche Geschichten nur das wahre Leben schreiben kann – die ganze Story hier wiederzugeben, würde den Rahmen des Buches sprengen. (Wir warten auf den Film, mit Leo DiCaprio in der Rolle des Tim). In aller Kürze: Letztendlich beschuldigten viele Persönlichkeiten der Gegenkultur Harcourt-Smith, ein Spion zu sein, der Leary wieder den USA in die Fänge spielte und ihn überredet hatte, mit dem FBI zu kooperieren. Sie zumindest *kooperierte* mit den amerikanischen Drogenfahndern, verpfiff einige LSD-Chemiker und räumte ein ganzes Labor leer, in dem sich LSD im Werte von einigen Millionen Dollar befand.

Schieb's der verdammten Anita in die Schuhe!

In den Achtzigern pflegten Leary und seine Frau Barbara eine freundschaftliche Beziehung zu Ron Wood und seiner Frau Jo.

Bob Dylan

Leary und Dylan waren Feinde! Von 1966 bis 1968 lebten beide mit ihren jeweiligen Jüngern auf dem Land im Staat New York. Viele Hipster bewegten sich zwischen den beiden Lagern, aber Dylan meinte, Leary wäre blöd und uncool, und so trafen die beiden sich nie. Dann schrieb Leary den Artikel im *National Review*, in dem Dylans „Barbiturat-Barbarei" angeprangert wurde. Die Trennlinie war gezogen, der Fluch gesprochen. Kurz darauf sagte Dylan in einem *Playboy*-Interview, Leary hätte „die Sixties ruiniert", indem er die New Yorker Underground-Szene durch zu viel Publicity zerstört habe. Auf verschiedenen Vortragreisen in den Siebzigern, zu einer Zeit, als die Leute immer noch über eine mögliche Reunion der Beatles sprachen, eröffnete Leary seine Seminare mit einem Witz: „Die Sechziger kommen wieder zurück. Bob Dylan hat sich erholt und packt's wieder."

In den Neunzigern freundete Dylan sich mit dem psychedelischen Forscher John Lilly an, Learys Nachbar in Malibu. Obwohl sich Dylan und Leary nun in ähnlichen sozialen Kreisen bewegten, trafen sie sich nie.

Seine besten Freunde

Seit den Sechzigern ...

Grace Slick (Jefferson Airplane)
John Perry Barlow (Texter von Grateful Dead)
Justin Hayward (Moody Blues)
Paul Kantner (Jefferson Airplane)
Ray Thomas (Moody Blues)
Roger McGuinn (The Byrds)
Yoko Ono

Seit den Siebzigern …

David Gilmour (Pink Floyd)
Harry Nilsson
Klaus Schulze (Tangerine Dream, Ash Ra Tempel)
Mark Mothersbaugh (Devo)
Ringo Starr

Seit den Achtzigern …

Chris Blackwell – der Besitzer von Island Records stellte Leary einen Ferienwohnsitz in Jamaika zur Verfügung.
David Byrne (Talking Heads)
Genesis P-Orridge (Psychic TV)
Grace Jones – Grace Jones war die beste Freundin von Learys Frau Barbara.

Seit den Neunzigern …

Al Jourgensen (Ministry, Revolting Cocks) – kurz vor seinem Tod bestand Leary, bleich, abgemagert und an einen Rollstuhl gefesselt, darauf, ein Ministry-Konzert zu besuchen.
Babes In Toyland
Bob Gucciono Jr. (Verleger des Musikmagazins *Spin*)
Perry Farrell (Jane's Addiction, Porno For Pyros)
Red Hot Chili Peppers (vor allem Flea)
Sean Lennon
Tool
Trent Reznor (Nine Inch Nails)

Sie schauten vorbei (Bekanntschaften und kurze Freundschaften):

Ash Ra Tempel
Billy Idol

Bob Weir (Grateful Dead)
Bono
Bryan Ferry
D.A. Pennebaker – Produzent berühmter Rockdokumentationen, darunter der Dylan-Film *Don't Look Back* und *Monterey Pop*. Er filmte 1964 auch Learys Hochzeit mit dem Top-Model Nena von Schlebrügge, der Mutter von Uma Thurman.
Gibby Haynes (Butthole Surfers)
Jello Biafra (Dead Kennedys)
Jerry Garcia
Jimi Hendrix
John Lennon
Leonard Cohen
Mick Jagger
Monte Rock III – Die glitzernde Disco-Queen der Siebziger aus New York gehörte zur Hochzeitsgesellschaft von Leary und Nena von Schlebrügge.
Negativland – die junge Spaß- und Experimentalband wurde von Island Records, der Firma des Leary-Kumpels Chris Blackwell, verklagt, weil sie für ihr Album *U2*, das die Band U2 satirisch aufs Korn nimmt, das Urheberrecht verletzt hatte. Leary bat Blackwell per Fax von einer Verfolgung abzusehen, doch ohne Erfolg.
Ronnie Wood (Rolling Stones)
The Edge (U2)
Todd Rundgren

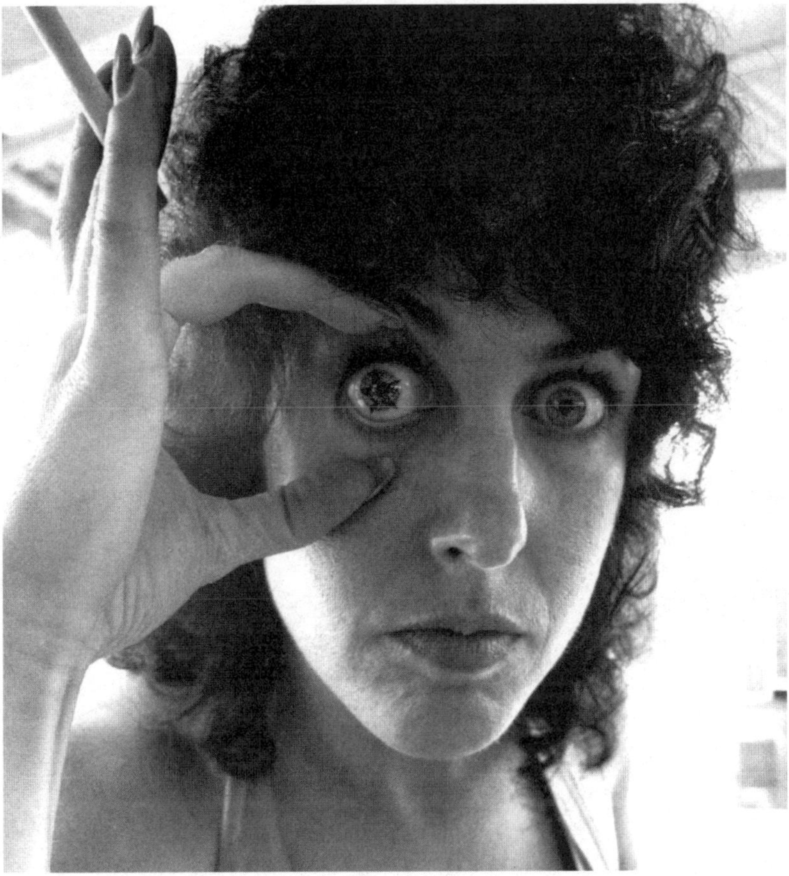

Leary-Freundin Grace Slick – immer auf der Hut vor dem Establishment

20

Speed

Speed ist eine klassische amerikanische Droge. Amerikaner arbeiten härter, setzen sich aggressiver durch und bleiben länger auf, als beinahe alle Bewohner dieses Planeten. Kokain hilft zwar beim Wachbleiben, doch Speed ist billiger, die Wirkung hält länger an und – mal ganz ehrlich – es ist effektiver. Metamphetamin könnte als „Hillbilly-Kokain" oder Koks des kleinen Mannes bezeichnet werden, aber der Unterschied zwischen dem Stoff und Koks ist preislich ungefähr so groß wie zwischen dem Pizzabäcker von nebenan und einem dieser Yuppie-Restaurants, in denen ein daumengroßes Stück Fisch 30 Dollar kostet.

Der Meth-Freak bekommt einen Gegenwert für seine Kohle, und das ist auch der Grund dafür, dass er normalerweise keine Leute zur Geldbeschaffung umbringen muss. Stattdessen bringt er Leute um, weil er in den Klauen einer Amphetamin-Psychose gefangen ist – er ist sich sicher, dass seine Feinde ein Komplott schmieden, um den halluzinierten, israelischen Raketenwerfer aus seinem Wohnzimmer zu stehlen.

Nun aber mal ernsthaft. Unter dem Sammelbegriff Speed werden neben Meth verschiedene Substanzen zur Stimulation zusammengefasst. Seit Speed in Mode kam, haben Dexedrin, Ephedrin und andere Pillen Trucker und Rockmusiker unermüdlich die Weiten Amerikas durchkreuzen lassen. Heutzutage konsumieren Amerikaner genügend Koffein in flüssiger Form, um als leichte Speed-Freaks bezeichnet werden zu können.

Und dann gibt es noch die Pillen von Mama, Ritalin oder Adderal, die Kindern ab fünf Jahren gegen die Aufmerksamkeitsdefizitstörung verschrieben werden (oder Kindern, die mit ihren hypernervösen Eltern nicht klarkommen, die bis zur Kante mit Koffein abgefüllt sind).

Bei tourenden Rockmusikern stand Speed schon lange auf dem Programm, aber der heimtückische Mr. Meth ist wahrscheinlich unter Speed-Metal-Bands und Punk-Rockern besonders beliebt.

Die Top 8 der Rockstars auf Speed

1. Lou Reed

Er ist in erster Linie wegen seiner klassischen Heroin-Songs auf dem Debütalbum von Velvet Underground bekannt, doch in den Siebzigern flippte er auf Methamphetaminen völlig aus und hinterließ den zukünftigen und degenerierten Punk-Rock-Musikern ein extrem schräges und bizarres Erbe. Um das Niveau zu übertrumpfen, müssen die Kinder von Reed und Speed knallhart kämpfen.

2. Jerry Lee Lewis

Er ist der erste Rockstar, der mit einem Haufen Speed-Pillen gefasst wurde, und zudem der Hauptgewinner in der Kategorie der am längsten anhaltenden Amphetamin-Psychose (Vgl. „Die fünfziger Jahre").

3. Lemmy (Motörhead)

Das wildeste Heavy-Metal-Meth-Monster. Lemmy benannte sogar die Band nach seiner Lieblingsdroge. *High Times*: „Wie bist Du auf den Namen Motörhead gekommen?" Lemmy: „Das ist amerikanischer Slang für einen Speed-Freak."

Zitat: „Speed ist meine Lieblingsdroge, weil es mich auf der Bühne gut drauf bringt, aber den meisten Leute würde ich es nicht empfehlen. Es ist einfach nicht gut für sie. Mein Stoffwechsel hat sich darauf eingestellt."

4. Blue Cheer

Jeder gute und anständige Hippie prangerte 1967 das Auftauchen von Methedrin in der Szene von Haight-Ashbury an. 1968 waren die Straßen des gescheiterten Hippie-Utopias voll von ausgemergelten Speed-Freaks mit ausdruckslosen Augen. Diese trostlose Szene brachte aber zumindest eine gute Band hervor – Blue Cheer. Okay, sie waren nicht wirklich *sooo gut*. Eigentlich spielten sie ziemlich mies, hatten aber einen tollen Ansatz. Bevor der Begriff Heavy Metal bekannt wurde, brachten Blue Cheer diesen Sound, eine Art stampfenden, hässlichen Ur-Metal. Mit ihrem lauten, langsamen, donnernden und mit Feedbacks garnierten Rock gelang ihnen sogar ein Hit – die Cro-Magnon-Version des Rock'n'Roll-Klassikers „Summertime Blues" von Eddie Cochran. Blue Cheer benannten sich nach einer Acid-Sorte und hatten zweifellos zu viel von dem Stoff eingeworfen, aber im Grunde genommen war Speed die Droge erster Wahl.

5. Keith Moon

Die Londoner Szene wurde Mitte der Sechziger von gut gekleideten, selbstsicheren und arroganten Heranwachsenden geprägt, die voll auf Speed mit ihren Motorrollern zu den Nachtclubs fuhren. The Who waren damals die wichtigste Mod-Band, aber nur der Drummer Keith Moon hielt mit der Geschwindigkeit des Publikums mit.

6. Brian ‚Head' Welch (Korn)

Hey Mann, netter Schuss! Falls es eine Droge gibt, die den Nutzer in die Arme von Jesus treibt, ist Meth dafür am besten geeignet. Welch, Gitarrist der populären Nine-Inch-Nails-Imitatoren Korn, konnte sich 2005 aus seiner Sucht befreien und konvertierte zu Jesus – eine Ironie des Schicksals, denn die Bandmitglieder wurden von der *Chicago Tribune* als „Perverse, Psychopathen und Paranoide" beschrieben. Wow! Was würde das Blatt wohl über Nine Inch Nails schreiben?

7. Sex Pistols

Die Londoner Punk-Szene der Jahre 1976/77 wurde von einem extrem starken Amphetaminsulfat hochgepeitscht. Ich habe die Sex Pistols ausgewählt, da deren Manager Malcolm McLaren versuchte, sie als eine Band zu verkaufen, die Drogen hasst, weil sie Hippies hasst.

Im März 1977, in der Festwoche zum silbernen Kronjubiläum von Queen Elizabeth, wollten die Sex Pistols die Gunst der Stunde nutzen, um ihre gegen die Monarchie gerichtete Single „God Save The Queen" zu promoten. Es sollte ein Live-Konzert werden, bei dem die Pistols die Möglichkeit hatten, ihre anarchistische Botschaft der Königin entgegen zu schmettern, wenn sie den Weg zwischen Westminster und dem House of Parliament befährt. Obwohl sich die Gruppe eine Auftrittsgenehmigung besorgt hatte, kam die Polizei und verhinderte das Event. Wie Jon Savage in seinem Buch *England's Dreaming* schreibt, hatten die zweihundert Fans viel zu viele Amphetamine eingeworfen. Sie waren so dicht, dass niemand mit der Polizeiinvasion klarkam, geschweige denn eine Diskussion über die Rechtmäßigkeit anzuzetteln vermochte.

8. Small Faces
Die meisten kennen die Small Faces noch als die Band mit dem LSD-durchtränkten Hit „Itchycoo Park". Sie gehörten aber eindeutig zu der oben beschriebenen Londoner Mod-Speed-Szene.

Die Top 10 der Speed-Rock-Platten

1. *Berlin* – Lou Reed (1973)

Als *Berlin* auf den Markt kam, wurde das Album als das *Sgt. Pepper's* der Siebziger gepriesen. Die Kritiker liebten es. Aber das Konzeptalbum, das von einer Speed-süchtigen Frau handelt, die durch den von Meth angestoßenen Niedergang ihre Kinder verliert und sich dann die Pulsadern aufschlitzt, verkaufte sich nicht sonderlich gut (Vielleicht weil es zu fröhlich war?). Aus der Retrospektive betrachtet ist es eins der stärkeren Soloalben von Reed, mit bombastischen Orchesterteilen (bei denen Meisterproduzent Bob Ezrin half), sich wiederholenden musikalischen Themen und eindeutig deprimierenden Texten. 2006 führte Reed das ganze Album live in Brooklyn auf. Die Show wurde vom Regisseur Julian Schnabel mitgeschnitten und 2008 veröffentlicht.

2. *Street Hassle* – Lou Reed (1978)
Im Kontrast zu diesem Album kann *Live: Take No Prisoners*, das Lou Reed etwa zur gleichen Zeit produzierte, als gewitzter bezeichnet werden. Die Musik entfaltet sich intensiv und überzeugend. Aber *Street Hassle*, zum Teil live in Berlin aufgenommen, ist möglicherweise die authentischste und grässlichste Zurschaustellung der miesen, gequälten und abgefuckten Einstellung eines der größten Rockstars der Musikgeschichte. Zusammenstöße mit dem Publikum, beißender Sarkasmus, sexuelle Grotesken und schließlich lebensechte Darstellungen von Grausamkeit spiegeln Reeds Einstellung wider. Ihm gelang es sogar, Bruce Springsteen für den Titeltrack zu begeistern, in dem dessen Hit „Born To Run" ins Lächerliche gezogen wird, wenn Reed singt: „Tramps like us / We were born to pay."

3. „White Light/White Heat" – Velvet Underground (1968)
Lou Reed nimmt die Top 3 im Handstreich! Ich könnte mir auch niemanden vorstellen, der es sich „reedlicher" verdient hat.
Das Stück thematisiert eigentlich einen Speedball, aber mit einem starken Akzent auf Speed. Die Velvets kreieren mit ihrer Musik eine gehetzte, aufgeregte Stimmung.

4. „Epistle To Dippy" – Donovan (1967)
Es wird oft vergessen, dass Donovan hin und wieder ein cleverer und ironischer Typ sein konnte. In seinem Top-40-Hit betrachtet er die Welt durch eine kristallene Brille und findet heraus, dass der Fahrstuhl deines Gehirns nicht mehr funktioniert.

5. „Here Comes The Nice" – Small Faces (1967)
Mit diesem Song landeten die Small Faces 1967 einen raffinierten und groovigen Pop-Hit. „The Nice" war der Mod-Slang für Speed. Der Songtitel wurde von dem klassischen Fifties-Knaller „Here Come Da Nazz" inspiriert, den der Beat-Madman Lord Buckley sang.

6. „Totally Wired" – The Fall (1980)
Mark E. Smith treibt seinen erstklassigen Post-Punk-Sarkamus auf die Spitze … und gibt dem Hörer das Gefühl, er wäre voll auf Speed.

7. „5:15" – The Who (1973)
Der Track stammt aus der Rockoper *Quadrophenia*, die das Leben eines Mods Mitte der Sechziger künstlerisch umsetzt.

8. *The Grateful Dead* – Grateful Dead (1967)
Das Debütalbum von Grateful Dead wurde in nur vier Tagen auf Speed eingespielt, was deutlich zu hören ist. Die Dead nahmen auf einer Seite des Albums einige sehr kurze Nummern auf, die den Eindruck vermitteln, als wollten sie noch schnell irgendwo hin – sehr uncharakteristisch für die Band. Sie klingen eher wie eine von Keyboards angetriebene New-Wave-Band aus dem Jahr 1978, was seine coolen Seiten hat.

9. „Truckdriving' Neighbors Downstairs (Yello Sweat)" – Beck (1994)
Beck Hansen macht sich über seinen Nachbarn lustig, einen kaputten Speedfreak aus dem Stockwerk unter ihm. „Grizzly bear motherfucker never goes to sleep." Clever, aber nicht so clever wie Donovan, mein Sohn!

10. „Diet Pill" – L7 (1992)
Ihre Diätpille lässt in der Wirkung nach … und sie ist definitiv kein lebensfroher Mensch.

Ehrenliste
„Crank" – Accelera Deck (1999)
„Speed" – Atari Teenage Riot (1999)
„High On The Chalk" – High Lamas (2003)
„Speedfreak" – Orbital (1992)
„New Amphetamine Shriek" – The Fugs (1966)
***Beethoven On Speed* – The Great Kat** (1990)
Holla! Beethoven spielt ultraschnell Gitarre.
„Semi-Charmed Life" – Third Eye Blind (1997)

Speedy Bandnamen

America's Meth Problem II, Amphetamine Blue, Amphetamine Eaters, Anne Frank on Crank, Baby Amphetamine, Chicks on Speed, Crank, Crystal Method, Dexy's Midnight Runners, Exploding Meth Lab, Meth and Goats, Meth Math, Meth Teeth, Motörhead, O.D. Meth, Speedball, Speedealer, Speedking, Speedkings, Ritalin, The Amphetameanies, The Ritalin Kids.

21 Musikfilme und Drogen

Seit 1955, als der Film *Die Saat der Gewalt* in die Kinos kam, ist eins klar – die Kombination von Musik mit dem Medium Film wirkt. Ein Hauch von Rockmusik veredelt jeden Streifen mit einer potenziell erhabenen Coolness. Wenn dann auch noch Drogen und einige halluzinatorische Sequenzen ins Spiel kommen, ist der Spaß garantiert.

Einige Filme sind tatsächlich Rockmusikfilme – sie handeln von einer Band oder einem Einzelinterpreten oder sind auf eine andere Art mit der Rockmusik verknüpft. Darüber hinaus haben Rockstars und auch weniger bekannte Musiker großartige Soundtracks produziert, die auf eine bestimmte Weise „Rockfilme im Geiste" sind … bis zum innersten Kern.

Die besten Musikfilme, in denen Drogen eine Rolle spielen

1. *Head*, The Monkees. Regie: Bob Rafaelson (1968)

The Monkees? Nummer Eins?

Ja. Zuallererst erhält *Head* einen dicken Bonus, da es ein offizieller Bandfilm ist, der in der Tradition der Beatles (*Help*) und der Dave Clark

Five (*Having A Wild Weekend* – bitte nicht!) steht. Der Film kam absolut unerwartet, da jeder die Monkees als Casting-Band, als Betrug begriff – eine Art verfrühter Fab Four – und musikalisch als Teenybopper-Band kategorisierte.

Meine Nachbarin in Jugendjahren, die außergewöhnlich weise, zehnjährige Betsy Robinson, drängte mich (damals 16) ins Kino: „Hey, du wirst den Film lieben." Sie war wirklich cool.

Von einer frühen Sequenz an, in der die Monkees wie Paschas herumsitzen, eine Wasserpfeife rauchen und sich von Tänzerinnen unterhalten lassen, provoziert *Head*. Durchzogen von psychedelischen Szenen (z.B. Davey Jones, der sich mit einem großen Auge in einem Spiegel unterhält), spielt der Film mit der Idee multipler Realitäten und bewegt sich kontinuierlich durch verschiedene Handlungsorte und durch Handlungsorte innerhalb anderer Handlungsorte, um uns zu daran zu erinnern, dass wir in einem Film innerhalb eines Films innerhalb eines Films sitzen … und nichts so ist, wie es scheint.

Wie der Ex-Monkee Michael Nesmith bekräftigt, wurde die Story von der Band zusammen mit dem Regisseur Rafaelson und Jack Nicholson geschrieben. Sie fuhren mitten in der Nacht total breit auf Golfwagen in Ohai, Kalifornien herum und hielten dabei die Ideen auf einem Cassettenrecorder fest. Im Film sind extreme Situationen dargestellt, wie z.B. die Einblendung der bekannten Aufnahme aus dem Vietnam-Krieg, in der der Polizeichef von Saigon einem Vietkong in den Kopf schießt. Er beinhaltet auch surreale Szenen, die die Band sprichwörtlich in der Gefangenschaft der Werbeindustrie und in den Fängen kommerzieller Interessen zeigt.

Das Ende von *Head* wirkt aber eher gekünstelt. Die Monkees werden von Promotern, Managern und Werbefachleuten verfolgt, bis sie schließlich zu den Klängen eines ihrer besten Songs – „The Porpoise Song" – mit den Worten „good-bye good-bye good-bye" von einer Brücke springen.

Tatsächlich sollte es der Schwanengesang der Gruppe sein, die im wirklichen Leben mit Jimi Hendrix, David Crosby und all den anderen „harten" Kiffern in Malibu abhing.

2. *Performance*, Mick Jagger und Anita Pallenberg. Regie: Donald Cammell und Nicholas Roeg (1970)

Performance gehört zu den überzeugendsten Kunstfilmen. Er destilliert die Essenz der Stones zu der damaligen Zeit heraus, die vom Okkultismus, Drogen und bizarren Momenten geprägt war, obwohl der Film nicht von der Band selbst handelt. Jagger spielt einen zurückgezogen lebenden Musiker namens Mr. Turner, der sich zur Ruhe gesetzt hat. Er vermietet ein Zimmer an einen Gangster (gespielt von James Fox), der auf der Flucht vor seinem stinksauren Boss ist. Pallenberg ist in der Rolle von Jaggers Freundin zu sehen. Die drei rauchen zusammen Gras, nehmen Pilze und machen in einer Badewanne mit einem sehr jungen Mädchen rum. Schließlich geben sie dem Gangster eine harte Dröhnung Pilze und „spielen" mit seinem Kopf. Am Ende des Streifens haben Jagger und Fox die Persönlichkeiten getauscht. Der Gangster-Boss schnappt sich Turner, vermutlich um ihn umzubringen.

Performance war ursprünglich als Promotion für die Stones gedacht und sollte in der Tradition des Beatles-Films *Help* stehen. Die Produzenten waren absolut unzufrieden, als sie mit dem fertigen Produkt konfrontiert wurden – ein perverser, brutaler, sexuell eindeutiger, von Drogen durchzogener und psychologisch schwieriger Kunstfilm. Es war ein kommerzieller Reinfall. Der Co-Regisseur Roeg erhielt anschließend den Auftrag, den erfolgreicheren Kunstfilm mit David Bowie, *The Man Who Fell To Earth*, zu produzieren.

Performance kann mit einer Szene aufwarten, in der Mick Jagger seinen in Bezug auf den Text wohl befremdlichsten Song singt – „Memo From Turner". Was geschah eigentlich mit *diesem* Typen?

3. *Trainspotting*, Regie: Danny Boyle (1996)

Nur ein wahres Genie ist in der Lage, eine beängstigende und gleichzeitig witzige Comedy über die Heroinsucht gelangweilter, junger Erwachsener in Schottland zu drehen. Boyle wurde bei der Produktion vom Autor des gleichnamigen Romans unterstützt, Schottlands größter sprachlicher und literarischer Begabung – Irvine Welsh. Ein weiterer Grund für den Erfolg war der Soundtrack, eine bunte Mischung aus House Music und einer Reihe geschmackvoll ausgesuchter Meisterwerke wie „Lust For Life" von Iggy Pop oder „Perfect Day" von Lou Reed.

4. *Beavis and Butt-Head do America*, Regie: Mike Judge (1996)
Der ganze Film enthüllt die satirische Gerissenheit, die immer bei der TV-Show durchblinzelte (obwohl das die meisten Kritiker nicht verstanden haben … *dumbasses huh huh heh hehheh!*). Der mit Abstand witzigste Ausschnitt zeigt Beavis, wie er in der Wüste Peyote einwirft. Diese Szene gehört zu den spaßigsten und realistischsten Trip-Sequenzen der Filmgeschichte.

5. *Sid And Nancy*, Regie: Alex Cox (1986)
Die Sid-und-Nancy-Story wurde von Gary Oldham und Chloe Webb umgesetzt. Cox verwandelte die tragische Geschichte in eine schöne, befremdliche und surreale Romanze. Das mag sicherlich keine soziologisch verantwortungsvolle Entscheidung gewesen sein, dafür wurde *Sid And Nancy* aber ein toller Rockfilm.

6. *Dazed And Confused*, Regie: Richard Linklater (1993)
Benannt nach einem Klassiker von Led Zeppelin, gehört der Streifen zu den besten Kiffer-Comedys aller Zeiten. Er zeigt typische High-School-Kids aus dem Jahre 1976, die Gras rauchen, Aerosmith-Tickets kaufen und sich eine Menge Stress einhandeln.

7. *Cocksucker Blues*, Rolling Stones. Regie: Robert Frank (unveröffentlicht, aufgenommen 1971)
Frank bekam von den Stones den Auftrag, eine Dokumentation der *Exile On Main Street*-Tour in den USA zu drehen. Als Jagger klar wurde, was der Regisseur alles aufs Zelluloid gebannt hatte, untersagte er die Veröffentlichung. Drogenkonsum (Jagger schnupft, Richards schießt … seid aufmerksam liebe Kinder, denn hier ist das Original zu bewundern, dessen Kopien ihr in vielfältigen Erscheinungsformen bis zum Ende der Welt wieder und wieder sehen werdet), Ausschweifungen, Jagger beim übertriebenen Flirt mit den (männlichen) Königinnen, die sie besuchen … der aber wohl beklemmendste Moment des Films ist der gelangweilte Ausdruck auf Bianca Jaggers Gesicht, als sie den anderen sagt, dass sie shoppen will.

8. *The Decline Of Western Civilization Part II: The Metal Years*, Steven Tyler, Gene Simmons, Alice Cooper, Joe Perry, Lemmy, Megadeth und weitere Interpreten. Regie: Penelope Spheeris (1988)
In dieser donnernden und tosenden Heavy-Metal-Dokumentation fängt Spheeris Stars des Genres und Möchtegern-Berühmheiten ein, die sich meist total daneben benehmen und Mist quatschen. Jedoch reden sie offen und ehrlich über ihren Drogen- und Alkoholkonsum.

9. *Yellow Submarine*, The Beatles. Regie: George Dunning und Dennis Abey (1968)
Zu niedlich? Na los, gib's schon zu, du liebst den Film. Wie dem auch sei, ich mag ihn auf jeden Fall, da in *Yellow Submarine* tolle psychedelische Sequenzen zu sehen sind, besonders bei den Nummern „Lucy In The Sky With Diamonds" und „It's All Too Much".

10. *Wild In The Streets*, Regie: Barry Shear (1968)
Ein großartig hirnverbranntes B-Movie, in dem ein Rockstar – Max Frost – in den Sixties rebellische Teenager dazu anstachelt, die Macht in den USA zu übernehmen. Sie versetzen die Wasserversorgung in Washington, D.C. mit Acid und lassen 14-Jährige ihre Stimme abgeben, sodass Max zum Präsidenten gewählt wird. Anschließend werden alle alten Leute in Stacheldraht-umzäunte LSD-„Umerziehungslager" gesteckt. Der Titel „The Shape Of Things To Come", veröffentlicht unter dem Namen Max Frost and The Troopers, wurde zu einem Hit.

Die Ehrenloge

Across The Universe
Regie: Julie Taymor (2008)
Die hoch unterhaltsame Bagatelle erzählt eine Liebesgeschichte in der Gegenkultur der sechziger Jahre vor dem Hintergrund von Beatles-Songs. Gras und psychedelische Drogen wurden in verschiedene Szenen eingebaut. Alle verbringen eine gute Zeit – fast alle, bis auf die Mieze, die eher frei auf Janis Joplins Charakter basiert, und den Schwarzen, der irgendwie Jimi Hendrix repräsentieren soll.

Gift

Perry Farrell und Jane's Addiction. Regie: Perry Farrell und Casey Nicolli (1993)

Auf keinen Fall ein überzeugender Film, aber ein mutiger Versuch Farells und seiner damaligen Freundin Casey Nicolli, einen Luis Buñuel möglichst „realistisch" zu imitieren – in einem von Drogen inspirierten, surrealistischen Streifen, der mit Performance-Sequenzen von Jane's Addiction garniert ist. In den Szenen ist das Paar bei einer Voodoo-Hochzeit zu sehen – Nicolli, die sich einen Schuss setzt, und Farrell, der mit der Leiche Sex hat (surrealistisch dargestellt, nicht reißerisch!). Oh, habe ich schon erwähnt, dass der Film nicht für jeden geeignet ist?

Das Leben des Brian

Monty Python. Regie: Terry Williams (1979)

Zwar ist *Das Leben des Brian* kein Rockfilm, aber er wurde von George Harrison produziert, der in einer Nebenrolle in diesem hoch subversiven, respektlosen Film gastiert. (Harrisons Firma Handmade Films produzierte auch den Brüller *Whitnail And I*, der von zwei jungen und coolen Briten handelt, die am Ende der Sixties Speed einwerfen und ausflippen).

Natural Born Killers

Regie: Oliver Stone (1994)

Ich zähle *Natural Born Killers* zu den Rockfilmen, da er von einem intensiven, psychotischen Soundtrack untermalt wird, den Trent Reznor produziert hat. Zum Ende hin fällt die Handlung zwar auseinander, aber dennoch ist es eine erstaunliche Arbeit. Mick und Mallorys Peyote-Horror-Trip in der Wüste ist ein Hinweis darauf, dass Stone oft selbst dort gewesen ist.

200 Motels

Frank Zappa and the Mothers of Invention mit Ringo Starr und Keith Moon. Regie: Frank Zappa (1971)

Für einen Typen, der nicht auf halluzinogene Drogen stand, wusste Frank Zappa aber ganz genau, wie sie sich visuell auswirken. Der Film schien damals witziger zu sein, da wir alle voll auf den Drogen waren, die Zappa ablehnte. Dennoch ist *200 Motels* ein bizarrer, nicht zu unterschätzender Trip mit einigen Drogen-Sequenzen, verursacht durch „abscheulich schaumige Flüssigkeiten“. Die trippige „Ich klaue die Handtücher“-Freakout-Szene mit dem britischen Drummer Aynsley Dunbar im Hotel lohnt sich allein, um dafür den Rest über sich ergehen zu lassen. Der höchste Genuss stellt sich ein, wenn höchstens 15 Minuten an einem Stück gesehen werden, da ja auch die Handlung … gut, es gibt keine.

Velvet Goldmine
Regie: Todd Haynes (1998)
Hier wird das gesamte Menü aufgetischt. Größenwahn, krankhafte Eifersucht, misshandelte Freundinnen, Bisexualität, Drogen und Charaktere, die frei auf David Bowie und Iggy Pop basieren. Der Film hätte es in die Top 10 geschafft, aber der Sex dominiert die Drogen.

22 Von allem etwas

Einige meiner favorisierten Rock-Drogies können einfach nicht monogam leben. Sie haben sich niemals eindeutig für eine einzige Droge entschieden, sondern bedienen sich am reich gedeckten Tisch. Manche der Musiker haben Probleme mit Drogen, während andere souverän damit umgehen. So oder so – sie stehen auf ihren Rausch, zeigen aber eindeutige Bindungsängste.

Die Top 5 der Musiker auf „Was auch immer“

1. Amy Winehouse

Die britische Blues-, Soul- und R'n'B-Sängerin sieht fertiger aus als Keith Richards – und ist noch nicht mal halb so alt! Im Laufe eines Jahres, in dem ihr Song „Rehab“ ihre Abstinenz verkündete, hatte Ms. Winehouse folgenden Rock'n'Roll-Spaß:

Gerüchten zufolge soll sie eine Überdosis aus nachstehendem Mix genommen haben – Kokain, Ecstasy, Heroin, Ketamin und Alkohol.

Sie wurde in Norwegen wegen des Besitzes von Gras festgenommen.

Es existiert ein Video-Tape, das sie beim Crack-Rauchen zeigt.

Obwohl sie bislang nie eine ernsthafte Razzia erlebt hat, verweigerten ihr die USA wegen des Konsums von Narkotika ein Visum. Sie musste ihren Grammy-prämierten Titel „Rehab“ in Großbritannien singen, durfte also nicht persönlich an der Verleihung teilnehmen.

Im Gegensatz zu der Aussage ihres Hits musste Winehouse doch in die Reha!

Scotland Yard verhaftete sie wegen des oben erwähnten Videos.

Ein halbes Dutzend exzentrischer – und in einigen Fällen auch gewalttätiger – Zwischenfälle später, wurde jedem klar, dass die Entziehungskur überhaupt nichts gebracht hatte.

Winehouse musste in London als Zeugin vor Gericht erscheinen. Ihr Freund war wegen einer „Verschwörung zur Irreführung der Justiz“ angeklagt. Fotos aus dem Gerichtssaal zeigen ihr fleckiges, von Pocken vernarbtes Gesicht, dessen Haut sich abpellt. Damit gewann die Dame den Preis für den am kaputtesten und fertigsten aussehenden Rockstar der gesamten Musikgeschichte.

2. Marilyn Manson

Mansons Abenteuer mit Ketamin, Ecstasy, LSD und all dem anderen Zeug wurden schon oft zitiert. Obwohl es in seinem Leben auch einige schreckliche Augenblicke gegeben hat, konnte er sich immer noch über Wasser halten. Generalisierende Songs wie „The Dope Show“ und „I Don’t Like Drugs (But The Drugs Like Me)“ offenbaren sein Talent als Drogen-Satiriker und Kommentator sozialer Belange, der seine Aussage in einer zugleich schrägen, aber punktgenauen Art verdeutlichen kann. In Bezug auf Drogen ist er ein „Ich kann’s, ich kann’s aber auch lassen“-Typ, und dafür wird er mit einem der vorderen Plätze in dieser Kategorie geehrt.

3. Mick Jagger

Jagger ist vielleicht das beste Beispiel für den Gelegenheitskonsumenten. Während alle um ihn herum sich bis zum Exzess bedröhnen, bleibt er in allem gemäßigt (außer beim Sex und gelegentlich in Bezug auf Alkohol). Jagger zieht sich das rein, was gerade auf dem Tisch liegt, aber eben nur manchmal und in geringen Dosen.

4. Eminem

„Purple Pills", seine Hymne auf Freizeitdrogen, soll Eminems Präferenz für Ecstasy im Gegensatz zu Uppers, Downers, magischen Pilzen, Valium, Gras, Koks, Acid und Meskalin unterstreichen. In Marshall Mathers' Songs werden Drogen nicht kritisch dargestellt, und das High-Werden verspricht – im Großen und Ganzen – eine Menge Spaß. Natürlich finden sich in seinen Texten hunderte von Drogen-Referenzen, aber der Rapper hatte bislang nur Probleme mit Schlaftabletten (Vgl. „Ab in die Reha!"). In einem Radiointerview seiner Ex-Frau Kim erzählte sie, dass Eminem einige Lieblingsdrogen auf seiner Einkaufsliste hat, wollte aber keine näher benennen.

5. Red Hot Chili Peppers

Seit dem Tod von Hillel Slovak haben sich die Peppers von zu vielen, harten Narkotika ferngehalten, doch das heißt noch lange nicht, dass die Party vorbei ist. Die Band erhält einige Bonuspunkte für trippige Videos wie „Californication".

Wenn du high bist, läuten immer die Weihnachtsglocken

23 Rap-Stars auf Steroiden

Schon seit drei Rock'n'Roll-Dekaden fallen Mädchen in Ohnmacht, wenn sie spindeldürre, langhaarige Rockstars anhimmeln – angeturnte Drogen-Typen, die ihre Phantasie kunstvoll erregen. Die meisten von ihnen waren Heteros mit einem eingebauten schwulen und sinnlichen Blick – Sinnbilder des interkontinentalen Sex, die in einer Woche mehr willige Groupies vernaschten, als die Sportstars der Ära in einem Jahr. Na klar, sie waren Machos, aber gleichzeitig auch sinnlich bis in die letzte Körperfaser, androgyn und so süüüß!

Doch die Zeiten sind schon lange vorüber. Heutzutage bekommen Sportstars die Groupies ab, und um damit mitzuhalten, müssen sich Rocker und Rapper künstlich aufpumpen. Und mal ganz nebenbei – Steroide zu nehmen ist ein Gewinn auf der ganzen Länge, denn sie verursachen unglaubliche Aggressionen. Und auf Aggressionen kommt es doch in der zeitgenössischen Musik an, oder nicht? Oder bin ich hier derjenige, der austickt?

2008 veröffentlichte die *Times-Union* in Albany, New York einen Bericht über die Untersuchungen der Stadt bezüglich der Distribution illegaler Steroide. Die unten aufgeführten Musiker wurden als Konsumenten genannt.

Vier HipHop-Stars auf Steroiden

50 Cent

Der Typ wurde neun Mal angeschossen. Vielleicht hofft er ja, die zusätzliche Körpermasse könne die Kugeln abhalten? Übrigens – „Fifty" wurde nachgesagt, die Steroide unter dem Namen Michael Jordan bestellt zu haben.

Timbaland

Hey, wenn du als Produzent arbeitest, musst du stark genug sein, um irgendeinen Sinn in die Musik von Beenie Man, Ludacris, Jay-Z und … äh … Björk reinzukloppen.

Wyclef Jean

Okay, er sieht nicht unbedingt wie ein aufgeblasener Rap-Gangsta aus, aber ich lasse mir an dieser Stelle im Buch meine Theorien nicht mehr durch Fakten vereiteln.

Mary J. Blige

Der Typ sieht wie 'ne Frau aus. Moment mal. Er *ist* eine Frau. Ich stelle mir das so vor: Da Whitney wieder auf ihrem Beutezug ist, muss Blige sich in Acht nehmen und ihr Territorium verteidigen. Sie betitelte ihre letzte CD *Growing Pains*. Hmmm. Angeblich soll Blige ihr Zeug unter dem Namen Marlo Stanfield geordert haben, einer wichtigen Person der Drogenszene in der HBO-Serie *The Wire*.

24

Ab in die Reha!

Letzte Haltestelle. Bitte alle aus dem magischen Bus aussteigen!

Eine Bemerkung sei vorangestellt: Der Drogenkonsum von Musikern oder ganz normalen Durchschnittsbürgern führt nicht zwangsläufig zu einer Gruppentherapie, einem Seelenstriptease in Betty Fords Klinik oder einem anderen Treffen der Verdammten. Schätzungsweise gibt es weltweit 100 Millionen Drogenkonsumenten, die mindestens einmal im Monat mit auf der Party sind und überhaupt keine Probleme haben – vielen Dank! Dadurch, dass sie es sich nicht total gegeben haben, haben es diese Leute vermieden, in eine Position aufzurücken, in der sie als Abstinenzler bezeichnet werden müssen – sie nehmen ganz simpel ausgedrückt nicht genügend Drogen, um eine physische oder psychische Abhängigkeit zu entwickeln. Einige dieser glücklichen und moderaten Konsumenten verschiedener Toxika und bewusstseinsverändernder Substanzen vertreten die Auffassung, dass Drogen eine Krücke sind für Leute, die nicht mit der Realität klarkommen. Ich stehe Menschen, die Hilfe benötigen, um runterzukommen und sich zu befreien, nicht so grausam gegenüber. Shit happens, auch bei den coolsten der Coolen. Und mit wirklich *gutem* Shit geschieht das natürlich öfter! Rockstars haben das Geld, die Egos und Bestätigung durch die Fans, dass sie sich mit gutem Shit so richtig abknallen können.

An einer früheren Stelle dieses Buches habe ich geschrieben, dass in den Sechzigern und Siebzigern die Razzia eine Art Initiationsritual für Rockstars war. Die Reha hat nun diesen Stellenwert übernommen – sie ist das heißeste Ding im Leben eines Rockmusikers, seit Chuck Berry den Sex (mit Teenagern) entdeckt hat.

Die Reha – nicht nur eine gute Idee, sondern auch die Platte, die längst einen Grammy verdient hat.

Zitate von Rockstars über ihre Reha-Zeit

Ozzy Osbourne: „Beschissen. Ich will nicht nüchtern sein."

Gary Rundle: „Die Exzesse der frühen Rockgeschichte waren ein Ausdruck von Freiheit. Ein verpflichtender Trip in die Reha kommt einer Kapitulation der Autonomie gleich."

Billy Joel: „Mich erstaunte, wie das alles in die Öffentlichkeit gelangte. Ich vergleiche den Reha-Aufenthalt eines Musikers mit dem ganz normalen Zahnarztbesuch eines Durchschnittsbürgers, der sich die Zähne reinigen lassen will. Schauen die Leute nicht ‚Behind The Music'? Es ist ein Klischee. Hätte ich gewusst, dass da so viel Rummel drum gemacht wird, hätte ich es mir vielleicht anders überlegt."

Sheryl Crow: „Ich würde gerne mit Amy Winhouse zusammenarbeiten, weil sie im Moment wirklich heiß und cool ist. Der Song ‚Rehab' war ziemlich angesagt, besonders weil so viele Leute in einer Reha sind. Tatsächlich überlege ich es mir auch."

Steven Tyler: „Ich bin der Leadsänger, der Fokus der Aufmerksamkeit, der verdammte Typ, der dafür bezahlt wird, sich auf der Bühne wie ein Wahnsinniger zu verhalten. Ich bin der Typ, der auf diese verfluchten Bäume klettern muss! … Ich bin da oben und sitze auf einem Ast … was zur Hölle haben die sich dabei gedacht? Was soll aus meinem Talent werden, meiner Fähigkeit Steven Tyler zu sein, wenn mein Leben und meine Persönlichkeit von der Reha und Therapie glattgebügelt werden? Haben die nicht gemerkt, dass ich ohne Drogen ein Nichts bin?“

Amy Winehouse: „Die Reha ist eine Flucht.“

Pete Doherty (in der Reha): „Ich will verdammt noch mal nicht hier sein.“

Eine Quelle aus der Priori Rehab Clinic (über Pete Doherty): „Pete hat sogar einige Mädchen besucht und ihnen beim Gedichtschreiben geholfen. Bei jedem Wort, das er sagt, hängen sie an seinen Lippen – es ist beängstigend. Die denken, in der Reha zu sein, wäre cool … das ist es aber nicht.“ *Pete Doherty war in der Klinik und nun wollen junge Mädchen da rein – koste es, was es wolle.*

Anthony Kiedis: „Egal ob ich im Knast oder in der Reha bin oder irgendwo halbtot rumliege, immer erklingt da eine innere Stimme, die sagt: ‚Du kommst aus diesem Scheiß raus.‘ Das kann gut oder schlecht sein, denn dadurch habe ich den Freifahrtschein, Gebiete zu erforschen, in denen ich nichts zu schaffen habe.“

Amy vs. Rihanna: Der beste Reha-Song des Jahres 2007

Rihanna ist ein liebliches Mädchen und hat eine sehr nette Stimme, aber … „I don't wanna smoke all these cigarettes no more“?!! In der Reha *machen* sie doch nichts anderes als Rauchen und Kaffeetrinken.

Amy Winehouse gewinnt diesen Wettstreit mit einer vollen Nasenlänge. Der Grammy-gekrönte Song „Rehab“ ist ein erstklassiges Beispiel von Ablehnung und schonungslosem Nonkonformismus. Na ja, bis auf die Tatsache, dass *sie* in die Entzugsklinik ging und von Drogen total abgefuckt wurde. Dennoch – ein Rock-Song über die Reha sollte ein beherztes „fuck that“ ausdrücken, auch wenn es so nicht gemeint ist.

Eine (aus nachvollziehbaren Gründen) unvollständige Liste von Musikern, die in der Reha waren

Eine Liste von Musikern zusammenzustellen, die nicht in der Reha waren, wäre einfacher gewesen. Hier geht wohl nix mehr…

Duane Allman (Allman Brothers Band)
Gregg Allman (Allman Brothers Band) – Gregg war schon einige Male in der Reha. Nur einen Tag, nachdem die Allman Brothers Band in die Rock and Roll Hall of Fame aufgenommen wurde, ging er wieder auf Entzug.
Trey Anastasio (Phish)
Paul Black (LA Guns)
Johnny Borrell (Razorlight)
Boy George – Wann ist er nicht in der Reha?
Bobby Brown
James Brown
Mariah Carey
Johnny Cash
Nick Cave
Eric Clapton
Gene Clark (The Byrds)
Kurt Cobain
Judy Collins
Alice Cooper – Wegen Alkohol. Alice verbrachte zusätzlich einige Zeit in der Klapsmühle.
David Crosby
Dion DiMucci (Dion and the Belmonts)
Dr. John
Drozd (Flaming Lips)
Eminem – wegen Schlaftabletten
John Entwistle (The Who)
Marianne Faithfull
Jerry Garcia
Gidget Gein (Marilyn Manson)

Maurice Gibb (Bee Gees) – wegen Alkohol.
Roy Hay (Culture Club)
Gibb Haynes (Butthole Surfers) – Er teilte sich mit Kurt Cobain ein Zimmer in einer Entzugsklinik in Los Angeles. Kurz darauf verließ der Nirvana-Musiker die Einrichtung und brachte sich um.
Topper Headon (The Clash)
James Hetfield
Whitney Houston
Michael Jackson
Rick James
Billy Joel
Elton John
Paul Kossoff (Free)
Jerry Lee Lewis
Courtney Love
Duff McKagan (Guns N' Roses, Velvet Revolver)
A.J. McLean (Backstreet Boys)
Keith Moon
Mötley Crüe – Die gesamte Band!
Stevie Nicks
Jerry Nolan (New York Dolls)
Kelly Osbourne
Ozzy Osbourne
Kristen Pfaff (Hole)
John Phillips
Iggy Pop – Er musste auch noch in die Psychiatrie, aber nicht zur gleichen Zeit wie sein Kumpel Alice.
Billy Preston
Bonnie Raitt
Dee Dee Ramone
Diana Ross
David Ruffin (The Temptations)
Shaun Ryder (Happy Mondays)
Ritchie Sambora
Slash

Grace Slick – wegen Alkohol.
Matt Sorum (Guns N' Roses, Velvet Revolver)
Britney Spears – Die schlaue, kahlköpfige Brit bekommt Höchstnoten, weil sie weiß, dass Haare ideal für einen Drogentest sind.
Scott Stapp (The Creed)
Ringo Starr – wegen Alkohol.
Sly Stone
James Taylor
Johnny Thunders
Ike Turner
Jeff Tweedy (Wilco)
Steven Tyler
Eddie Van Halen
Stevie Ray Vaughan – wegen Alkohol.
Rufus Wainwright
Joe Walsh (The Eagles, The James Gang)
Bill Ward (Black Sabbath)
Scott Weiland – Als ich diese Zeilen schreibe, ist er gerade wieder drin. Oh, diese ganze Glorie.
Robbie Williams – wegen rezeptpflichtiger Medikamente.
Brian Wilson
Johnny Winter
Ronnie Wood
Warren Zevon – zweimal wegen Alkohol.

Meg Pattersons magische Maschine

Dr. Meg Patterson ist eine kleine, nette schottische Ärztin, die ein Gerät zur elektrischen Stimulation erfunden hat, das so genannte „CES". Sie schloss die Elektroden der Apparatur an die Ohrläppchen von Drogensüchtigen an, um dadurch einen minimalen Stromfluss zum Gehirn zu lenken, der angeblich den Stress und die Schmerzen des Entzugs abmildern sollte. Patterson behandelte Eric Clapton, Keith Richards und Pete Townshend. Clapton absolvierte seine Sitzungen sogar bei ihr zu Hause. (Wie sich herausstellte, war das zu viel für ihn. Sie und ihr

Ehemann waren streng religiös und tendenziell auf dem Bekehrer-Trip). Alle schworen auf die Maschine und meinten, dass damit der Entzug verhältnismäßig schmerzfrei ablaufe.

Da haben wir es wieder, Kids. Sorgt euch nicht um irgendeinen Scheiß. Die Technologie wird's schon richten! Oder auch nicht.

Danksagungen

Ich möchte meiner Frau Eve für ihre Liebe und Unterstützung danken und dafür, dass sie beim Lesen des Buchs lauthals lachte, was für einen Autor immer eine Bestätigung darstellt (es sei denn, er versucht, bierernst zu sein).

Vielen Dank an Michael Aldrich und das Aldrich Archiv. Sie haben mir hunderte von Ausgaben des Magazins *High Times* ausgeliehen. Ich stehe auch in der Schuld von Steve Bloom, der Kontakte zu einigen Fotografen hergestellt und mir Druckfahnen seines fantastischen Buchs *Cannabis Culture* zugesandt hat.

Ich danke allen Fotografen, besonders Steve Double, die mir kurzfristig und unter Stress geholfen haben.

Ich möchte mich auch bei Mark Pesce dafür bedanken, dass er mich auf Schpongle brachte, und bei Annalee Newitz, die mich für „Diet Pill" von L7 begeisterte. Besonderer Dank gebührt meiner Agentin, der kämpferischen Laurie Fox, für ihre beharrliche Unterstützung, und meinem Herausgeber Mike Shol, für den das Buch zu einer Eintrittskarte in andere Dimensionen wurde.

Vielen Dank an alle Künstler, die mich auf meinem iPod während der Niederschrift des Buches begleiteten: AC/DC, Adrian Belew,

All-American Rejects, Alice Cooper, Alkaline Trio, Al Kooper, Allen Ginsberg, Anarchy Online, Angelique Kidjo, Animal Collective, The Animals, Antihouse, Anton Maiden, Aquatherium, Arcade Fire, Archie Shepp, Arctic Monkeys, Arvo Part, ATOI, Augustus Pablo, Avantgarde, B.B. Seaton, Barry Adamson, Bauhaus, Beach Boys, Beastie Boys, The Beatles, Beck, Belle and Sebastian, The Beth Lisick Ordeal, Bill Dixon, Billie Holiday, Billy Idol, Björk, Blackalicious, Black Rebel Motorcycle Club, Blonde Redhead, Blondie, Blue Boy, Blue Öyster Cult, Boards of Canada, Bobby Darin, Bob Dylan, Bo Diddley, *Bonanza* (die Schauspieler der TV-Sendung), Bone Thugs-N-Harmony, Box of Frogs, The Bravery, Brian Eno, Bright Eyes, Bruce Ruffin, Bruce Springsteen, Buckethead, Bucky Sinister, Buddy Holly, Buffalo Springfield, Buffy Sainte-Marie, Bun B, The Byrds, Cabaret Voltaire, Calvin Johnson, Captain Nemo, Carl Orff, Carlos Villareal, Cat Powers, Cee-Lo, Cell, Channel 69, Charles Ives, Charlie Parker, Cheap Trick, Cheb I Sabbah, The Chemical Brothers, Chris Brown, Chuck Berry, The Clash, Classified, Claus Muzak, The Clientele, The Cloud Room, Coco Rosie, Colossus, The Cramps, Crash Baptists, Cream, Crosby Stills and Nash, Crosby Stills Nash and Young, Cowboy Junkies, The Cure, Current 93, Daft Punk, Dandy Warhols, Danger Mouse, Daniel Johnston, Daniel Lanois, Danny Saber, Dan the Automator, Darwin Chamber, Dave Allen and the Elastic Purejoy, David Bowie, David Byrne, David Holmes, Dead Boys, Deborah Harry, Dee Dee Bridgewater, Deltron, Dem Hoodstarz, Depeche Mode, Descendents, Desmond Dekker & The Aces, Devendra Banhart, Diana Ross and the Supremes, The Dictators, Digable Planets, Dinah Washington, dINbOT, Dirty Pretty Things, DJ Casper, DJ Gillies, DJ Spooky, Dr. Dre, Dr. Octagon, Donovan, The Doors, Doris Henson, Doves, Dream Evil, Dream Wave, Dwarves, The Eagles, Echo and the Bunnymen, Edvard Grieg, Ella Fitzgerald, Elton John, Eluvium, Elvis Costello, Elvis Costello and the Attractions, Elvis Presley, Eminem, Entrancing Iris, Erik Davis, Everly Brothers, Evolution Control Committee, Fiery Furnaces, Fiona Apple, Flaming Lips, For Against, Frank Sinatra, Frank Zappa, Franz Ferdinand, Funkadelic, The Future Sound of London, Gamelan Sangburni, Gang of Four, Garbage, Gene Pitney, Generation X, Genesis P-Orridge, George Clinton, George Gershwin,

George Harrison, Georges Bizet, Geraldine Fibbers, Ghetto, Ghostface Killah, Go Gos, Gogol Bordello, Gorillaz, Grateful Dead, Gui Boratto, Guided by Voices, Guillermo, Gomez-Pena, Guitar Wolf, Gustav Holst, Half String, Handsome Boy Modeling School, Hard-Fi, Harmonia, Harold Budd, The Heartbreakers, Hidden Chipsters, Hole, Hologram, Hooverphonic, Howling Wolf, Hüsker Dü, Ice vs. Palace, Iggy and the Stooges, Iggy Pop, The Incredible String Band, Interpol, Into the Third Power, I See Hawks In L.A., Jack Kerouac, James Brown, James Chance, Jammin' Unit, Jane's Addiction, Janis Joplin, Jeff Beck, Jeff Buckley, Jefferson Airplane, Jeffrey Clarke, Jens Lekman, Jermaine Dupri, Jerry Lee Lewis, Jesus and Mary Chain, Jet, Jimi Hendrix, Jimi Hendrix Experience, Joe Jackson, Johann Sebastian Bach, John Cale, John Coltrane, John Fahey, John Giorno, John Lee Hooker, John Lennon, John Zorn, Johnny Cash, Joni Mitchell, Josephine Foster, Joy Division, Junkie XL, Junkie XL and Don Davis, Junko Yanagida, Juno Reactor, Kanye West, Karsh Kale, Kate Bush, Keith Richards, The Killers, King Crimson, Kings of Leon, The Kingstonians, The Kinks, Kiss, Kitachi, K.M.F.D.M., Knownothing, Kool Keith, Kraftwerk, Kronos Quartet, Larry Harvey v. R.U. Sirius, Latimer, Latyrx, Laura Nyro, Laurie Anderson, Led Zeppelin, Lee „Scratch" Perry, Leftfield, The Legendary Pink Dots, Leo Kottke, Leonard Cohen, Les Claypool and the Holy Mackerel, The Libertines, Little Richard, Lloyd Dice, London Funk All-Stars, Loop Guru, The Loose Acoustic Trio, Lou Reed, Low Pop Suicide, L. Subramananiam, Ludwig van Beethoven, Madonna, Magic Dirt, The Magnetic Fields, The Mammals, Manufacture, Marianne Faithfull, Marilyn Manson, Mark Kozelek, Mars Needs Women, Massive Attack, MC5, Meat Beat Manifesto, Michael Franti, Mick Jagger, Mike Gordon, Mike Koglin, Mike Patton-John Zorn-Adam Beebe, Miles Davis, Miles Davis und John Coltrane, Mind Gear, Ministry, Mission to Burma, Missy Elliott, Mistah F.A.B., Mobb Depp, Modest Mouse, Mondo Vanilli, Monkey Mafia, Morrissey, Mortis, Mos Def, Mothers of Invention, Mott The Hoople, Muddy Waters, Mudhoney, Murcof, Murray Attaway, Muslimgauze, My Bloody Valentine, Nappa, N. Lannon, Negativland, Neil Gaiman, Neil Young, Neil Young and Crazy Horse, Nelly, Nevermore, The New Pornographers, New York Dolls, Nick Cave, Nick Cave and the Bad Seeds, Nick Drake,

Nine Inch Nails, Nirvana, Oasis, Ohio Players, Okkervil River, Orbital, Ornette Coleman, Otis Redding, Outkast, Paris, Paris Hilton, Parliament Funkadelic, Party Dogs, Pastor Jack and Fling!, The Patti Smith Group, Paul Kantner-Grace Slick-Jefferson Starship, Paul McCartney, Paul McCartney and Wings, Paul Oakenfold, Paul Revere & The Raiders, Paul Simon, Paul Wall, Pavement, Peter Gabriel, Peter Lang, Pharoah Sanders, Philip Glass, Philip Glass and Kronos Quartet, Phil Ochs, Photek, Pink Floyd, Pixies, P.J. Harvey, Plume Latraverse, Porno for Pyros, Prince, Prince Paul, Program The Dead, Psychic Surfers of Zuyuva, Psychic TV, Psykosonic, Public Enemy, Pulp, *Pulp Fiction* (Soundtrack), Queen, Queens of the Stone Age, Quintron, Quintron and Miss Pussycat, Radio Birdman, Radiohead, Radiohead and Björk, The Ramones, Ravi Shankar und Zakir Hussen, Ray Manzarek, Red House Painters, R.E.M., The Replacements, The Residents, Rex Navarette, Richard Hell and the Voidoids, Richard Thompson, Rob Brezny, Robert Earl Keen, Robert Fripp, Robert Johnson, Robert Pollard, Robyn Hitchcock, Robyn Hitchcock and the Egyptians, Rod Stewart and the Faces, Rollercone, Rolling Stones, The Ronettes, Root Boy Slim, Roxy Music, Roy Orbison, Rufus Wainwright, St. Lunatics, Sam Cooke, Sarah Vaughan, Scweez, Sean Lennon, Secret Machines, Sex Pistols, Shane MacGowan and Nick Cave, The Shangri-Las, Shocking Blue, Shooter Jennings, Sigur Ros, Simon and Garfunkel, Siouxsie and the Banshees, The Sir Douglas Quintet, Six Organs of Admittance, Sleater-Kinney, The Slits, Sloan, Sly and Robbie, Sly and the Family Stone, Smashing Pumpkins, Snoop Dogg, Soft Machine, Sonic Youth, Sonny and Cher, *South Park* (TV-Show; das Weihnachtsalbum), Space Captain, Spearhead, Spencer Davis Group, The Spill Canvas, Spoon, Squeeze, Steely Dan, Steve Earle, Steve Kimock Band, Stevie Wonder, The Streets, The Strokes, Susan Cadogan, Syd Barrett, Talking Heads, Talvin Singh, Tatu, Teknologic, Television, Terorutoa and his Tahitians, Terry Southern, Thelonius Monk, They Might Be Giants, Thievery Corporation, Throbbing Gristle, Thurston Moore and Lydia Lunch, The Tiger Lillies, Timothy Leary, Tommy Gee, Tom Waits, Tom Waits and Elvis Costello, Tool, Too Short, Tori Amos, Toxic Coma, Traffic, Trans-Siberian Orchestra, T. Rex, Tricky, Tupac Shakur, Turn Me On Dead Man, Ulrich Schnauss, Underworld, U-Roy,

The Vandals, Velvet Acid Christ, Velvet Underground, The Vibrators, We Are Scientists, Ween, Weezer, The Weirdos, White Stripes, *Wizard Of Oz* (Soundtrack), The Who, Wilco, William S. Burroughs, Wipers, Wolfgang Amadeus Mozart, World Entertainment War, Yoko Ono, Zero 7, Zoviet France.

Übrigens: Beim Schreiben dieses Buchs wurden keine Drogen an Tieren getestet.